臨床心理面接特論 II

― 心理臨床の実際 ―

（新訂）臨床心理面接特論Ⅱ（'25）

ⓒ2025　村松健司・大山泰宏

装丁デザイン：牧野剛士
本文デザイン：畑中　猛

s-67

まえがき

　本科目「臨床心理面接特論」は，「臨床心理面接特論Ⅰ—心理支援に関する理論と実践—」（2単位）と「臨床心理面接特論Ⅱ—心理臨床の実際—」（2単位）とで構成されている。別々の科目になっているが，受講生のみなさんには，この2科目の両方を履修してもらい，4単位を取得していただきたい。その理由は2つある。ひとつ目の理由は，臨床心理面接がどのような理論的背景によって支えられているのかを理解するとともに，実際の現場ではどのように心理支援がなされているのかを理解するためである。もうひとつの理由は，臨床心理士を目指している受講生にとっては，両科目が必須となるからであり，本学大学院臨床心理学プログラムを修了するための必須科目にもなっているからである。（公益財団法人）日本臨床心理士資格認定協会の規定により，この2科目4単位を履修しておかないと，臨床心理士の受験資格を得られない。

　本書，「臨床心理面接特論Ⅱ」は，「臨床心理面接特論Ⅰ」の諸理論に基づいた，いわば「実践編」となっている。第1章から第3章は，これまでの心理臨床でもトピックとなっていたことのバージョンアップである。第4章から第13章は「心理面接の現場」と題して，心理臨床の主たる5領域，「医療・教育・産業・福祉・司法」に加え，居場所支援など，現代的課題を取り上げている。そのほかの領域でも，読者は心理臨床の裾野の広さを実感するのではないだろうか。いまや「ひとのこころ」に関係する領域，活動において，心理臨床家の必要性はますます高まっている。

　医療領域では，精神科における心理支援と緩和ケアや遺伝・生殖といった先端医療の試みが紹介されている。福祉では児童虐待における心理職の役割についての提言がある。教育領域もまた不登校児童・生徒が減少の兆しが見えないという困難な状況にある。本書で述べられている保護者支援や，コンサルテーションはますます重要になるだろう。心理支援の歴史が長い産業領域では，近年のストレス社会に生きる社会人の

メンタルヘルス・カウンセリングなどについて検討が加えられている。司法でも社会復帰に向けた心理職の役割は大きいし，多様な心理的課題に応えるために，私設心理相談の役割はますます重要になるだろう。

　一方，裾野の広がりによって，心理支援の枠組みの調整や変更を求められることがある。そこで必要になる事柄が「心理臨床の倫理」であり，スーパービジョンであろう。いずれも心理臨床の専門性の「本質」，あるいは「土台」である。本書は，多様な実践の最後に，この重要なテーマを吟味する構成となっている。

　私たちは，先達の理論と実践を学び，心理臨床の現場に出ていく。現場の状況はさまざまで，職場や他職種から求められることが，教科書に書かれていないこともある。私たちは，クライエントの葛藤を支援する立場だが，自らがクライエントの支援において，また職場，同僚との関係における葛藤を回避することができない。

　その時こそ原点に立ち戻ってほしい。大学院生時代に教科書を読んだ体験と，現場に出てからの体験はおそらく相当異なるはずだ。現場に出てからこそ，教科書から役に立つ視点が得られるかもしれない。

　執筆者一同，大学院生の学びと，現場に出てからの「臨床家としての成長」に資することを踏まえて本書を執筆した。みなさんの「心理臨床の実践」に供することができることを願いたい。

2025 年 3 月
著者を代表して
村松　健司

目次

まえがき　　　　　　　3

1 ｜ 現場における心理面接：連携と協働

｜ 村松　健司　　9

1．はじめに　9
2．多職種連携・多職種協働の必要性　10
3．チームワークのモデルと葛藤のマネジメント　15

2 ｜ 保護者への面接
　　：子どもと親のはざまに立つ

｜ 波田野　茂幸　　26

1．保護者への面接　26
2．保護者面接の進め方　32
3．まとめ―親子の関係性を把握する　41

3 ｜ コンサルテーション：心理学を共有する

｜ 丸山　広人　　46

1．コンサルテーションとは　46
2．コンサルテーションにおける留意点　50
3．協働コンサルテーションの実際　55
4．協働コンサルテーションの事例　57

4 心理面接の現場①
：精神科病院／精神科クリニック

|　高梨　利恵子　62

1．精神科とは　62
2．外来診療　65
3．入院治療　67
4．精神科医療における心理職の役割　69
5．おわりに　77

5 心理面接の現場②：総合病院

|　小林　真理子　79

1．総合病院で働く心理職　79
2．総合病院における心理職の業務　80
3．がん・緩和ケアにおける心理支援　84
4．臨床の現場から―日立総合病院（茨城県）―　89

6 心理面接の現場③：不妊・生殖補助医療

|　小林　真理子　96

1．不妊・生殖医療　96
2．がん・生殖医療　100
3．がん・生殖医療における心理支援　104
4．臨床の現場から―亀田総合病院　107

7 心理面接の現場④：教育相談

|　波田野　茂幸　114

1．はじめに　114
2．教育相談活動についての議論　117
3．わが国の教育相談の誕生と展開　120
4．教育相談機関での心理臨床　124
5．まとめ―子どもの成長に向けた展望づくり　130

目次 | **7**

8 | 心理面接の現場⑤：学生相談

| 村松　健司　135

1．はじめに　135
2．学生相談の状況　140
3．学生相談の実際　145
4．障害学生への対応―発達障碍を中心に　148

9 | 心理面接の現場⑥：福祉　| 村松　健司　155

1．福祉領域における心理職　155
2．児童虐待と心理職の役割　158

10 | 心理面接の現場⑦：産業　| 佐藤　仁美　174

1．産業心理臨床とは　174
2．働く場でのストレスの現状　179
3．産業領域における心理臨床　180
4．航空業界での実際　185

11 | 心理面接の現場⑧：司法　| 佐藤　仁美　191

1．司法臨床の諸相　191
2．司法領域の心理臨床　195
3．少年に関わる心理臨床　198
4．成人に関わる心理臨床　201

12 | 心理面接の現場⑨：私設心理相談

| 橋本　朋広　206

1．私設心理相談の特徴　206
2．相談申込を受け付ける際の留意点　211
3．インテーク面接における留意点　214
4．継続面接および終結における留意点　218

13 | 心理面接の現場⑩：居場所支援

佐藤　仁美　222

1．居場所とは　222
2．こどもの居場所　225
3．「子どもにやさしい空間」―緊急時・災害時の居場所―
　　（ユニセフ『子どもにやさしい空間　ガイドブック』より）
229
4．若者たちの心の居場所　231
5．地域（文化），日常と臨床　234

14 | 心理面接の倫理

大山　泰宏　238

1．倫理とは　238
2．職業倫理としての臨床心理の倫理　243
3．臨床心理の倫理の実際　245

15 | 事例検討とスーパービジョン

大山　泰宏　255

1．継続研修の必要性　255
2．事例検討の実際　261
3．スーパービジョン　266

索　引　271

1 │ 現場における心理面接：連携と協働

村松　健司

《**本章の目標＆ポイント**》　医療や学校はチームで対象者を支援することを指向している。心理職もチームの一員として，多職種連携を担っていく必要がある。しかし，その境界をどう設定するのか，自らの専門性をどう担保するのかなど検討すべき課題は多い。ここでは多職種連携の可能性と課題を整理するとともに，グループの心性など，心理職ならではのチーム（グループ）理解と，チーム作りについて学ぶ。
《**キーワード**》　多職種連携，グループの心理力動，心理的安全性

1. はじめに

　心理臨床には，治療契約にもとづく安定した構造とカウンセラーの中立性などを基本とした面接モデルがある。来談者が，普段は意識されることのない自己や，現実生活との接点を見出していくことを通じて，来談前よりも生活の質が改善したと見なされたとき，心理面接の役割は終わることになる。この意味で，心理臨床は伝統的に面接室を訪れるクライエントを「待つ」という「受動的」なスタンスを維持してきたと言えるかもしれない。

　亀口（2002）は協働を，「所与のシステムの内外において異なる立場に立つ者同士が，共通の目標に向かって，限られた期限内に人的・物的資源を活用して，直面する課題の解決に寄与する対話と活動を展開すること」と定義しており，この指摘に従えば，協働は基本的に「能動的」な営みと考えられる。心理臨床において，このスタンスの違い（展開）はどのようにして生じてきたのだろうか。

　このことを考察するに当たって，筆者ら（村松ら，2014）の調査によ

ると(注1)，「連携」という用語は比較的古くから使用されているが，「協働」をタイトル等に用いた文献はいずれも 2000 年以降急増しており，とくに 2010 年以降は，連携よりも協働が用いられる傾向が強くなっていた。野坂（2008）によれば，連携と協働にはニュアンスの違いはあるものの，ほぼ同義と見なせるという。これらのことから，「連携から協働へ」という用語使用の流れは，関係者間の協力に質的な変化があるというより，「異なる立場の者同士がともに活動する」意味合いの強い協働（collaboration）が，お互いの関係性をより的確に表すものと認識されているのではないかと考えられる。

2．多職種連携・多職種協働の必要性

　ここでは，筆者らの調査で早期から連携・協働にかんする論文や学会発表が多かった医療・保健領域と学校領域における他職種連携・多職種協働について概観する。

（1）医療・保健領域

　世界保健機関（WHO）は 2010 年に「専門職連携教育および連携医療のための行動の枠組み」を発表し，プライマリーヘルスケア(注2)の原則に基づく保健システムを強化することは緊急的な課題であるが，そのための人材不足は危機に瀕しており，全世界で 430 万人の保健医療従事者が不足していると警鐘を鳴らしている。このことは，医師が医療チームピラミッドの頂点にいて最終的な決定権を持つようなパターナリズム（父権主義）では，十分な医療が提供できない可能性があることを示している。我が国でも 2009 年から「チーム医療の推進に関する検討会」が開催され，2010 年にはその報告書「チーム医療の推進について」がまとまった。

　そのなかで，医療スタッフの連携は具体的に以下のように提起されて

注1：この研究は，1980 年から 2014 年までに発表された論文，学会発表，その他の論考を，国立情報学研究所が提供している学術データベース CiNii を用いて検索し，分析したものである。

第1章　現場における心理面接：連携と協働 ｜ **11**

表1-1　医療チームの具体例

栄養サポートチーム	医師, 歯科医師, 薬剤師, 看護師, 管理栄養士 等
感染制御チーム	医師, 薬剤師, 看護師, 管理栄養士, 臨床検査技師 等
緩和ケアチーム	医師, 薬剤師, 看護師, 理学療法士, MSW 等
口腔ケアチーム	医師, 歯科医師, 薬剤師, 看護師, 歯科衛生士 等
呼吸サポートチーム	医師, 薬剤師, 看護師, 理学療法士, 臨床工学技士 等
摂食嚥下チーム	医師, 歯科医師, 薬剤師, 看護師, 管理栄養士, 言語聴覚士 等
褥瘡対策チーム	医師, 薬剤師, 看護師, 管理栄養士, 理学療法士 等
周術期管理チーム	医師, 歯科医師, 薬剤師, 看護師, 臨床工学技士, 理学療法士 等

「チーム医療の推進について」（厚生労働省，2010 より引用）

いる（**表1-1**）。

　「医療・保健」領域においては，連携・協働の視点をかなり以前から
もっていた。「医療・保健」はもともと医師，看護師，作業療法士，理
学療法士など多職種からなるチーム医療の場である上に，1990 年に日
本医師会からインフォームド・コンセントに関する報告書が提出され，
2000 年頃からはうつやパーソナリティ障害，統合失調症などの治療に
医師，看護師（リエゾンナース），臨床心理士，作業療法士，精神保健
福祉士，薬剤師などがチームとして支援する「リエゾン精神医療」が注
目されるなど，治療や支援は「医師―患者」という「閉じた関係性」か
ら，たとえば「医師―患者―家族」，「身体科医師―精神科医師―患者
―（家族）」といった「開かれた関係性」に変化してきたと指摘できる[注3]。
「リエゾン（liaison）」という仏語は「つなぐ」という意味だが，精神科
が身体科と連携したり，そもそも患者の治療には多職種連携，患者の
家族などの関係者との連携が重視されるようになったことを意味す

注2：世界保健機関（WHO）によって 1978 年に提唱された，開発途上国を主な対
　　象とした基本理念で，すべての人が健康に生活する権利を有し，健康増進，
　　予防，治療，リハビリテーション・サービスの実施などの主要な保健問題に
　　ついて取り上げられている。
注3：精神科リエゾンに似た用語にコンサルテーション・リエゾン（consultation-
　　liaison）がある。身体科で精神的な課題と思われる患者や，難病や終末期お
　　ける患者などに対して専門家が協働して支援する試みである。

る。そして，近年では医師も支援チームの一員として多職種連携・他職種協働による質の高い支援が目指されている。

(2) 教育領域の連携・協働

「学校・教育」領域では，1970年代から80年代にかけて「登校拒否」が社会問題化し，戦後の学校教育システムのあり方が問われ始めた。さらに1980年代に出現した校内暴力が2000年以降再び深刻化したこと，複雑化・多様化するいじめ問題など学校環境はその後も揺れ続けている。

教育相談体制充実のために1995年からスクールカウンセラー事業が開始されたことは，学校が連携・協働の場となる契機になったと言えるかもしれない。教職員だけの学校環境に，「カウンセラー（心理職）」という教職員ではない存在が加わったことから，「学級王国」と喩えられ

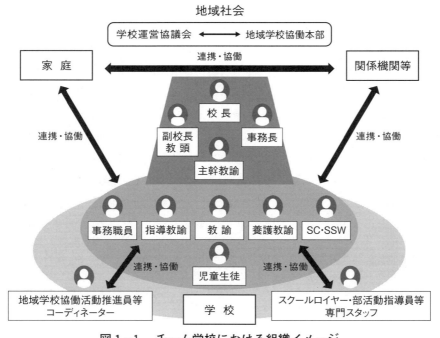

図1-1 チーム学校における組織イメージ
（文部科学省生徒指導提要（改訂版），2022 p.69より転載）

た個々の教員による教育・指導から，児童生徒指導や保護者対応などのための校内連携が育まれていくことになったのである。1996年に「中央教育審議会答申（第一次答申）」が公表され，「個に応じた指導」の推進のために，チームティーチング（TT）の推進などが指摘されている。その後，「チーム学校」（図1-1）の実践，困難な生活環境にある児童生徒支援のためのスクールソーシャルワーカー，学校で発生する問題への対応としてスクールロイヤー（学校に助言する弁護士）配置など，学校コミュニティにおける組織対応，多職種との連携・協働はこの30年ほどでかなり大きな変化を遂げてきた。

（3）なぜ連携・協働が求められるのか

　これまでの経緯を概観すると，2000年前後から，よりよい支援のためには限られたスタッフが対応するのではなく，組織で対応すること，その組織には複数の専門職がいて互いに協力しあうことで，支援の質が高めることが試行されてきたと言えるだろう。

　そのひとつの例が，1990年代の児童虐待の社会問題化である。子育ての孤立化や主たる養育者の育児不安等への対策として，2007年には「乳児家庭全戸訪問事業」が始まったが，この試みは，時代的な要請のなかで「相談を待つ」というスタンスから，「支援を届ける」というアウトリーチへの変化を象徴的に示すものであった。

　そして，その背景にある子どもや家庭，あるいは教育，介護，医療など援助（治療）機関を取り巻く環境の変化，そして複雑化・多様化する困難に目を向け，積極的に対応しようとする社会的な機運の高まりがあったと指摘できる。2014年には長年注目されてこなかった子どもの貧困対策のために，「子どもの貧困対策に関する法律」が施行された。また，本来は大人が担う家事や介護等を子どもが担っている「ヤングケアラー」とその家族への支援も開始された。こういった家庭内の表面化しにくい課題に支援が届けられるようになったのも，「特定の課題に対してその当事者だけが責任を負う」のではなく，その人らしい生活が送れるために，国家が主導して包括的枠割を果たさなくてはならないという

動きの表れと捉えることができるだろう。多職種連携・協働の背景には
このような大きな社会的な流れがあると考えられる。

　では，心理職は多職種連携・協働にどう臨めばいいのだろう。心理職
は伝統的に，面接室のなかでクライエントの内的な世界をともに探求し
「クライエントの自己体験をつなげる」役割を担ってきた。一方，学校
や施設という外部組織への参入によって，心理職は援助ニーズを持つ人
たちを「コミュニティとつなげる」役割も要請されるようになった。そ
のために，心理職自身が教育・援助組織やコミュニティに一部溶け込み
（浸透し），つながる必要があり，連携・協働は心理職にとっても重要な
課題となっている。各領域の実践が，関係者や関係機関との連携・協働
による支援体制の構築を目指してきた流れに呼応するかのように，主に
心理臨床の職域の拡大によって，その実践は「受動的」方法と「能動的」
方法の統合を模索していると言えるかもしれない。

　しかし，保坂・村松・中山（2009）が学校と施設の連携に関する面接
調査を通じて，「（個人）情報の自主規制」が両者の連携を困難にさせて
いる要因であることを指摘しているように，多職種連携・協働は簡単な
ことではない。「つながるということ自体が葛藤をともなうもの」（下
川，2012）であるからだ。

　心理臨床の連携・協働のあり方は，たとえば「心理面接の内容をどこ
まで関係者に伝えるか」という個々の問題を吟味するとともに，これま
での実践を通じて得られた有用な基本姿勢を理論化することが求められ
よう。新しいフィールドで工夫されている心理臨床の技法修正は，この
理論化のプロセスを経て，「つなげる（つながる）」ことの意義をさらに
深めていくのではないかと考えられる。

　心理臨床の活動の中でも，たとえばクライエントが重大な事故に巻き
込まれた時など，担当の心理職だけでは対応することができず，職場の
同僚や上司，他機関の専門職などとの連携が模索されていく。この際に
も，相互のコミュニケーションがうまくいかないと「連携をめぐる葛藤」
が生じることになる。企業であれば，相互の連携は企業のメリットと天
秤にかけられ，連携相手を他に求めることもできるが，人相手の心理臨

床ではそうはいかない。クライエントを支援する責任ある専門職として，チームの葛藤に対してどうかかわり，チームが機能するための努力をどのように維持すればよいのか。第2章ではこのことについて，論じていくことになる。

3. チームワークのモデルと葛藤のマネジメント

（1）チームワークのモデル

チームワークの理論的フレームワークを**表1-2**に示した。

表1-2　チームワークのモデル

	相互作用性	役割の開放性	階層性
マルチディシプリナリモデル（権威モデル）	〈小〉独立実践が基本	〈無〉専門職の役割の明確化 高度な専門性の駆使	〈有〉医学モデルに基づく課題は専門職別に達成
インターディシプリナリモデル（コンセンサスモデル）	〈大〉専門職相互の意思決定	〈一部あり〉役割の重複・平等主義	〈無〉異なるスキルを用いて専門職が協働
トランスディシプリナリモデル（マトリックスモデル）	〈大〉他専門職の知識技術の相互吸収	〈有〉役割の代替可能性 高度な技術使用の可能性は低	〈無〉意思決定過程における専門職の知識技術の寄与・相互依存性と平等性

（松岡・石川（2000）をもとに吉池・栄（2009）が作成した表を転載）

マルチディシプリナリモデルは，医療領域を例にするとわかりやすい。たとえば，がんが疑われるとき，それを特定するために消化器の内視鏡検査を担当するのは医師だが，検査補助の看護師がついて医師の検査をサポートする。そこで何らかの病変が発見されたときには切除し，生理検査の専門家である検査技師に分析をオーダーし，それらをもとに総合的な診断を医師が行うという分業体制である。ここでは，専門性，専門分野の境界は明確だが，それぞれの専門性に限定した活動を基本にしており，役割の階層がある。

インターディシプリナリモデルを，特別支援教育の実践をもとに記述してみる。強度行動障害をもつ知的障害児教育を直接担当するのは教師であり，指導に困難を感じたときには，心理職にどういったときに行動障害が出現するのかなど子どものこころの動きについて助言を求めるだ

ろう。そして，保護者から自宅での様子も聞き，それらをもとに医師に
処方の変更を検討することになるかもしれない。この際に，教師，心理
職，医師，専門職ではないが家族の立場は互いに対等であり，それぞれ
の立場からの意見をもとに子どもを総合的に捉え，適切な支援を模索す
ることになる。一方で，専門職同士の垣根が低いことから，「その重複
部分での葛藤，競争，押し付け合い，縄張り争いなどが起こりやすい」（平
野，2020）という困難が生じることがある。

　トランスディシプリナリモデルは，インターディシプリナリモデルと
異なり，役割が固定されていないことに特徴がある。たとえば，児童心
理治療施設では総合環境療法と呼ばれる子どもの生活環境への計画性と
治療的配慮が子どもの支援になるという方法がある。ここでは子どもの
生活を担当するケアワーカーと心理職，看護師などその他の専門職は対
等であるのみならず，可能であればときにその職務の一部を代替したり
（心理職が宿直にあたることもある），それぞれの専門性を生かしつつ，
それに過度に捉われない包括的な支援が目指される。近年，精神障害や
認知症などへの「包括的支援」が目指されているが，この支援に馴染む
モデルである。

　松岡・石川（2000）が老人福祉関連施設と知的障害者関連施設に勤務
する看護職，介護職，（生活）指導員に行ったチームワークに関する認
識の調査では，看護職はインターディシプリナリ志向であったのと対照
的に，介護職はマルチディシプリナリモデル志向だったという。この調
査はまだ介護職の資格や専門性が確立していない時代のものという背景
があるにしても，職種間の，あるいは職場におけるチームワークの認識
は一様ではないことを示唆している。レヴィンのグループダイナミクス
（集団力学）理論（Lewin, k., 1951 猪股訳　2017）によれば，集団のメ
ンバーの考えや行動は所属する集団と相互に影響し合っているという。
心理職の役割のひとつとして，職場のグループダイナミクスを査定し，
グループのメンバーがよりやりがいと安心感がもてるよう，メンバーや
組織に働きかけていくことがあげられるだろう。

（2）グループの心性

　グループは単に個人の寄せ集めではない。ここではビオン（Bion, W. R.）による集団力動論を取りあげる。

　ビオン（Bion, W. R., 1961　対島訳　1973）によると，グループの有りようには2種類あるという。ある目的に従ってメンバーが「理性」で対処しようとするグループは，「ワークグループ」と呼ばれる。たとえば，地域で祭りを開催しようとするとき，前例に則って開催することに皆が同意し，必要な枠割をそれぞれが担って祭りが滞りなく開催される際の集団はワークグループであると言える。しかし，誰かが「今年は何かがおかしい」と感じ，その非協力的な態度に同調する者がいて，「あのリーダーは私たちの意見を聞いてくれないからからやってられない」と感じる者同士が同調し，グループの目的（祭りをみなで開催する）が二の次になってしまうことがある。グループの活動では皆の意見が通るわけではないが，無意識のうちに「意見が聞かれない」ことに不満を感じるメンバーが出現し，どうしたらいいかという解決案を出さずにグループの不調和音を強めていく動きをする。これは，グループに個人の無意識が反映され，理性的でない無意識的情動に支配された非機能的集団である。この集団は「基底的想定グループ」と呼ばれ，それぞれ異なる3つのタイプがある（**表1-3**）。

表1-3　基底的想定グループ

ペアリング（つがい）	グループが希望に満ちた雰囲気にあふれており，メンバーはペアとなって，新しいリーダーがすべての問題を解決してくれるだろうという楽観的な情動に支配される。
依存	メンバー同士が現実的な問題に目を向けず，相互の温かな依存関係，グループの連帯という一時的な安心感の中に身を委ねる状態。
逃走―逃避	敵対，逃避することによりグループのまとまりを維持しようとする。この動きを促進するリーダーを必要とし，グループは課題に直面することができず，欲求不満に支配されることになる。

ビオン（Bion. W. R., 1961　対島訳　1973）より作成

集団の問題を特定の個人に押し付けたり，明らかな不協和音があってうまくいっていない集団であるにもかかわらず，課題の解決を直視せずに表面的には何事もないようなふりをしているなど，どれも私たちの実生活でも起こりがちな現象である。専門家である心理職は，所属する集団が基底的想定グループに陥っていないか，意識的でないグループの動きにも敏感である必要がある。

（3）多職種連携の情報共有と葛藤マネジメント能力

筆者は校区に施設を持つ小学校へのフィールドワークから，よりよい校内連携のあり方として「ネットワーク型の情報共有モデル」を提唱した（村松，2018）。図1-2のようないわば「単線型情報共有モデル」は，Aというキーパーソンに情報が集約されることを目的にしており，必ずしもメンバーB，C，D間の情報共有は意図されない。ある種の自助グループや管理色の強い会社組織に見られるタイプである。対照的に「ネットワーク型情報共有モデル」（図1-3）は，キーパーソンA（加配教員である児童指導主任の教諭）が同僚や上司から積極的に情報収集と情報提供を行い，メンバー間の情報共有を促していく，という意図を持っていた。このネットワーク内部（線で囲った部分）では，「常に情報のやりとりの窓口が開いている」という特徴があって，それは職員室の会話と人の多さに現れていた。

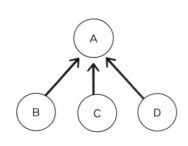

図1-2　単線型情報共有モデル

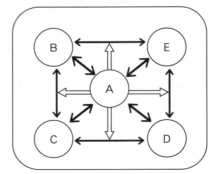

図1-3　ネットワーク型情報共有モデル

連携・協働は，職場外より職場内の方が難しい。職場内連携には緊密な人間関係が欠かせないため，「固執と葛藤」を避けることができない。情報共有が重要なのは誰もが分かっていることだが，自分の価値観や専門性，役割などへの「固執」と，人間関係で生じる葛藤に理性的対応をすることはことのほか難しい。むしろ，専門家も自らの問題を同僚などに「投影」してしまうことがあるという前提に立っていた方が葛藤理解に近づけるかもしれない。メトカーフとミッセル（Metcalfe & Mischel, 1999）によれば，人の課題遂行には「熱い認知」と「冷たい認知」が働くのだという。葛藤解決に役立つのは，感情が有意な「熱い認知」よりも，落ち着いて冷静に状況を把握しようとする「冷たい認知」の方が有効だ。チームには共通の情緒は欠かせないが，問題が乗じたときには意識的に理性優位になる必要がある。この姿勢が「葛藤マネジメント能力」（松岡，2009）につながる。情報共有モデルにもとづくチームをシステムとして構築していくことが連携・協力には求められる。最後に，この重要な「チーム作り」の方法について考えてみたい。

（4）効果的なチームの特徴

2012年にアメリカのGoogle社は生産性が高いチームの特徴を解明するために，「プロジェクト・アリストテレス」（Project Aristotle）と名付けられたリサーチに取り組んだ[注4]。このプロジェクトの名前は，アリストテレスの言葉「全体は部分の総和に勝る」から用いられたものだという。この調査結果は日本語訳で公開されているので，関心のある人は，注）で示したページから参照してほしい。このプロジェクトによると効果的なチームの力学には5つの固有の鍵があるという（**表1-4**）。

この中でもとくに重要とされるのは「心理的安全性」であろう。「心理的安全性」は1965年にシャイン（Schein, E.）とベニス（Bennis, W.）が，「職場環境においては，安全の感覚が自らの行動の変化を可能にす

注4：グーグルのプロジェクト・アリストテレスの報告は，以下のサイトから日本語訳が閲覧できる。https://rework.withgoogle.com/jp/guides/understanding-team-effectiveness#introduction

表1-4 効果的なチームに固有な力学

心理的安全性 (Psychological safety)	チームからの意見やアイデアを求めるとともに，個人的な仕事の進め方をメンバーと共有する
相互信頼 (Dependability)	各チームメンバーの役割と責任を明確にし，仕事の透明性を確保する
構造と明確さ (Structure & Clarity)	リーダーのもと，チームの活動やミーティングにおける目標や課題をメンバーが理解する
仕事の意味 (Meaning)	メンバーが効果的に行なっている取り組みに好意的なフィードバックをし，メンバーが課題に直面している場合には手を差し伸べる
インパクト (Impact)	各チームメンバーの仕事が，チームや組織の目標達成に貢献するような明確なビジョンを共同で策定する

（プロジェクト・アリストテレス「効果的なチームとは何か」を知る より作成）

る」と述べ，心理的安全性に基づく職場環境が指摘された。エドモンソン（Edmonson, A. C.）は組織行動学の視点から心理的安全性をさらに発展させ，組織の風通しがよくなり，メンバーが安心して仕事に取り組めるための基盤と見なした。ここでは，メンバーが，自分たちの仕事の全体像を把握し，今後の方向性が分かっていて，全体を支えるリーダーの存在が重要になる。では，心理的に安全な職場環境とは具体的に何を示すものなのだろうか。

エドモンソン（Edmonson, A. C., 2012 野津訳 2014）は，チームはチーミングという動詞であり，「目まぐるしく変わる職場環境に必要なのは，チーミングの仕方を知っている人，すなわち，共同する可能性がある瞬間に，時間や場所を選ばず行動するスキルと柔軟性を持っている人だ」と指摘している。職場環境は常に動いているので，チームは柔軟さや相互扶助などを武器に，常に「学習・変化・実行すること」が求められている。このチームの在り方がチーミングなのである。

効果的なチーミングには，以下の4つの特別な行動があるという。

・**率直に意見を言う**：誠実な会話は，質問し，意見を求め，過ちについて話すことを含む

・**協働する**：協働の姿勢はグループの内外でも発揮される

・**試みる**：このことにより対人交流の際の新規さと不確実さを受け入れ

られる

・**省察する**：プロセスと結果についての話し合いが常に行われる

　省察（reflection）は，我が国の分化では往々にして「反省」的な色合いが強い。しかし，チーム作りにおいては「反省」よりも，なぜうまくいかないのか，を「検討する」ことが重要なのであり，そこから学習していくチームが求められるのである。「前例がないから」を理由に新しいことに取り組まないチームは当然のことながら衰退していく。「仲間と困難な課題に臨み，うまくいかなかったら早い時期にそれを取り上げ，改善点を検討する」試みが効果的なチームを作っていくのである。

　さらに，チームはメンバー同士のかかわりを通じて，目標やそれに至る道筋を共有する必要があるとともに，その目標に至る困難を分かち合える存在が必要になる。そのためには，「感情の共有」がもっとも効果的だ。エベレスト登山に例えれば，チームのみなががその困難の大きさを共有しているからこそ，チームとして何をなすべきかが自覚されるのだろう。率直に自分の意見を言うことは，「自分の気持ちを素直に言える」姿勢と同義と言えるだろう。

　そしてそれは，自分の意見を表明しても安易に批判されない関係性が前提となる。

　エドモンソンは，対人関係の促進を阻害する以下の4つの不安を指摘している。

・**「無知」だと思われる不安**

・**「無能」だと思われる不安**

・**「ネガティブ」だと思われる不安**

・**「邪魔をする人だ」と思われる不安**

　この不安を克服するために，エドモンソンは「失敗から学ぶ」ことを提案している。つまり初期の段階で失敗を共有できれば，その原因を分析でき，失敗から早く回復することが可能となって成功につながるというスキームが出来上がる。「失敗を言えない文化（環境）」は失敗の隠蔽を促進させ，結果として回復に大きなコストのかかる失敗に繋がってしまうことになる。そしてそれが失敗を隠ぺいする文化を根付かせてしま

うのだ。

筆者が校区に児童養護施設のある小学校のフィールドワークをした際に，管理職の先生が，「失敗はどんなものでも自分から言うようにしています」と語ってくれた。そうすることで，若い教師が失敗を言いやすい教師集団の雰囲気を醸成したいのだという。確かに，この小学校は困難な課題のある子どもたちが多いにもかかわらず，休み時間になると職員室に来て雑談していく子どもが多かった。「心理的安全性」に根差した職員集団であることがうかがわれるエピソードのひとつとして大変印象深かった。よいチーミングのためには，リーダー層から率先してチームの連携・協働のために自ら何をすべきかを実践していく必要がある。

（5）違いが強靭なチームを作る

中国の戦国時代の政治家である孟嘗君に「鶏鳴狗盗」という故事がある。孟嘗君には様々な一芸を持つ食客が3千人いたと言われているが，あるとき孟嘗君が命を狙われていることが判明し，すぐにその国を退去しなければならなくなった。命からがら隣国の国境までたどり着いたが，その国境は一番鶏が鳴かないと開門しない決まりがあったという。追手が迫っている中，「鶏の鳴き真似上手」な者が食客にいて，その働きにより孟嘗君は隣国に逃れることができた。

何の役に立つかわからない者がいたからこそ，孟嘗君の命が救われたのである。ここから指摘できるのはチームには多様性，異質性が重要であるということだろう。チームの多様性がイノベーションに資することは，多くの研究で指摘されている（たとえば，van Knippenberg & Schippers, 2007）。トム・クルーズ主演の映画「ミッション：インポッシブル」でも多彩な能力を持つ者同士がチームを組み，ときに意見の違いがあってもそれを表明しあうことで強いチームが結成されていく。筆者はこの例を参考に，「タフなチーム」が連携・協働には必須であると指摘したい。お互いの違いを受け入れ，そこからどういった発見に辿り着けるか。それには，「冷めた認知」で時間をかけることが求められるだろう。

(6) 最後に　専門職連携教育の可能性と多職種連携コンピテンシー

　限られた人的資源のなかで，患者の生活の質（QOL）を低下させることなく，患者のニーズに即した効果的な多職種連携を医療福祉領域ではInterprofessional Work（IPW）と呼んでいる。海外では，その学びであるInterprofessional Education（IPE：専門職連携教育）は，就職後ではなく，学部あるいは大学院教育に取り入れられている。埼玉県立大学がまとめた報告書（埼玉県立大学編，2009）のなかに，看護，理学療法，作業療法，健康開発の各専門領域において，カリキュラムにIPWの科目が横断的に配置されている模式図があるが，今後の学部横断的な多職種連携教育に求められることのひとつである。さらに「IPEも大学の学士教育から卒業後の現任教育あるいは大学院教育までの段階的，継続的教育が必要である」「専門職であることは専門職連携ができることを意味する」（埼玉県立大学編，2009，p.16-17）という指摘は，「他職種連携コンピテンシー」の実現に他ならない。

　大塚・國澤・横山（2011）らは，専門職のコンピテンシーの構成要素を，「コミュニケーション」「リフレクション」「パートナーシップ」「ファシリテーション」「リーダーシップ」「コーディネーション」の7つに整理し，専門職コンピテンシーの実践力は，図1-5のような構造的総合力であると指摘している。多職種連携において基盤となるのは，「対人援助の基本的な力」とされていることに注目したい。上記の7要

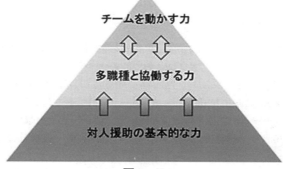

図1-5

（大塚・國澤・横山，2011　p.41）

素は，「チームを動かす力」にも当てはまるが，その時々の状況に応じて柔軟に他職種と関係づくりをし，維持する力が多職種連携・協働の要諦と考えられる。

この他の国際動向は春田（2016）が詳細に検討しているので，参考にしてほしい。心理職はクライエントのこころと接する仕事だが，その目指すところは，クライエントがその人らしく「他者とつながっていくこと」にある。そのために，心理職が他職種とつながる力を身につけていく必要があることをあらためて指摘しておきたい。

🎸 研究課題

1．多職種連携と個人面接における情報共有をどう考えるべきだろう。たとえば，あなたがスクールカウンセラーだとして，生徒から「このことは担任の先生に言わないで」と言われたとき，どのように対応したらいいだろうか。
2．多職種連携では，できるだけ心理職の専門用語を使わないようにしてケースの共有を図っていくが，他職種との「対話」が円滑に行われるために，心理職にはどういったトレーニングの機会が必要になるだろうか。

参考文献

Bion, W. R. (1961). *Experiences in Groups.* Taristock Publications.（ビオン，W. R. 対島忠（訳）(1973)．グループ・アプローチ　サイマル出版）

Edmondson, A. C. (2012). *Teaming : How Organizations Learn, Innovate, and Compete in the Knowledge Economy.* John Wiley & Sons. Inc.（エドモンソン，A. C. 野津智子（訳）(2014)．チームが機能するとはどういうことか　英治出版）

春田淳志 (2016)．多職種連携コンピテンシーの国際比較　連携教育と連携実践　*9* (2)，106-115.

平野直巳 (2020)．多職種連携における心理職の役割　吉川眞理・平野直巳（編著）心理職の専門性—公認心理師の職責　NHK 出版

保坂亨・村松健司・中山雪江（2009）．被虐待児の援助に関わる学校と児童養護施設の連携　子どもの虹情報研修センター平成21年度研究報告書

亀口憲治（2002）．概説/コラボレーション―協働する臨床の知を求めて　亀口憲治（編著）．現代のエスプリ　コラボレーション：協働する臨床の知を求める（pp.5-19）至文堂

厚生労働省（2010）．チーム医療の推進について　チーム医療の推進に関する検討会報告書 Retrieved from https：//www.mhlw.go.jp/shingi/2010/03/dl/s0319-9 a.pdf

Lewin, K. (1951). *Field Theory in Social Science*. Harper & Brothers. （レヴィン, K.　猪股佐登留（訳）（2017）．社会科学における場の理論　ちとせプレス）

松岡千代・石川久展（2000）．「チームワーク」認識に関する研究―自記式質問紙を用いた専門職間比較　香川県立医療短期大学紀要，*2*，17-24.

松岡千代（2009）．多職種連携のスキルと専門職教育における課題　ソーシャルワーク研究，*34 (4)*，314-320.

Metcalfe, J. & Mischel, M. (1999). A hot/cool-system analysis of delay of gratification : Dynamics of willpower. *Psychological review, 106*, no.1, 3-19.

文部科学省（2022）．生徒指導提要（改訂版）Retrieved from https：//www.mext.go.jp/content/20230220-mxt_jidou01-000024699-201-1.pdf（2023年12月20日）

村松健司　塩谷隼平　山邊沙欧里（2014）．心理臨床における他職種協働　首都大学東京学生相談レポート，*9*，4-15.

村松健司（2018）．施設で暮らす子どもの学校教育支援ネットワーク―「施設―学校」連携・協働による困難を抱えた子どもとの関係づくりと教育保障　福村出版

野坂達志（2008）．コラボレーションのお作法　臨床心理学，*8 (2)*，192-197.

大塚眞理子・國澤尚子・横山恵子・杉山明伸・長谷川夏美・新井利民・丸山優（2011）．IPWの促進・阻害要因を検討する分析シートの作成―IPWのプロセスを視覚化する構造図の開発を目指して　保健医療福祉連携，*3 (2)*，92.

埼玉県立大学編（2009）．IPEを学ぶ―利用者中心の保健医療福祉連携　中央法規

Salas, E., Goodwin, G. F., & Burke, C. S., eds. (2009). *Team Effectives in Complex Organizations : Cross-Disciplinary Perspectives and Approaches*. Psychology Press.

Schein, E., & Bennis, W. (1965). *Personal and Organizational Change through Group Methods*. Wiley.

下川昭夫（編著）（2012）．コミュニティ臨床への招待　つながりの中での心理臨床　新曜社

van Knippenberg, D. & Schippers, M. C. (2007). Work Group Diversity. *Annual Review of Psychology, 58*, 515-541.

吉池毅志・栄セツコ（2009）．保健福祉領域における「連携」の基本的概念整理―保健福祉領域における「連携」に着目して　桃山学院大学綜合研究所紀要，*34*，109-122.

2 | 保護者への面接
：子どもと親のはざまに立つ

波田野　茂幸

《**本章の目標＆ポイント**》　子どもの問題で来室する保護者への面接について取り上げ，保護者への面接がもつ意味と難しさ，親や家族を理解する視点，実施の在り方を概説してみたい。その上で面接実施上のセラピストの姿勢や留意点について述べることにする。

《**キーワード**》　保護者面接，親面接，子どもの問題，親の課題

1. 保護者への面接

（1）保護者をどう捉えるか

　子どもの問題について専門家から助言を得るため相談機関に登場した養育者と出会った際に，セラピストが即座に頭に浮かべることは，目前の相手は子どもの「保護者」であるという捉えと考えられる。その際の保護者とは子どもにとっての親を意味していると思われる。しかし，実際には子どもの親ではなく，養育上子どもを「保護する」立場にある者も相談に訪れることがある。たとえば，里親や養護施設にて当該の子どもに中心的に関わっている職員などである。あるいは，両親に代わって子どもの主たる養育者の役割を引き受けている祖父母や叔母・叔父という場合もある。また，子どもの親にあたるが，実親の再婚相手という場合もある。したがって，初回面接の早い段階でセラピストは保護者と子どもとの関係を確認し，どのような立場で子どもの養育に携わっているのかを把握する必要がある。それはその後の面接構造や面接の進め方を考える上で参考になると考えられる。

　ただ，実際の保護者面接では子どもの実親が登場することが多く，そのうちでも母親がほとんどではないかと考えられる。特に子どもが小さ

いときは母親が主となり相談に訪れる。そのように考えると保護者面接の保護者とは親のことであり，さらに対象を絞ると「母親」になると考えられる。つまり，保護者面接は「母親面接」のことを示すと考えられる。一方，保護者面接を行ってみての臨床的な感触としては他の見方も浮かんでくる。それは，養育を営んでいくために母性的な性質と父性的な性質が求められるとしたら，子どもの状態を案じて子どもを世話する母性的な性質が動くことで，子どもへの働きかけを変えていく必要性を感じて相談に向けた気持ちが固まり，来談に至るのではないかという見方である。このように捉えてみると，保護者の養育上の立ち位置や心情が理解しやすくなると思われる。そして，保護者の心理的状態や子どもと保護者の関係性についてイメージが広がっていき，多様な見立てがもちやすくなるのではないかと考える。ある思春期の子どもをもつ父親は父性的に家族を導きまとめていたが，子どもの脆弱な部分に対して細心の注意を払える側面もあり，主体的に相談を求めて登場した。この父親の中にある母性的な性質が子どもを保護する機能を発揮させ，面接が展開したと考えている。

　ところで，高野（2012，p. 97）は保護者には「援助者としての保護者」と「当事者としての保護者」があると述べている。一番身近で子どもを育み支えてきた存在が保護者であると考えると，保護者は子どもの育ちの支え手として「自分の子どもの専門家」と位置づけられるという。この場合は，保護者に対して子育てのコンサルテーションを行う形で働きかけていくことで「親機能」（家庭機能）を高めていくことができるとしている。しかし，その一方で，保護者は子育ての中で思い悩み，傷つき，迷い，苦しい思いを抱いている当事者でもある。保護者は苦悩して疲弊困憊しており，子どもについて考えて働きかけていく余力が残っていない状態のときがある。そのような場合は，保護者に備わっている親機能（家庭機能）が回復されていくように，保護者自身を援助して支えることを優先していくことが大切になる。

　また，山口（2006，p. 459）は母親面接の体験から「『母』という言葉がふるうもっとも大きな影響力は，ひとたび『母親』という名前を背負っ

た女性が母親以外のすべての要素を剥奪されることだ。……（略）。しかし『母親面接』と名がつくと，出発からこの点がないがしろにされることが多い」と指摘している。この説明から母親との面接を行うセラピストは，母親である以前に母親ではない部分も含めて全体性を有したひとりの存在の人と出会っている，という感覚をもち面接を行うことの重要性を説いていると理解できる。

　以上のことから，保護者面接の基軸は母親面接にあると考えられる。しかしながら，子どもの養育に携わり，子どもとかかわる中で困った事態について相談するため，専門家のもとに様々な立場にある者が登場している実情を踏まえ，本稿では「保護者面接」という言葉を主にして説明することにした。しかし，保護者面接という言葉では漠然としている場合がある。その際は，「親面接」又は「母親面接」という言葉を用いて補足していくことにする。

（2）保護者面接とは

　保護者面接は子ども自身が何らかの心理的問題を訴えた場合や，あるいは，保護者が子どもの状態や行動に心配や困惑する部分があり，子どもへの対応に窮する体験をもつことがきっかけとなって相談が始まることが多い。つまり，保護者としてどう対応したらよいか困ってしまい，専門家の助言を求めたいと考えて相談を申し込むに至ったと考えられる。保護者自らが子どもの問題となる事柄への解決のため自発的に来談することもあるが，教師などから相談を勧められ，自らは主体的な問題意識は感じてはいないが来談するという場合もある。いずれにせよ，セラピストと保護者との出会いは子どもが有する問題をきっかけとした出会いであり，そのことを巡り保護者への面接が開始されていくことになる。

　子どもの問題について香川（2021，p.184）は「子どもの持つ資質と，周囲の環境の相互作用としての『問題』を捉える姿勢が，子どもの問題を理解する上では常に求められている」と指摘している。この考え方は，子どもに備わっている資質や能力を持ち味として捉え，子どもが生活し

ている環境との相互作用の結果として子どもの問題を捉えていくことを述べている。したがって，子どもに備わった資質とその後に展開していく養育過程の中で育まれていったものの総体として，子どもの問題を捉えることができる。このように考えると保護者は子どもの育ちの経緯を一番に把握している存在と考えられる。ゆえに，子どもが抱える問題への解決や対応について真っ先に取り組む援助者と位置づけられる。

　その場合，セラピストは保護者と子どもの問題への解決に向けて一緒に取り組む協働関係の姿勢をもつことが重要になる。したがって，子どもにとって一番身近な存在といえる保護者から現在の生活の様子を聞くこと，あるいは養育過程の中で生じた病気や養育環境の様子について教えてもらうことは，子どもが有する問題への解決を検討する上で極めて有益であり，保護者からの協力も求めやすい内容といえる。

　子どもと親が一緒に相談場面に登場した場合は，子どもに対しては遊戯療法など遊びを介在させたアプローチによる心理療法を提供し，親に対しては並行して面接を行うという「親子並行面接」を実施することが多い。この場合，親を担当するセラピストは，子どもの問題が生じた背景や経緯を理解していくために，親に対してこれまでの自らの育て方や子どもとのかかわり方について尋ねることになる。それは，子育てを振り返ることを親に対して求めていくことでもある。この時に親自身が自らの体験を内省していける自我の力があり，かつ心理的準備がなされているとしたら，セラピストからの問いかけで気がつくことや自己理解が深まり，その結果として子どもへの働きかけを変えていく試みを行っていけるかもしれない。

　しかし，そのようなセラピストからの問いかけを受けとめることが苦しくなる場合もある。たとえば，親自身が受けた養育体験が過酷であり，苦しかった子ども時代を思い出してしまうといった場合である。子どもが表明している問題や症状は，養育環境を含む子どもの育ちの総体であると捉えていくということは，親自身の子どもへのかかわりや，親自身が子育ての中で苦悩や葛藤した部分を意識していくだけではなく，親が語ることによって自らの体験を思い起こすことに繋がる可能性がある。

その結果，保護者自身がわが子への働きかけを振り返り，自責の念をもつことがあるかもしれない。また，反対にそのような気持ちを自分の内側に留めておくことができず，自らの子どもへの働きかけとの相互作用の結果という観点が切り離されてしまい，子どもの「病理」ととらえ，子どもに要因があると述べるかもしれない。親担当のセラピストは，親のこのような心の動きを感じ取ったときに，親自身の不安や苦悩などに対してどう対応しながら，子どもとの関係について問いかければよいかや，現状への対応に向けた考えをどう述べたらよいかという課題に直面することになる。このような点に親面接を行う難しさが含まれていると考えられる。

　日本における親子並行面接の考え方についてみて，河合（1986）は自身の実践も踏まえながら極端に2つに分けて考えることができると述べている。ひとつは，あくまでも児童の治療が中心であり保護者への面接はそのための補助手段として位置づけていく考え方である。もうひとつは，母親を心理療法の中心的対象として定め，母親の自己実現の追求を目指して援助を行っていくという考え方である。河合はこのように考えるに至った経緯に関して，ロジャーズ（Rogers, C. R.）の影響があるとしている。つまり，母親を来談者として捉えていくことで来談者中心療法の考え方に基づいた態度で接していこうとするアプローチがあったとしている。しかし，そのような態度では児童の問題の性質にかかわらず，セラピストの態度はできるだけ非支持的で，母親に対して助言や指示を与えていかないやり方となる。その結果として，母親の子どもの治療に対しての面接意欲が低下することや，途中で中断するようなこともあったとしている。

　このように子どもの問題に対して親としての対応がうまくいかなくなったため，解決の手だてを求めて専門的な見方や意見を求めたいというニーズをもち登場している親のニーズが満たされない対応であった場合，相談場面では親とセラピストとの間に不一致が生じることになる。したがって，親に対して適切な指示を示していくことの重要性が考えられるようになった。そして，親面接の目標をどのように定めるか，どの

ような次元において面談を進めていくかという問題として捉えられるようになっていった。河合（1986, p.219）は，精神分析的な考え方に基づく親子並行面接の在り方は河合の実践とは真逆の歴史的な推移になっているとし，小此木の報告を例にあげて「『児童のための母親面接』が『母親のための母親面接』へと推移していった過程として把らえられている」と説明し，「親に対する面接は事例によって相当異なるアプローチを必要とすることであろう。…… 何らかの意味で多様性をもつことを迫られるものである」と述べている。

　親面接では子どもの問題で親が登場しているわけで，子どもの問題について見立てて把握していくことが主軸になるといえる。しかし，親自身の親子関係における心理的課題が自分の子どもとの関係の中に反映されていく問題は，子どもの成長の中で顕在化していくことがあると考えられる。したがって，親が自らの親との間でどのような関係にあり，そのことを親自身がどう体験してきたのか，親自身の育ちの過程や養育体験を把握していくことが子どもの心理的問題への理解にとって重要になると考えられる。

　また，橋本（2000, p.36）は子どもの問題で来談する母親の面接に関して，「子どもの行動を語ることによって，内奥に共通のイメージを惹起され，そのイメージを媒介として，内奥に封印されていた自分の問題を他者に語り，現実の物語として生きることができるようになる。そのことが母親にとって癒しのプロセスとなるのではないか」と指摘している。このことは，単純に母親と子の面接を分割して捉えていけないような性質が含まれていることを示唆しているのではないかと考えられる。それは，母親は現実の自らの子どものことについて語るわけであるが，そのことは母親自身に潜んでいる内的ファンタジーや感情を「隠し，露呈する」といった多次元の象徴的な機能を担っているものとして考えることができるとしている（橋本, 2000）。つまり，現実の子どもについて母親が語っていくときに，セラピストはその話の中に母親自身の内的ファンタジーや感情も含まれているものとして，それらの象徴を二重の意味あいとして保ったまま母親の語りを聴いていくことの重要性を指摘

している。したがって，セラピストは母親の話か子どもの話かを明確に分けずに聴いていく態度が重要になると考えられる。元来，心理面接や心理療法で語られるクライエントの言葉は多義的であり，様々な意味合いが含まれている。セラピストは母親がひとつの葛藤を語っていく中にも，そこには様々な思いが含まれていると仮説をもちながら話を聴いていくことで，話の展開や語りから喚起されてくるイメージが豊かに広がり，母親が表明したい内容の全体が把握できるようになると考えることができる。

他にも親子並行面接における親面接の難しい点は，面接過程の中で生じてくる心理的な抵抗である。親子並行面接では，親と子のどちらかの面接に対するモチベーションが低下したとしても，どちらかが面接に対する動機を高く持っていて維持できている場合であれば，そのことが両者に相補的に作用して共に面接に登場することができる。しかし，面接が展開していく中で相補的に働いていた要素が崩れてしまい，面接への動機を下げてしまう場合がある。河合（1986，p. 220）は「たとえば，子どもが治療者に対して強い陽性転移を起こしたとき，母親がそれを感じとり嫉妬心から来談に抵抗を示すこともある」と述べている。つまり，子どもにとって両親や家族が一番身近な環境といえるが，その結果として子どもへの心理的治療を通して家族関係の力動に影響を与え，家族全体の変化が引き起こされることへの抵抗が生じて，来談に対する圧力となる場合や，そのことを母親が無意識に感じ取ることで来談をためらうことも生じると考えられる。

以上のようなことから保護者への面接は単に子どもについての情報を聴取するといった意識では十分とはいえないことがわかる。では次に，保護者や親に対してどのように面接を行っていったらよいかについて述べてみたい。

2．保護者面接の進め方

（1）セラピストの立ち位置と面接構造

先述したように，子どもへの援助のために面接場面に登場した保護者

にセラピストが会う場合，高野（2012）の言葉を借りれば，セラピストは「援助者としての保護者」と「当事者としての保護者」の間を行き来する面接過程を意識することになる。その際にセラピストが留意すべきことは，自分は「援助者としての保護者」の語りを聴いているのか，「当事者としての保護者」の語りを聴いているのかという点である。その上で面接の流れの中でいま何を話題として取り上げていて，それをどのように扱おうとしているのかということを把握していることである。常にいまどのような目的で保護者に会い，面接を行っているのかという自覚が肝要といえる。

永井（2021，p.18）は親面接の構造を説明し，親子の相互関係の調整，支援者であるカウンセラーとの関係を含めた展開について述べている。そこでは親面接を便宜的に3段階に分けている。第1段階は親との協力を前提としていく対応である（図2-1）。これはカウンセラーと親は子どもの問題を共に支援する立場であり，カウンセラーも母親も共に子どもの方に向いている。つまり，「子どもの立ち位置を親自身とカウンセラーとの間に想定した三角関係」（永井，2021，p.19）の構図である。これは保護者面接や親面接の基本的構造と考えられる。カウンセラーは母親が語る子どもの内容に注力し，子どもを見立てその対応について親と共に検討し，対応に関して助言をしていくことになる。カウンセラーは子どもの対応で苦悩する母親の語りを傾聴していくことで母親自身の苦

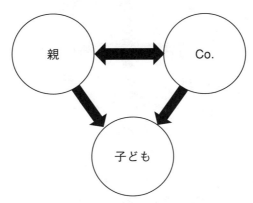

図2-1　子どもを中心に（永井，2021，p.19，図1）

労を慰労しながら信頼関係を構築していく。したがって，第1段階は母親への子育てに対するコンサルテーションと捉えることができる。この構造が成り立つためには，母親からカウンセラーへの信頼が得られていることが前提となる。そのためには，カウンセラーが母親の子育てに対する大変さを十分汲み取った上で，子どもに対する理解や見立てと母親に対する適切な指示ができていることが肝心となる。

　第2段階は親と子の関係調整を中心にして取り組む場合である（**図2-2**）。カウンセラーは家族の相互関係を含めた家族全体の力動を見据えながら子どもを理解していく視点が求められる。親がカウンセラーに対して子どもの話を語るうちに子どもへの不信感が生じてしまう場合がある。その際は，カウンセラーは子どもに関わる親の様々な心情に対して丁寧な対応をしていくことで親の感情の整理をしていき，子どもへの思いや働きかけについて振り返り，関係のもち方が修正されていくように援助することが求められてくる。子どもの言動に対して親がどのように感じ，どう子どもに返答したかという実際の具体的なやり取りやコ

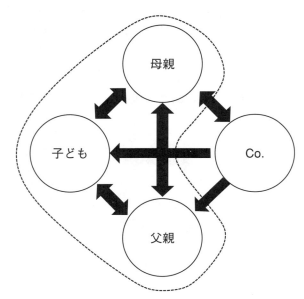

図2-2　家族の相互関係を含めて（永井，2021，p.23，図2）

ミュニケーションの様相を検討していくことで，親が子どもの気持ちについて理解を深め，子どもとの相互理解が促されるように支えていく。その結果として子どもへの対応が自ずと変化されていくように面接を進めていく。

　筆者は親が子どもにどう問いかけ，子どもがどう反応したか具体的な言動を教えてもらい，その場面を想起しながら聴くようにしている。目前の親の語り口調から感じていることと，イメージした場面との差異に注目しながら，その感触を照合させていくように聴くことを心掛けている。そのような姿勢での対応を繰り返していく中で，親が子どもにどう働きかけていく傾向があるか，その特徴を把握していく。そして，それが子どもとの関係の中でどう作用しているかを見立て，それについて親に対して確認してみる。このような対話を重ねていく中で親の側の問題や課題が浮かび上がってくるときがある。

　第3段階は親自身の内的な課題や病理への対応に比重を置きながら面接を扱わざるを得ない場合である（**図2-3**）。子育てには親自身が自らの親との関係の中で体験したことを手掛かりにしてわが子へかかわるといった側面がある。虐待問題では親が自らの親との関係の中で体験した事態がわが子との関係においても生じてしまうといった「世代間連鎖」についての指摘がある。このような場合，親自身が自分の親との関係についてどのような性質であったのかを振り返ることが，自分の子どもとの関係を考えていくきっかけになり，その結果として子どもとの関係を見直して修復していく作業となっていくことがある。

　しかし親からすると，わが子のことで相談をしに来ているのに，なぜ自分の親との関係について聞いてくるのか疑問をもつこともある。そのような問いかけは，自らの内面に踏み込まれているような感覚になり，脅威と感じてしまうかもしれない。特に親との関係の中で大きな葛藤がある場合や，心身のゆとりがないときは責め立てられているように感じとることがある。したがって，このような問いかけを行うには親自身の心身の状態への十分な配慮が必要であり，問いかけの仕方やタイミングが大切になると考える。セラピストやカウンセラーが親の様々な気持ち

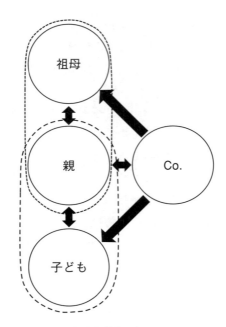

図 2-3　3世代の親子関係を見据えて（永井, 2021, p.25, 図3）

を汲み取り丁寧に扱う関係を通した情動的交流が展開し，信頼感が深まっていく中で親自身が自らの体験を語り始めていくものと考える。

(2) 保護者面接での留意点

　保護者面接は子どもの問題についての相談であるため，子どもの状態について把握し子どもの問題を見立てていくことが主軸となる。そして，保護者となる人物がどのような人であるのかについて見立てることになる。したがって，セラピストがインテーク面接にて把握していく内容は子どもの生活場面での現状についてであり，その様子についての保護者の認識である。その上で子どものどのような事柄に困難さがあると感じていて，どう問題であると捉えているかという保護者の問題意識を把握していくことが求められる。

　保護者が専門家に助けを求めて相談に来るということは，これまでの対応では不十分でうまくいかず困難さがあったと考えられる。したがっ

て，保護者は困惑しており，不安を抱えている状態にあると考えられる。面接場面においてセラピストから「どのようなことでお見えになったのですか」と子どもの問題について説明を求めた際に，子どもの状態をうまく伝えられないことは珍しくない。たどたどしく話始めることもあれば，一言「不登校です」と黙ってしまうこともある。また，子どもの担任教師から指摘された内容を不満げに語ることもある。あるいは，話があちこちに飛んでしまい一貫していないこともある。

　いずれの場合でも，筆者は時間を工面して来談したことに対する労をねぎらい，保護者の心情をくみ取りつつ，保護者の語りに関心をもち注意深く傾聴をしていくようにしている。そして，保護者が自分のペースで自由に語れる場であることを伝えるようにしている。そのような態度を保ちながら保護者の語りの内容から子どもの様子について整理しつつ，もう少し詳しく聞きたい内容について問いかけていくタイミングを見計らっている。

　この際に注意する点は保護者の子どもの問題への認識だけではなく，どの程度の困り感をもち，その解決に向けて自らをどうコミットさせていこうとしているのかという訴えの在り方である。それは親自身がもつ主訴にあたると考えられる。その部分をセラピストにどう提示していこうとしているのかという点に注目していくのである。また，子どもの問題とされる事柄の認識主体が保護者自身であるのか，子どもの周囲にいる教師等の大人であるのかといった点も注意している。相談を勧められて来談に至った場合は，そのことをどう受け止めているかを確認するようにしている。このように保護者の「主訴」をしっかりと聞き取り，保護者なりの取り組みに対して敬意の言葉をかけていくことが，保護者との関係を支えて面接が展開する基盤になると考える。その一方で，保護者が訴える子どもの相談内容をそのまま鵜呑みにして受け取るわけではない。保護者が語る主訴をより理解して検討していくために，子どもがおかれている状況や背景，生活の様子など子どもに関する質問や問いかけを行い，子どもの問題が事実としてはどのように捉えることができるのかという視点をもち探索的に対話を進めている。

また，セラピストからの質問や問いかけに対する返答の仕方にも注目していく。的確に返答して言語化できているのか，親自身の自我機能の水準，コミュニケーションの取り方や特徴，疎通性，距離感といった側面についても見立てを作ることが大切になる。このような対話のプロセスに対して，セラピストが保護者の心情に適った展開を実現できれば信頼関係が形成されていくことになる。セラピストは確認したい事柄についての問いかけが，保護者にとって理解されやすく表現できているか，保護者の様子を読み取りながら対話のテンポに即して問いかけていくことが求められる。さらに，過度に心理的負担になるような質問になっていないか，保護者が返答するペースに配慮しながら質問ができているかといった点を意識して働きかけていくことが大切になる。

　保護者はそれぞれ様々な状態にあり，個別の背景を有している。たとえば，保護者自身が精神疾患や発達障害の診断を受けていることがある。そのようなことが語られた場合には，生活の実態についてもさりげなく目を配っていきたい。たとえば，保護者自身がどの程度家事に取り組むことができているのか，保護者が描いている子どもへのかかわりが，実際どの程度営まれているかといった視点をもって話を聴いていきたい。保護者が病理を抱えている場合に保護者自身に問題があるといった見方をするのではなく，保護者自身はどのように子どもへかかわっていて，そのかかわり方をどの程度修正していく力を有しているか，その可能性を見立て，対応可能な具体的な行為を検討していくという発想に立って考えていく姿勢が求められる。養育において課題が生じない保護者はいない。そう考えると保護者の問題ではなく，子育てを行う上での「課題」として取り上げていくことで，保護者への具体的な提案がしやすくなる。また，保護者自身の養育における葛藤や困難さが了解しやすくなると考えられる。保護者の面接動機を支え，子どもの成長過程での変化を共有する存在となる援助者が社会の場にいることは，孤立しがちな子育て環境にある保護者への支援になると考えられる。

　先述したように，子どもが呈する問題は親や家族が抱えている課題と子ども自身の資質とが相まって表面化すると考えられる。したがって，

子どもの問題について精神科的観点で捉えた場合，どのように理解できるかという検討が必要なこともある。そして家族全体の視点で捉えてみることも大切になる。親の病理が深刻な状態にある場合や現実生活が困難な状態にある場合は，子どもは適応的で表面上は落ち着いている場合も多い。反対に，親自身が問題を抱えていながらも何とか適応的にやりくりをしているときに，子どもの問題が顕在化することも珍しくない。セラピストは子どもや親それぞれの状態について把握しつつ，家族全体の動きについても目を配らせていきたい。面接の中で家族状況の何について，どの程度その話題を取り上げていこうとしているのかという意識を常にもつ必要がある。

　つまり，セラピストの話題の取り上げ方により，セラピストが誰に対してどのくらい，どのような関心を抱いているか親自身に伝えていくことになる。セラピストは親自身や家族のこと，子どものことなどへの関心の抱き方や注力の仕方について意識し，バランスを取っていきたい。親自身が配慮ある話題の取り上げ方をされていると感じ取れるように，セラピストはやり取りの展開について留意していく必要がある。

（3）親子並行面接について

　ところで，親子並行面接の場合は親と子どものそれぞれにセラピストがつき，分担して個別に面接を行うことになる。これは 2 人のセラピストがひとつの家族にエネルギーを注ぐことができる構造であり，対応について知恵を出し合える利点がある。セラピスト同士の関係が良好な場合は適切な協力関係が築けることで，セラピーが展開する利点がある。しかし，セラピストの相互の信頼関係が築かれていない場合や，それぞれの担当者が担当する親や子どもの気持ちに過剰に感情移入をしていたりすると，クライエントである親子の関係性を代理するような形となって意見が反目してしまい，お互いに不信感を抱くような場合がある。

　このように，困難な事例になるほど 2 人の治療者の間でも難しい事態が生じてくる場合がある。2 人の治療者の間で生じる葛藤は，クライエント自身やその家族関係の中で生じているダイナミズムなどの反映であ

り，そのような葛藤をクライエントが背負えずにいるところを治療者が肩代わりし，治療者間の問題として引き受けていくような部分がある（河合，1986）。

それに対して，同一のセラピストが親と子の両者に個別に面接をしていく「同一セラピスト親子並行面接」という方法もある。この場合セラピストはより客観的に親子相互の関係性について把握できる立場となり，双方の調整役や橋渡し役が担える立場になる利点がある。しかしながら，ひとりのセラピストが対応するということは，エネルギーが足りなくなることや，子どもと親との関係が悪化している場合，それぞれお互いの話が相手に漏れてしまう不安を抱くこと，セラピストが味方かどうかわからなくなるといった不信感が抱かれやすいといった欠点がある（小俣，2015）。親子並行面接では，どのように親への面接構造を作るか，子どもや親の特性，それぞれの面接へのニーズ，セラピストの見立てなどを十分に検討したうえで，面接の枠組みについて判断する必要がある。

さて，親子並行面接の場合，終結のあり方についても個別性があると考えられる。子どもの主訴となる問題が消失して周囲への適応が改善された場合，セラピストも親自身も納得の気持ちをもち終結を迎えるかもしれない。子どもの問題が落ち着き，来談することよりも友人との遊びや部活動に取り組むようになり，来談しなくなり終結に至ったといった例である。実際には転勤や病気など現実的な要因により突然中断や終結となることも多い。

しかし，「子どもが落ち着いて適応的になった」と親からの終結の申し出を受け入れつつも，子どもと親の担当者からすると子どもの状態は表面的ではないかと感じることがある。反対に，その子どもの状態への見立てについて担当者同士の意見が分かれることもある。このように，終結についてセラピストと親の受け止め方に相違が起こることがある。

また，親自身が子どもの問題を通して自らの課題を認識するようになり，相談を継続していきたいと申し出ることもある。その場合は，面接を行う目的や主訴を改めて確認し，再契約をし直して面接を続けていく場合もある。この場合相談機関の方針によっては，他の相談機関を紹介

することもあるであろう。反対に子どもの面接が展開し始めた頃に親から終結を切り出される場合がある。このような場合には親の面接に対する抵抗感が含まれているかもしれない。あるいは，そのような申し出があることで親と子の面接担当者同士の関係が悪化するような影響を受けるかもしれない。終結の申し出が出てきた際に，親の意向を尊重する態度を示していきつつも，そのことを巡って面接の中での話題として取り上げ，終結を申し出た背景について検討していきたい。その上で，親の意向が変わらないようであればそれを尊重することになると考える。相談の開始は親が申し込みをすることで開始されていくが，面接を止めることの意味については様々な局面や水準から考えていきたい。そして，必要に応じて相談は再開できることについてさらりと伝えていき，オープンな関係となるように終結をはかっていきたい。

3. まとめ─親子の関係性を把握する

　子どもの心理的問題を主訴として保護者が面接場面に登場してきた場合，その問題についてどのように理解して子どもに働きかけていったらよいかについて，セラピストは保護者と共に考えていくことになる。その前にセラピストは保護者に対してどのような役割を担っているかについて自覚しておくことが大切である。

　精神科医であり家族療法家でもある中村（2006）は，医療現場においては患者となる子どもが登場せずに，その親が面接や相談を希望して訪れることが多いと述べている。しかし，現状の保険診療の中でその対応を行うことは難しく，苦肉の策として子どもの問題で親が「抑うつ状態」に至ったと病名をつけ，親との面接を行う場合があるという。本人が受診せずに親のみが診察を受けるという枠組みの中で子どもについて相談をしていくことには，難しさが含まれていると考えられる。したがって，実践場面において保護者面接が行われているのは，保護者への対応を業務として位置づけていける相談機関になると考えられる。

　教育領域であれば学校におけるスクールカウンセラーや公的教育相談機関や大学付属施設等における心理相談室，司法領域では警察の少年セ

ンター，福祉領域においては児童相談所や児童心理治療施設，子育て支援施設等が想定される。保護者面接を実施している機関にはそれぞれの役割に応じた活動目的や援助方針がある。そのような機関にて保護者面接を担う場合は所属している相談機関の役割を自覚しつつ，どのような立ち位置でどのように保護者面接を実施していけるかについて，自らの力量も含め判断することが求められる。

　子どもの問題を主訴としてその対応や解決を求めて登場する保護者に対して，セラピストは保護者を子どもへの援助者であると位置づけて対応していくことになる。同時に，セラピストは保護者の養育機能や精神的な問題などについての見立てを作ることも必要になる。子どもの一番身近な環境となる保護者との関係や，家庭状況が子どもにとって安心安全と感じられる状態になっているかどうか，そのような育児環境を提供していける状況にあるか否かについても注意を払う必要があると考えられる。そして，保護者自身の心理的な問題や課題についても取り扱っていけるように関心を向けて相談に取り組む姿勢が重要といえる。

　子どもの問題については子ども自身が生来的にもっている特性が強く作用する場合がある。さらに，親や家庭の養育環境の課題が大きいこともある。したがって，子どもの問題の把握は子ども自身の特性と養育環境の状態，親と子どもとの関係性について把握し，その特徴について注目したい。その上で，セラピストは親の子どもへのかかわり方についてどう修正していったらよいかという視点をもって親の話を聴いていきたい。子どもの特性についての親の認識には親自身の価値観や考え方，性格傾向といった特質が影響することもある。さらに，親自身の養育体験が作用することもある。したがって，発達障害など子どもがもつ生来的な要因が子どもの問題に大きくかかわっていると考えられる場合，親自身がその点をどう認識し理解しているか確認していきたい。そのうえで子どもの実情に目を向けていけるよう支援について考えることが重要になる。そして，子どもの特性に適った対応について，親にとって取り組みやすく，子どもに対してできることを一緒に考えていきたい。子どもの問題の見立て方とその支援には，「見わけ，見究め，見直し」をして

「見通し」をもっていくことが大切になる（永井，2021）。

　ところで，セラピストは親の心理的な問題を捉えていく際に，神経症圏か，人格障害圏か，発達障害圏か，精神病圏であるかといった大枠の見方をもち，どのような問題を抱えているか人であるかを見分けて捉えていくことが手掛かりとなる。その上で親は子育てをする上でどのような課題を有しているかという観点で捉えることで，子どもへのかかわり方の特徴について見立てていくことができる。

　以上のように親の課題として捉えていく方が，子どもの問題についての対応を親と話し合っていきやすくなる。親はセラピストが子どもの状態についてどう見立てるかに関して常に敏感になっている。親自身にも特徴があり不安感を強くもっている場合や，親が独自の考え方や認識の枠組みをもっていることもある。そのような特徴を把握しながら，子どもへのかかわりを工夫していける範囲を見定めていきたい。

　それから，子どもの育ちの過程には発達課題がある。子どもの問題や課題は発達的段階に応じて特徴や内容が大きく異なっている。セラピストは子どもの発達的課題とそれに応じて親が直面する心理的課題について理解しておきたい。幼児期の子どもは，親が心身の調子を崩している際には，大人が思っている以上に親への気遣いや配慮をすることがある。思春期にある子どもは親との心理的分離が課題となるが，親にとっても子離れという課題があると考えられる。最近は成人期以降の「社会的引きこもり」状態が問題視されている。「8050問題」のように一般的に80代の親が何らかの事情により自立ができない50代の子どもを抱え苦悩し，親子ともに社会から孤立している問題が注目されている。このように親が高齢となり経済的に生活が厳しくなったことで，初めて親が地域の相談機関を訪れて子どもの状態が明るみになる場合があると聞く。親への面接は子どもに対してだけではなく，成人している大人に対しても行う事態が現代にはあるようである。このような問題を支援の観点から考えていくと，親への面接という単一の切り口のみで解決に向けた対応ができるものではなく，様々な社会的資源に繋げていく観点の必要性があると考えられる。家族が孤立していかないような環境づくりを考える

視点をもつことも大切になると考える。

　最後に，子どもは思春期に近づくにつれて自らの親や家族について考える時期が来る。それは，自己のアイデンティティの基盤が家族にあるからである。この時期に親が子どもと向き合ってきちんと話をしていくことは，子どもの自己形成を確立する上で重要といえる。しかし，同時に親にとっては自分自身に直面させられるような体験になると考えられる。「保護者面接」という言葉には親の子どもへの保護機能の一部が発動して，子どもの問題に取り組む動きが前景に立っているニュアンスがあるように思われる。一方，「親面接」という言葉には保護機能の動きに加えて，親自身が自らのアイデンティティとも向き合わざるを得なくなった状況が含まれているようにも思える。

　保護者である親との面接では子どもの問題を基軸にしながらも，子育てを通して親自身がどのような体験をし，子どもとの関わりから何を学び自己理解を深めているのかという視点を持って親の語りを聴くことが大切なのではないかと考える。その上で，親面接の場に持ち込まれてくる子どもの問題を親と子の関係のストーリーとして捉えてみて，どのような関係性が展開しているのか，全体像を捉え考えることが重要になる。親の語りからはわが子を思う気持ちだけではなく，家族への思いが様々に語られていく。セラピストは親の語りに時として浮かび上がってくる深層に潜んだ心の内について目くばりをしながら，面接の方向性について常に検討する意識が必要である。セラピストは何を目的に面接をして，どのように援助をしていこうと考えているのか意識をもち，ひとりひとりに応じた援助の実現が肝心ではないかと考えられる。

　なお，内容をより深く理解するためにぜひ読んでほしい本を参考文献のリストに加えた。参考にしてもらいたい。

研究課題

1．あなたが親面接を実施する場面を想起してみよう。初めて面接をする親に対して，どのようなねぎらいの言葉をかけていくか，具体的に考えてみよう。
2．参考文献にあげた下坂幸三著「心理療法の常識」を読み，あなたが親や家族と面接をする場合，どのような点に気を付けていくべきか考えてみよう。

引用文献

橋本やよい（2000）．母親の心理療法　日本評論社

香川克（2021）．保護者に対する面接　倉光修（編）　学校臨床心理学特論（pp.183-198）放送大学教育振興会

河合隼雄（1986）．心理療法論考　新曜社

永井撤（2021）．心理臨床の親面接―カウンセラーの基本的視点　北大路書房

中村伸一（2006）．特集にあたって　精神療法，*32*（4），409-413.

小俣和義（2015）．親子面接のすすめ方―子どもと親をつなぐ心理臨床（オンデマンド版）　金剛出版

高野久美子（2012）．教育相談入門―心理援助の定点　日本評論社

山口素子（2006）．「母」という神話　精神療法，*32*（4），459-460.

参考文献

橋本やよい（2000）．母親の心理療法　日本評論社

永井撤（2021）．心理臨床の親面接―カウンセラーの基本的視点　北大路書房

下坂幸三（1998）．心理療法の常識　金剛出版

山口素子（2022）．親面接の実践―子と親を共に支える心理療法　創元社

3 | コンサルテーション ：心理学を共有する

丸山　広人

《**本章の目標＆ポイント**》　心理職の仕事としては，心理面接と心理査定がよく知られている。しかしもうひとつ，臨床心理的地域援助というのも重要な仕事となっている。そしてその代表となるのはコンサルテーションであろう。会ったこともないクライエント，あるいは子どもや保護者の情報だけを与えられて，心理の立場から何かアドバイスはないだろうかなどと相談されるわけである。近年，このコンサルテーションへのニーズは高まっているが，実践のハードルは決して低いものではない。そこで本章では，コンサルテーションについて解説した後に，その実際に焦点を当てて考えていくこととする。

《**キーワード**》　コンサルティ―コンサルタント関係，間接支援，協働コンサルテーション，焦点の共創

1．コンサルテーションとは

（1）コンサルテーションの定義と内容

　コンサルテーションは，心理の専門家が相談室という場から離れて，教育や福祉などの他領域の場に赴き，そこで働く専門家たちに向けて行う相談活動のことをいう。相談される心理職側をコンサルタント，相談する側をコンサルティと呼ぶ。この関係においてコンサルティは，自分が担当しているクライエントに関する悩みをコンサルタントに相談し，コンサルタントから意見や助言を得ることによって問題に対応できるようになることが目指される。たとえば，教師（コンサルティ）がスクールカウンセラー（コンサルタント）に自分が受け持っている生徒（クライエント）への対応について相談する，というような関係が想定されている（山本，1986）。

このコンサルタントとコンサルティの関係は以下のような特徴がある（山本，1986）。

①間接支援

カウンセリングではクライアントを直接支援するが，コンサルテーションでは，コンサルティを通したクライエント支援となるため，クライエントに対しては間接支援となる。

②部外者性

コンサルタントは部外者であり，コンサルティが属している組織の権力者や利害関係にある者ではない。つまり，コンサルタントがコンサルティの人事評価をしたり，昇進に影響を与えたりするような人物であってはならない。多重関係が発生するからである。もしこのような上下関係がある中でコンサルテーションがなされるのであれば，コンサルティは自らの評価を気にして正直に課題を伝えることが難しくなるであろうし，コンサルタントの助言を命令と受け取って，それに従わなければならない気持ちにさせることもあるだろう。その結果，コンサルティの主体性が削がれてしまうことになりかねず，これではコンサルティへの支援活動にはならない。

③扱う問題

カウンセリングは，クライアントの個人的で情緒的な問題を扱うが，コンサルテーションでは，コンサルティの職業上，役割上の課題を扱う。カウンセリングでは，クライエントが職務や役割を遂行するために着用している「ヨロイ」を外す方向を促進することもあるが，コンサルテーションでは，コンサルティが職務を遂行するために着用している「ヨロイ」を柔軟性のある強いものに強化することを目指す。

④時間的制約

カウンセリングは長期的な関係になることもあるが，コンサルテーションは1回または多くても数回で終了するという時間制限的な関係となる。

⑤責任の所在

コンサルテーションで話し合われた見立てや手立てについて，それを

採用するか否かの判断はコンサルティが自主的に行い，その責任もコンサルティが負う。

　以上のように，コンサルテーション活動では，コンサルタントとコンサルティとの間に意図的に距離をとろうとする。その理由は，コンサルティの専門性を尊重していることを示すと同時に，責任の主体がコンサルティにあることも示そうとするからである。さらに，こうすることによって，コンサルタントがコンサルティの悩みを過度に背負い込んでしまうことも防いでくれる。あくまでも問題を解決するのはコンサルティであって，コンサルタントはコンサルティに解決を任せる態度を保持し続けることが求められる。

（2）コンサルテーションで目指されること

　コンサルテーションでは，コンサルタントの知識や視点，技術や態度等がコンサルティに伝わることになる。それによって目指されることには，短期的なものと長期的なものが考えられている。短期的なものとしては，現在コンサルティが直面している課題にコンサルティ自身がうまく対処できるようになることである。当然のことながら，まずはこのためにコンサルテーションは求められる。

　長期的なものとしては，コンサルティが将来同じような課題に直面したときに，ここで得られた経験を次の類似する課題に応用して，より効果的な支援につなげられるようになることが考えられている（Caplan & Caplan, 1993）。

（3）コンサルテーション活動の拡大と変容

　上記で示したコンサルテーションの定義や内容は精神保健コンサルテーションを基礎においた解説である（Caplan & Caplan, 1993）。わが国の臨床心理学における地域援助分野においても，このコンサルテーションのモデルが導入されてきた（山本，1986）。しかし現在では，心理職がさまざまな領域で活躍するようになっており，かかわり方の技法にもいろいろと工夫がなされ，それぞれの領域に合ったコンサルテー

ションが展開されるようになっている。そのためいくつかの点で精神保健コンサルテーションとは異なった側面が出てきているので，そのことについても触れておこう。

　まずは，コンサルタントの部外者性である。コンサルタントは組織の外からやってくる部局外の人が担うことが想定されてきたが，現在では部局内の人がコンサルタントとなって，コンサルテーションが行われることも増えてきた。たとえば月に1，2回学校を訪れるスクールカウンセラーがコンサルタントの役割を担って，自分が会ったことのない生徒（クライエント）のことで困っている教師（コンサルティ）の相談に応じるという場合である。この場合，このような関係が継続されることもあるので，1回又は数回という時間の制限もなくなることがある。コンサルテーションの対象も必ずしも専門家ばかりではなく，ボランティアの人などにも拡大している。

　コンサルテーションの種類も，精神分析学の影響を受けている精神保健コンサルテーションだけでなく，行動理論を背景にした行動コンサルテーション（Sheridan & Kratochwill, 2007）や家族療法に端を発するシステムズ・コンサルテーション（Wynne, McDaniel & Weber, 1986）など様々な種類が提案され実践されている。これらは根拠としている理論的背景が異なるため，用いる概念や問題の把握の仕方，介入のポイントなどに違いがある。

　以上のような工夫や進展があるが，クライエントへの間接支援であること，互いの専門性を尊重し合うこと，コンサルタントとコンサルティの間には権力関係や利害関係がないこと，コンサルタントの助言を受けるかどうかはコンサルティの判断であり責任もコンサルティがもつこと，という関係には変わりがない。また，たとえどのような種類であろうとも，コンサルティとの協働（collaboration）を重視し，対等な関係性の構築を目指しながらコンサルテーションを実施する点は共通している。

　本章では，さまざまにあるコンサルテーションのひとつひとつの違いを解説するのではなく，コンサルテーションに共通することについて，

特に協働性に着目したコンサルテーション（collaborative consultation）について解説していくこととする。

2．コンサルテーションにおける留意点

（1）フィールドエントリーに際して

心理職がコンサルテーションを行う場は，教育，福祉，司法矯正領域など多岐にわたる。コンサルタントが活動するこのような場には，いろいろな専門職の人々が働いており，それぞれが果たすべき社会的使命を負って活動している。これらの人々は，クライエントへのかかわり方や専門家としての養成方法の違いなどもあり，当然ながら心理職とは異なる伝統や職業アイデンティティの中で職務を遂行している。コンサルタントはこのことには敏感である必要があり，心理職の原理原則を無理やり相手に伝えようとしても伝わらず，時には反発を生むことにもなりかねないので注意を要する。その他にもコンサルテーションの場にはいくつもの力学が働いている。そして，そのような場の力学によって，コンサルテーションはさまざまな影響を受ける。コンサルテーションに影響する場の力学という観点は，実践上重要であるため，まずはこのことから考えていこう。

コンサルタントが向かう場というのは，それがどのような場であっても，激変する社会に対応するための変化が求められ，利用者からの要望や新しい技術の導入などが刺激となって，常に変化が求められているものである。変わらないのは，増え続ける業務量とマンパワーの不足，そして予算の削減に伴う業務の効率化である。このような変化やプレッシャーによって，うまく連携していた部局間の関係が絶たれたり，大切に守ってきた伝統が解体されたりすることもある。変化に伴って組織の中に利害関係が生じたり，価値観が衝突したりする場合もあるだろう。

このように対人援助職の専門家が働く場は，それぞれの専門家が複雑な文脈の中で対象者（クライエント）に働きかけているのである。そして，コンサルテーションというのは，今のやり方を継続したほうがいいのか，それとも変えたほうがいいのかといったように，進むべき方向が

定まらなかったり，自分たちの働きかけが行き詰まったりしているとき
に求められるものである。つまり，コンサルテーションは，ダイナミッ
クに変化する場の中で生じるクライエント支援に対して，葛藤や見通し
のなさなどを抱えた組織や人々から求められるものである。さらに言う
ならば，その葛藤や見通しのなさを組織の中で最も強く感じている人の
ニーズが優先されて求められる場合が多い。

　このようなことから，コンサルテーションを引き受けたその時点で，
コンサルタントは組織メンバー間の葛藤や力関係，利害関係の中に巻き
込まれている可能性が十分にあり，その中で仕事をするという側面があ
る。コンサルテーションのフィールドはこのような力動が強く働いてい
ることがあるので，その点には留意し一方向に肩入れすることのないよ
うに配慮する必要がある。

（2）コンサルテーションへの誤解

　コンサルテーションでは，心理職がコンサルタントであり，もう一方
がコンサルティという立場に位置づけられることになる。この位置づけ
の中では，当然，コンサルタントはコンサルティよりも心理学的な知識
と技能，そして経験を豊富にもっているはずであろう。当然，コンサル
ティはそのように考えてコンサルタントを自らの組織の中に迎え入れ
る。コンサルテーションでは，専門性の違いが強調されがちなので，心
理の専門家であるコンサルタントは，クライエントの心を自分たちより
もよく理解できる人としてコンサルティから祭り上げられることもあ
る。

　先に述べたように，コンサルテーションはコンサルティが考えうるあ
らゆる手をつくしても事態に改善が見られず，万策尽きたと判断された
ときに求められることが多い。一般にコンサルタントという言葉が付く
職業としては，経営コンサルタントや金融コンサルタントという仕事が
よく知られているであろう。これらの人たちの仕事は，現状の調査，課
題の分析と発見，課題解決に向けた戦略を示すことであるため，心理の
専門家が行うコンサルテーションも，それと同じような印象で受け取ら

れることがある。自分たちよりも専門知識と専門スキルを有した経験豊かなベテランが，高い立ち位置から現状を打破する解決案を見事に示してくれるのではないか，自分たちのどこに問題がありどこを改善すればよいかという改善案を示してくれるのではないか，という過剰な期待が寄せられるのである。場合によっては，組織の中では表立って言えない不満や怒りを，外の目線からそのものズバリを指摘し，経営者たちのマネジメントにダメ出しをして，それに代わる見事な代替案を示してくれるのではないか，という期待が寄せられることもある。そしてこのような態度こそ，コンサルタントの専門性を尊重する態度である，ととらえられていることもある。コンサルタントとコンサルティは対等な関係であると言っても，そして，コンサルタント側はそのつもりであっても，実際の現場では，このようなズレはすぐに起こってしまうものである。お互いの専門性を尊重した対等な関係での相互作用というのは簡単なことではない。

（3）コンサルタントの抱えるプレッシャー

コンサルテーションでは，コンサルタントの専門性が高く評価され，コンサルタントが全く望んでいないにもかかわらず，その発言やアイデアが権威をもたされてしまうことがある。そこまでいかずとも，少なくともコンサルタントは，自分たちよりもクライエントの心理がよく分かり，現状をよくする案や助言を提供してくれるはずだ，とコンサルティから受け止められていることがある。

もし，コンサルタント自身もコンサルタントという役割に対して，同じような期待をもっているならば，この期待に応えて専門家としての役割を果たさなければならないという義務感が高まり，強いプレッシャーを感じるようになるだろう。そしてコンサルティとコンサルタントがこのような思考法をたどっているとき，コンサルテーションはうまくいかないルートを歩んでいることが多い。なぜならば，このときコンサルティたちは，問題の解決をコンサルタントに丸投げしてしまっており，自分たちで考えることを放棄しているからである。問題の解決の主体はコン

サルティ自身にあるという態度が薄まり，受け身的になってしまうのである。

　コンサルタント側はどうであろうか。コンサルタントは，この高い期待に応えようとするあまり，有能なコンサルタントとして，問題をできるだけ早く理解しようと焦りがちになってしまう。つまり，非常に浅い理解のまま問題の解決に向かって動き出してしまうのである。そうすると，コンサルティが問題として語ることをそのまま問題として，その解決に向かって思考を進めてしまいがちになる。コンサルティの視点から構築された問題を，コンサルティの視点から解決するように迫られてしまうのである。こうなると，コンサルティのやり方がうまくいかない原因は何だろうか，その原因を克服するためには何が必要だろうか，などとコンサルタントは考えてしまい，その助言は，正論や理想を語ることになりかねない。

　本来コンサルタントは，コンサルティのこのような要求からいったん離れて，心理職の枠組みから問題をとらえ直すためのポジションを確保する必要がある。つまり，コンサルティが示す問題の枠組みからいったん離れて，その枠組みをずらしたり，組み替えたりするところにコンサルタントの力量が示されるのである。そして，そのためにはコンサルティの語る問題をそのまま鵜呑みにしてアドバイスや解決策を示すのではなく，コンサルティとの対話を促進し，意見交換を通して問題の焦点を一緒に創り出す（co-create）焦点の共創が求められる。このようにコンサルティとの対話を促進し，問題の焦点を一緒に作り出すようなコンサルテーションを協働コンサルテーションと呼ぶ（Fredman, Papadopoulou & Worwood, 2018）。この協働性によって，コンサルタントは問題を正確に把握でき，コンサルタントなりに問題を構築できる可能性も高まるので，より的確なコンサルテーションになることが期待できる。

（4）地ならしの必要性とその効果

　コンサルテーションという支援方法が紹介されるとき，一般にはクライエント，コンサルティ，コンサルタントの三者が登場し，その関係性

が解説されがちであるが，組織でコンサルテーションを実際に行う場合には，委託者（コンサルテーションを求めてきた代表者）や経営者（組織内でコンサルテーションの開催を許可しお金を出す人）を含めた関係性から理解しておく必要がある。特に委託者がコンサルテーションのことを誤解しているような場合があり，それが上記のようなコンサルティの誤解を生む背景になっていたりすることがある。つまり，コンサルテーションとは，心理の専門家がわれわれに助言を与えてくれて，問題を解決するためになされるものである，などと委託者が組織のメンバーたちに説明している場合である。つまりコンサルテーションを開始する前から問題を解決する主役がコンサルタントになってしまっているわけである。こうなると，当然コンサルティは受け身の構えになってしまうだろう。コンサルティの中には，コンサルテーションの開催理由がわからず参加していたり，そもそもコンサルテーションという活動がどのようなものなのかを知らないまま参加していたりする人もいる。

　コンサルテーションが成功するか否かは，コンサルティが与えてくれる情報の質に影響を受けるものである。つまりコンサルテーションは，コンサルティがクライエントの情報やこれまでの経過をまとめておき，今自分たちにとって何が問題になっているのかを自覚する準備期間が必要な活動である。コンサルテーションをうまく進めるためには，委託者からコンサルテーションを依頼された時点で，かなりの下準備が必要であることを十分に話し合い，地ならしをしておかなければならない。このような地ならしがコンサルテーションの効果を決定づける大きな要因になる。

　ここまではコンサルテーションが失敗に至るルートを素描したが，コンサルテーションの準備が大きな効果を発揮することも指摘しておきたい。コンサルテーションを行うためにその場に行くと，すでに問題が収まっていたり，落ち着いていたりすることが意外と少なくないものである。なぜこのようなことが起きるのかというと，それはコンサルテーションの資料を作成するために，組織の人々が自分の働きかけを振り返ったり，情報交換を行ったりという準備作業をしているからであると考えら

れる（浜谷，2013）。つまり，コンサルテーションを開催するために行った準備作業が，他の人びとの考えを理解させたり，その働きかけの意図を知らせたりして，組織の中での連携を強める効果を発揮したと考えられるのである。このように，コンサルテーションの準備期の作業は大きな効果を生むことがある。

3．協働コンサルテーションの実際

（1）見立てを促進するエピソードの探索

　これまでは，コンサルテーションにおける留意点をのべてきたが，ここからは，協働コンサルテーションの実際についてみていく。

　フィールドへのエントリーが終わると，今度はコンサルティの話を聞きながら，何を話題として取り上げるべきかということを考えることになる。これは，コンサルテーションの焦点をどこに絞るのかということを，コンサルティとともに作り出す作業である。コンサルティは，自分たちがどのようにクライエントにかかわってきたのかを話し，そのかかわりが効果を上げないことや，当然のかかわりをしてきたにもかかわらず関係が硬直化していることなど，なかなか成果が上がらないことに言及するであろう。

　心理の専門家であるコンサルタントは，クライエント独自の心の世界に近づき，それを概念化して，リアリティのあるものとしてコンサルティに提供することが求められている。つまり，クライエントの行動の背後にある，クライエント独自の世界から問題を見立てて，その見立てを提供することが求められているわけである。このことを達成するためには，クライエントの年齢や性別，かかわりの経過といった基本情報だけでなく，クライエントの特徴がよく分かるエピソードを聞いていくと，クライエントの様子を想像しやすくなり，その心の世界に近づきやすくなる。この辺りは，コンサルティがあまり語らないところでもあるので，コンサルタントが積極的に注意を向けたいものである。

（2） 可能性，強さ，リソースを見出すこと

　クライエントを理解するには，クライエントにまつわるエピソードを語ってもらうことが有効であるが，うまくいっていることや強みに焦点を当てることも有益な情報を引き出せることが多い。コンサルティは，自らのかかわりがうまくいっている面や，クライエントができていることに対しては，それは当たり前のことと思ってしまって，その面での話を省略してしまうことがある。このようなことが起こるのは，コンサルティたちが，自分たちが直面している問題だけに焦点を絞って効率よく話をまとめて話そうとするからである。コンサルティにとってうまくいっている側面は問題ではなく，コンサルタントと一緒に考える必要はないと判断してしまうので，話題に上がってこないのである。

　そのような意味では，コンサルテーションで話される内容は一面的なものである。そのためクライエントの問題点だけに焦点づけるのではなく，可能性やリソース，すでに達成できていることについても焦点を当てることが求められる。こうすることによって，より現実的なクライエント理解ができるのであり，それによって見立ては明確になるであろう。コンサルテーションの焦点はコンサルティとともに，コンサルタントも積極的にかかわりながら作っていくことが，より正確な見立てにつながるポイントとなる。

（3） コンサルティを理解する

　コンサルテーションでは，クライエントをどのように理解し，どのようにかかわればよいのかに向かって話が展開するので，クライエントの客観的情報を得ようとするあまり，コンサルティの行動や困り感の背後にどのような心の世界が広がっているのかという側面を見落としがちになることもある。コンサルテーションでは，クライエントの客観的情報よりも，コンサルティの悩みや困難がどのような考え方によって作られているのかに気付くことの方が重要であるという指摘もある（丹羽，2012）。

　コンサルティは，自らが職務を遂行する中で身につけた実践知を豊富

にもっているものである。そして，それらを状況に応じて引き出し，うまく使いながら対応していると考えられる。こうしてうまくいった考え方や対応が強化されて蓄積され，うまくいかなかったものは選択されなくなる。このようなプロセスを通して，対応は効率的でスムースなものへと洗練され，専門性が高まっていくはずである。しかし，コンサルテーションでは，この思考プロセスを取り上げてていねいに検討することも有益な場合がある。思い込みやまちがった知識が潜在的に働いている可能性もあるからである。そのあたりを理解するためにも，コンサルティがクライエントの何に問題を感じて，どのように対応してきたのか，なぜそれが問題でなぜその対応だったのか，というプロセスをていねいに検討することがコンサルテーションを促進することもある。

　たとえば，コンサルティが「不登校は病気ではないので，病院など行かず自宅で休ませることが大切」と考えて，クライエントに自宅で休むことを推奨したために，病院への受診が遅れ，精神疾患を見逃し状態を悪化させていた例がある。このような対応は，これまでは十分に役に立っていたかもしれないが，今回の場合はそれが適切な対応を遅らせてしまったと考えられる。あるいは「自傷行為は自殺未遂である」と判断して，以前のケースではうまくいったからといって，今回もリストカットをやめるように強く迫ったため，事態を悪化させてしまったという例を挙げることもできる。経験上，そのような対応がうまくいったからといって，そのような考え方にもとづく対応がすべてのクライエントにうまく当てはまるとは限らない。そのようなことをコンサルテーションの中で経験することによって，次に同じような状況に遭遇したコンサルティは，以前よりきめの細かい対応ができるようになるだろう。

4．協働コンサルテーションの事例

（1）事例の概要

　ここでコンサルテーションの事例を用いてコンサルテーションの実際を検討してみたい。なお，本事例は内容の本質が損なわれない程度の変更を加えてある。

ある小学校でのコンサルテーション。スクールカウンセラーはこの小学校で月に1，2回ほど勤務しており，この学校での勤務は今年で3年目であった。ある日，スクールカウンセラーの来校を待っていた養護教諭から，2年生の男児についての相談をもちかけられた。この子は1年生のときから登校を渋っており，2年生への進級後，その傾向に拍車がかかっていた。何とか登校できたとしても，すぐに怪我や体調不良を訴えて保健室に来てしまうという。養護教諭は手当てをしつつ本人の話を聞き，本人の気持ちを落ち着かせてから教室まで送っていた。この児童は「担任の先生が僕のことを見てくれない。手を挙げても僕だけを指してくれない」，「○○君や△△さんばかりが指される」ということをしばしば口にしていた。

ひとりっ子の本児は3歳の時に両親が離婚しており，それからは母方祖父母・母・本児で生活をしてきたという。やや過保護気味に育てられていて，そのためか幼さが残り，二者関係を強く求めてくるという。養護教諭はその気持ちに応じることが役に立つであろうと思い，折り紙や塗り絵などをしながら一緒に過ごせる時間を確保していた。しかし，2学期に入り，保健室への来室者が増えてきたことによって，そのような関係を作りだせない状況になっているということであった。また，保健室で過ごす回数を制限した方がいいのかどうかも迷っている，ということでもあった。というのも，本児は少しずつ来室回数が減少しており，滞在時間も短くなっていたからである。そこで養護教諭はそのことを担任に相談したが，担任は対応の切り替えはまだ早いのではないか，せっかくうまくいっているので，このままの対応を継続した方が良いのではないかという意見だという。このように意見がまとまらないので，スクールカウンセラーの意見を聞きたいということであった。担任と養護教諭は頻繁に情報交換をしており，良い連携が取れているとのことであった。

（2）焦点の共創

最初，養護教諭は担任と意見が食い違うという問題を語った。しかし，話をよく聞いていくと，二者関係の中で本児を支援する対応に限界が来

ているというところの引っかかりが強いようであった。というのも，養護教諭が本児と2人だけでいるときに具合の悪い子どもが来室し，その子の手当てを始めると，本児はしばしば不満げな様子で機嫌が悪くなっていたからである。このような本児の姿を見ていると，保健室で過ごさせること自体が，本児にあまり良い影響を与えていないのではないかという心配もあるという。問題の焦点は担任との意見の食い違いというよりも，むしろ本児のニーズに合わない対応をしているのではないかという不安にあることが明らかになっていった。そこで，その部分に焦点を絞って考えていくことにした。

（3）見立てとその後の経過

スクールカウンセラーは，これまで養護教諭が成し遂げてきたことに焦点を当てるために，これまでの対応が本児の適応を少しずつ促進している理由はなぜだと思うかと問いかけた。すると養護教諭は，二者関係をそれなりにうまく満たせたからではないかという考えであった。

スクールカウンセラーはこの考えを肯定しながらも，養護教諭の対応が別の面でも効果的だった可能性についても言及した。つまり，本児との二者関係を大切にしている養護教諭が，他児童のケアのために本児を心の片隅にとどめつつ，その二者関係から離れていたことに大きな意味があったのではないかということを伝えた。本児のことも気にしつつ他児童のケアをするという中で，養護教諭は本児が耐えられる程度の欲求不満を与え続けていた可能性があり，その結果，本児に欲求不満耐性がついていき，教室で過ごせる時間が長くなっているのかもしれないという見立てを示した。

養護教諭は自分の対応が本児に悪影響を与えていると思っていたわけだが，実は本児の欲求不満耐性を作りだすのに必要な支援だったのではないか，というスクールカウンセラーの助言を受け入れてくれた。自分の対応のすべてが悪いわけではなく，必ずしも，心地よい体験を積み重ねることだけが心を強くするわけでもない，という考え方に納得したようであった。また悪いと思っている対応であっても，子どもの適応がそ

れなりに促進されているのであれば，そこに肯定的な意味もあるかもしれないという考え方を新鮮に感じたようであった。このようなコンサルテーションを通して，養護教諭は自分の関わりの意味を認識しながら，今の対応をもう少し続けてみようという結論に至った。このように肯定的な意味付けをすることも，可能性や強みに焦点を当てたコンサルテーションの一例と考えることができるだろう。

　それから数週間後，本児は教室で過ごすことがさらに増え，自然と保健室に来室しなくなっていったということである。

（4）心理学を共有すること

　コンサルテーションには，それを通して心理学を他の専門職の人々と共有するという側面がある（Orford, 1992 山本訳 1997）。つまりそれは，コンサルタントがコンサルティの対応やそれに対するクライエントの反応という具体的な現象を取り上げ，その意味を心理臨床の概念でとらえ直し，翻訳するという作業が求められるということである。その作業は，コンサルティが本当に困っていることは何なのかといった問いであったり，コンサルティとクライエントとのすれ違いがなぜ発生するのかという問いだったりする。あるいは，その場面でコンサルティがクライエントに対して本当に伝えたかったことはどのようなことだったのか，コンサルティの伝え方が本当にクライエントに伝わる適切なやり方になっているのか，などといったことを考えていくことでもある。

　コンサルティとの協働のもと，少しでもその作業がうまくいくと，コンサルティはそこで得られた意味を手掛かりにして，自分なりに答えを見出し，より良い対応に向かっていけるようになることは少なくない。コンサルテーションは，コンサルティと協働し心理学を共有することによってなされる活動である。このような活動が浸透すると，問題が重篤化する前に手が打てる人材を育てることになり，問題への早期対応ができるコミュニティづくりに寄与する。そのような意味においてコンサルテーションは，心理学が社会に貢献できる大きな活動のひとつなのである。

第3章　コンサルテーション：心理学を共有する　　**61**

🎸 研究課題

1．心理士がコンサルテーションのために自分の職場に来るとしたら，何を問題としてどのような情報を提供するか考えよう。
2．カウンセリング，スーパービジョン，コンサルテーションの違いを考えてみよう。

引用文献

Caplan, G. & Caplan, R. B.（1993）. *Mental Health Consultation and Collaboration*. Jossey-bass Publishers.

Fredman, G., Papadopoulou, A. & Worwood, E.（2018）. *Collaborative Consultation in Mental Health : Guidelines for the New Consultant*. Routledge.

浜谷直人（2013）．保育実践と発達支援専門職の関係から発達心理学の研究課題を考える―子供の生きづらさと育てにくさに焦点を当てて　発達心理学研究，*24*（4），484-494．

丹羽郁夫（2012）．G. キャプランのメンタルヘルス・コンサルテーションにおける主題妨害低減法―コンサルティの個人的問題に由来する職業的客観性の喪失に対応する介入　現代福祉研究，*12*，185-199．

Orford, J.（1992）. *Community Psychology : Theory and Practice*.　Jhon Wiley & Sons, Ltd.（オーフォード，J.　山本和郎（監訳）（1997）．コミュニティ心理学　ミネルヴァ書房）

Sheridan, S. M. & Kratochwill, T. T.（2007）. *Conjoint Behavioral Consultation : Promoting Family-School Connections and Interventions*. Springer.

山本和郎（1986）．コミュニティ心理学―地域臨床の理論と実践　東京大学出版会

Wynne, L. C., McDaniel, S. H. & Weber, T. T.（1986）. *Systems Consultation : A New Perspective For Family Therapy*. Guilford Press.

4 | 心理面接の現場①
：精神科病院／精神科クリニック

高梨　利恵子

《**本章の目標＆ポイント**》　本章では，精神科医療を概観した上で，多職種と連携しながら患者を支援していくために，臨床心理面接の知見や技術をどのように活かしていくかという視点をもって，心理職の役割や専門性について考える。精神科病院／精神科クリニックで行われる精神科医療は，医療者と患者，そして医療者同士があらゆる場面で関係をもつなかで支援が展開する。心理療法・心理検査・コンサルテーションや各種のプログラム中の明確な目的をもった関係であっても，治療の合間にちょっとした会話を交わすような関係であっても，臨床心理面接の知見や技術を活かして心理的アセスメントや心理的支援の機能をもたせることが可能である。
《**キーワード**》　精神科病院，精神科クリニック，入院医療中心から地域生活中心へ，チーム医療，多職種連携，多機関連携，コミュニティ・アプローチ

1．精神科とは

　精神科とは，精神疾患の治療を目的とした診療科であり，薬物療法をはじめ，心理療法や各種のリハビリテーションプログラム，社会復帰支援などが提供される。厚生労働省（2020）による報告では，全国の医療施設に入院して治療を受けた患者の総数は1,211.3千人，外来は7,137.5千人であり，そのうち主に精神科が対象とする「精神および行動の障害」で入院して治療を受けた患者は約236.6千人（19.5％），外来は266.6千人（3.7％）を占めていた（いずれも推計，図4-1）。図4-2で示すように，精神疾患を有する総患者数は増加しており，内訳をみると入院患者数は減少しつつあるものの，外来患者数が増加している。

第4章　心理面接の現場①：精神科病院／精神科クリニック　　63

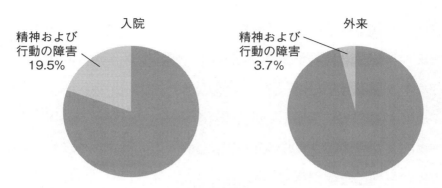

図4-1　入院・通院患者における精神および行動の障害を持つ患者の割合
(厚生労働省, 2020 p.6 をもとに作成)

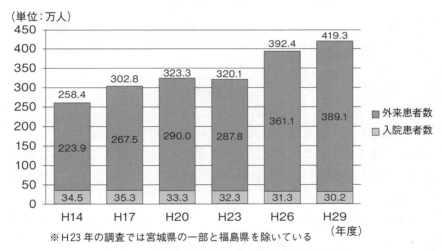

図4-2　精神疾患を有する総患者数の推移
(厚生労働省「患者調査」, 2022a p.2 より作成)

　また図4-3は精神病床における入院患者数の推移を示している。先に述べたように総入院患者数は減少傾向であるが，1年以上入院している長期入院患者が全体の半数以上を占めており，入院期間が長期であることが問題になっている。

　2004年に「精神保健医療福祉の改革ビジョン」が提示され，「入院医療中心から地域生活中心へ」との基本方針のもと，退院促進と地域での

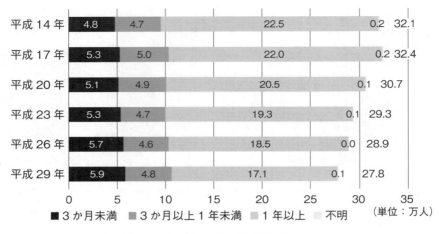

※H23年の調査では宮城県の一部と福島県を除いている

図4-3 精神病床における入院患者数の推移（在院期間別内訳）
（厚生労働省「患者調査」に基づいて精神・障害保健課で作成，2022a p.8）

　生活支援が行われてきている。退院後の安定した生活のためには，単に病状が落ち着くということだけではなく，地域で生活していくための様々な能力に対する支援や，通いやすい医療機関や福祉施設につなげる支援が必要となる。このため，医師や看護師，作業療法士，精神保健福祉士，公認心理師といった多職種の専門家が，専門性を活かし連携するチーム医療や，地域の多機関との連携が一層重要性を増している。

　精神科は対象疾患の性質や歴史的，社会的な背景により，他の診療科とは異なるいくつかの特徴がある。近年では街中に精神科クリニックが多数あり，初診までに順番待ちとなるほど身近でニーズの高い診療科となっているが，精神疾患に対する偏見は現在も様々な形で残っている。そのため，適切な医療を受けず悪化させてしまうケースがあること，セルフスティグマと呼ばれるような，精神疾患を抱える自分自身に対する偏見を抱えて受診している可能性があることにも注意をする必要がある。

　そして，精神疾患はその重症度によっては判断能力が不十分になり，自分および他者の生命や身体の安全を守れない事態に陥ることもある。

このような場合には，本人の同意のない強制的な治療が必要になる。患者の尊厳や人権を尊重し，精神保健福祉法（精神保健及び精神障害者福祉に関する法律）をはじめ，各種の関連法規や制度に基づき治療が行われることは言うまでもないが，本人や治療チームとともに，このような体験の意味を考えていくことも心理職の仕事となる。

2．外来診療

精神疾患を抱えた人々が地域で自分らしく生活することを支えるために，アクセスのよい精神科クリニックの外来や，デイケアとよばれる地域支援の存在は精神科医療の重要な位置を占める。ここでは外来治療について述べ，加えて代表的なコミュニティ・アプローチについて例をあげて紹介する。

（1）外来診療の概要

外来で行われる精神科医療の対象は，うつ病，躁うつ病を含む気分障害や神経症性障害，ストレス関連障害，パーソナリティ障害，統合失調症，発達障害，認知症など幅広い。近年では，未診断の発達障害を抱え，対人面でのトラブルや業務遂行上の困難が生じ，2次的にうつ病などの精神疾患を発症して来院につながるケースも少なくない。

外来の診療は，病床をもつ病院に併設されている外来部門で行われるものと，精神科クリニックで行われるものに大別される。病院に併設されている外来は，退院後の通院治療や，病状次第で入院加療も想定される比較的重症なケースに対応していることも多い。一方，クリニック（診療所）は，入院施設を有しないか，19床以下の入院施設を持つと定義されている。実際にはほとんどのクリニックには入院施設がない上に，診察を行う時間も限られているため，重症ケースや緊急の対応が必要となるケースには不向きとなる。

精神科クリニックはその規模や機能，スタッフ構成，さらには支援対象などにかなりの多様性がある。精神科医と事務職員のみで診察を中心に行う小規模なクリニックから，心理療法や心理検査に加え，デイケア

やアウトリーチなどの多職種によるコミュニティ・アプローチを実施する多機能型のクリニックもある。精神疾患全般を対象とするクリニックもあれば，専門を絞り認知症，依存症，復職支援（リワーク），児童思春期などに特化したクリニックもある。

（2）外来患者に対するコミュニティ・アプローチ

　地域で生活しながら通院する人々やその家族を支援するコミュニティ・アプローチとして，デイケア，アウトリーチ，家族支援を解説する。

① デイケア

　デイケアは，多職種により集団で行われるプログラムであり，地域での生活に欠かせないスキルである生活や病気の自己管理や，社会的・対人的能力の習得に加え，社会参加，症状の改善，入院回数の減少などにエビデンスがある（原，2014）。

　一日の利用時間により精神科デイケア（6時間），精神科ナイトケア（午後4時以降4時間），精神科デイ・ナイトケア（10時間），精神科ショートケア（3時間）に分かれる。かつて地域支援を提供できる資源が限られていたころには日中の「居場所」としての機能が中心的であったが，現在では就労や復職などの利用目的や，利用期間を明確にして参加する「通過型」のデイケアも増えてきている。統合失調症を中心としたさまざまな精神疾患を包括的に対象とするものから，発達障害やひきこもり，依存症，リワークなど，対象を絞って提供されるデイケアもある。

② アウトリーチ

　アウトリーチとは，医療者が施設で患者の来院を待つのではなく，地域に出向いて支援を行うことである。退院促進が進む中で，このアウトリーチ型の支援は一層重要性を増してきている。診療報酬制度のもとで算定されるアウトリーチは精神科訪問看護の枠組みとなるが，現行では公認心理師の訪問は算定されず，配置している施設はまだ限られている。しかしながら，アウトリーチの対象となる当事者は，医療に対して拒否

的であったり，強い不安を持っていたりすることも少なくない。従って，関係性の見立てやラポールの構築などで心理職の専門性が期待される支援であると言える（高野，2016）。医師による訪問看護に対する指示書の内容も，生活リズムの確立，薬物療法の継続への援助のほか，対人関係の改善など（厚生労働省，2021），心理社会的な支援があげられており，今後さらに心理職が活躍する現場となることが考えられる。

③　家族支援

　地域で生活する患者の治療・回復のためには，もっとも身近で重要な存在である家族が大きな役割を果たす。家族が病気や治療について正確な知識を持つことや，家族自身の心身が安定していることが，患者の生活や治療を支えていく上で極めて重要である。精神科病院や精神科クリニックでは，患者家族に対する心理教育として，病気や薬について，さらに利用可能な社会資源や福祉サービス，法制度について情報を提供する家族教室を主催したり，家族同士が悩みや問題を話し合い，互いに支えあう家族会などの場を提供したりしているところがある。

3．入院治療

（1）入院治療の概要

　入院での治療を必要とするケースとしては，病状が重篤である場合や，医療的な観察の元で薬物の調整を行う場合があげられる。精神科ではこのほか，在宅では療養に必要な休息が十分に取れない際の休養のための入院や，生活リズムや生活習慣を立て直すことを目的とする入院まで幅広くある。

　図4-4は精神疾患を有する入院患者数の推移を示している。冒頭でも見たように入院患者の総数は減少傾向であるが，疾患別の内訳をみると統合失調症が減少している一方，認知症（アルツハイマー病）は15年間で約2.6倍に増加している。

　一定の規模を擁する精神科病院では，入院の目的や機能によって，「精神科救急病棟」，「急性期治療病棟」，「精神療養病棟」，「精神科病棟（精神一般）」などのように病棟を分けているところも多い。さらに「認知症

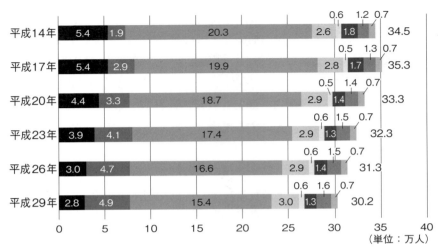

※H23年の調査では宮城県の一部と福島県を除いている

図4-4 精神疾患を有する入院患者数の推移（疾病別内訳）

(厚生労働省「患者調査」より作成，2022a, p.4)

治療病棟」や，「アルコール依存症病棟」，精神障害のために他害行為を行ない責任能力がないとされた者に対する治療を行う，医療観察法（心神喪失等の状態で重大な他害行為を行った者の医療及び観察等に関する法律）に基づく「医療観察法病棟」など専門治療病棟をもつところもある。

（2）入院で実施される治療

　入院治療では，主治医が作成する入院診療計画書に基づき，医師による診察・投薬，看護師による看護を中心に，作業療法士による生活技能の改善を目的としたソーシャルスキル・トレーニング（Social Skills Training：SST）や料理，工作などの各種プログラムや，心理職による

心理療法やグループでの言語的な交流に基づく集団精神療法，心理検査など多角的な支援が行われる。病棟カンファレンスで治療方針や経過が共有され，多職種が連携して実施していく。退院が近づけば，家族の受け入れを整えるための家族面接を行ったり，精神保健福祉士が自立して生活するための住居探しを支援したりする。

4．精神科医療における心理職の役割

　国立精神神経センター（2020）の調査によると，多くの精神科病院，クリニック（精神他）が心理職に期待する役割や業務としてあげたものは，「カウンセリングや心理的サポート」，「心理検査・心理アセスメント」，「各種疾患に対する専門的心理面接」，「心理教育や疾患理解のサポート」，「多職種チームによる活動」などであった。心理職は，面接室の中で行われる業務に限らず，多様な役割が期待されるようになっている。

　精神科医療の現場では心理職以外のスタッフも，様々な角度からこころの健康を支援する専門家である。どの職種もそれぞれの専門性に基づき，日々患者の心の悩みに耳を傾け助言を行っている。このような専門家で構成される多職種連携において，心理職の役割や専門性とはどのようなものであろうか。

　ここでは，1．心理療法，心理検査などの専門業務，2．さまざまな場面での心理的アセスメント，3．主体性を尊重する姿勢，に分けて考えていく。

（1）心理療法，心理検査などの専門業務
①　初回／インテーク面接や予診
　支援を行うに際し，初回，あるいは初期の数回の面接を通して，情報を系統的に収集して，治療の方針を立てるアセスメントのための面接を行う。このような面接は，初回面接，あるいはインテーク面接と呼ばれる。また，精神科医療では，医師の初診に先立って患者の情報を収集して，その結果を医師に報告する「予診」と呼ばれる面接を行うことがある。効率的な情報収集とそれらを端的に要約して医師に伝える技術は，

多忙な現場を支える重要な技術である。

　これらの受診初期に行われるアセスメントのための面接は，患者にとってその医療機関との最初の出会いの場面であり，患者と医療者や医療機関との関係構築に重要な局面である。患者の不安や緊張が強いことも多く，患者側も医療者や医療施設について，「能力や資源は十分だろうか」とか，「意に沿わないことを言われたり，傷つけられたりするようなことはないだろうか」などと，いろいろな見極めを行おうとしている。情報収集に気をとられるあまり，初期の面接のこのような側面を忘れることがないよう心がけることは言うまでもない。

　初回面接や予診で尋ねる内容について，所属する機関であらかじめ定められたフォーマットがある場合も多い。原則的には「生物 - 心理 - 社会モデル（bio-psycho-social model）」に基づき幅広く情報を把握する。これは 1977 年に米国の精神科医であるエンゲル（Engel, G.）により提唱されたモデルで，疾患の形成，発展を生物学的・心理学的・社会学的要因から把握しようとするものである。また，現在精神科医療で広く用いられている ICD-10 や DSM-5-TR といった診断基準を念頭に置きながら，該当する可能性のある診断の基準を意識して情報収集していくことも求められる。これらの診断基準は操作的診断基準と呼ばれ，疾患の原因を問わず，特定の症状のありなしによって，障害を定義する方法である。

　一般的に聴取する具体的な内容は，主訴（何に困っているか），現病歴（現在の問題がいつ，どのように始まってどのような経過をたどったか），現在の生活の状況（職業・学校・対人関係・趣味など），家族構成とその関係，生育歴（出生地や生育地，幼少期の様子，家族関係，学校生活や職業生活への適応，ライフイベントなど），既往歴（これまで罹患した病気）や治療歴，生活習慣（食事・睡眠・排泄・運動・嗜好品など）など包括的なものとなる。

　また，精神科医療の現場では，希死念慮やアルコール・薬物の乱用など生命にかかわる深刻な問題を抱えているケースもある。これらの事柄は特に初対面の患者には聞きづらいものであるが，むしろこれらの問題

について率直に尋ねることによって，深刻な事柄もオープンに話し合う場であることや，医療者が患者の安全に真摯に向き合っていることを伝えることにもなる。特にこれらの問題については，主治医をはじめとしたチームで共有し対応を考えていく必要がある。

本人の受診に同伴している家族や関係者からも情報の提供をしてもらうかどうかについては，慎重な検討が必要となる。情報提供者が増えればそれだけ多角的な情報が得られるというメリットがある。一方その取扱いや，患者と家族や周囲の人間との関係によっては，患者の話は不十分であるというメッセージや，当事者よりも家族や関係者の意向を治療上重視するようなメッセージを伝えてしまうことになりかねない。したがって，本人以外の人物に面接に参加してもらう場合には，患者にその目的や意味を伝えて了承してもらうという手続きを踏むことが多い。

面接の終盤には，収集した情報を統合して当面の治療方針を伝え，患者からのフィードバックをもらいながら方針を洗練させていく。アセスメントのための面接で構築された協働的な関係性や治療の方針を受けて，患者が今後の治療に対してどのくらい希望をもち，動機づけられるかが，支援の成否に大きく影響する。

② 心理検査

心理アセスメントとは，支援の対象となる相手の心のありようを，様々な手法を用いて多面的に理解することである。心理検査は心理アセスメントのひとつのツールであるが，実施や解釈の手続きが定まっており，面接法や行動観察と比較すると解釈者の主観が入り込む余地が少なくなると考えられている。**表 4-1** に診療保険点数として認められている臨床心理・神経心理検査をあげた。

精神科医療における心理検査の目的は，診断の補助，病態水準の評価，パーソナリティの特徴を把握すること，知的機能や認知機能の評価，心理療法や各種プログラムの適否の判断，治療の効果判定など多岐にわたる。目的に向けて多角的なアセスメントを行うために，いくつかの検査を組み合わせるテストバッテリーを組むことが多い。

医師から検査の依頼をうける際には，医師と検査目的を明確に話し

表4-1　診療保険点数として認められている臨床心理・神経心理検査

	3．操作と処理がきわめて複雑なもの	2．操作が複雑なもの	1．操作が容易なもの	
D283 発達及び知能検査	WISC-Ⅲ知能検査，WISC-Ⅳ知能検査，WAIS-Ⅲ成人知能検査又はWAIS-Ⅳ成人知能検査	MCCベビーテスト，PBTピクチュア・ブロック知能検査，新版K式発達検査，WPPSI知能診断検査，WPPSI-Ⅲ知能診断検査，全訂版田中ビネー知能検査，田中ビネー知能検査Ⅴ，鈴木ビネー式知能検査，WISC-R知能検査，WAIS-R成人知能検査（WAISを含む。），大脇式盲人用知能検査，ベイリー発達検査，Vineland-Ⅱ日本版	津守式乳幼児精神発達検査，牛島乳幼児簡易検査，日本版ミラー幼児発達スクリーニング検査，遠城寺式乳幼児分析的発達検査，デンバー式発達スクリーニング，DAMグッドイナフ人物画知能検査，フロスティッグ視知覚発達検査，脳研式知能検査，コース立方体組み合わせテスト，レーヴン色彩マトリックス，JART	
D284 人格検査	ロールシャッハテスト，CAPS，TAT絵画統覚検査，CAT幼児・児童用絵画統覚検査	バウムテスト，SCT，P-Fスタディ，MMPI，TPI，EPPS性格検査，16P-F人格検査，描画テスト，ゾンディーテスト，PILテスト	パーソナリティイベントリー，モーズレイ性格検査，Y-G矢田部ギルフォード性格検査，TEG-Ⅱ東大式エゴグラム，新版TEG，新版TEGⅡ，TEG 3	
D285 認知機能検査その他の心理検査	ITPA，標準失語症検査，標準失語症検査補助テスト，標準高次動作性検査，標準高次視知覚検査，標準注意検査法・標準意欲評価法，WAB失語症検査，老研版失語症検査，K-ABC，K-ABCⅡ，WMS-R，ADAS，DN-CAS認知評価システム，小児自閉症評定尺度，発達障害の要支援度評価尺度（MSPA），親面接式自閉スペクトラム症評定尺度改訂版（PARS-TR），子ども版解離評価表	ベントン視覚記銘検査，内田クレペリン精神検査，三宅式記銘力検査，標準言語性対連合学習検査（S-PA），ベンダーゲシュタルトテスト，WCSTウィスコンシン・カード分類検査，SCID構造化面接法，遂行機能障害症候群の行動評価（BADS），リバーミード行動記憶検査，Ray-Osterrieth Complex Figure Test（ROCFT）	ロ　その他のもの CAS不安測定検査，SDSうつ性自己評価尺度，CES-Dうつ病（抑うつ状態）自己評価尺度，HDRSハミルトンうつ病症状評価尺度，STAI状態・特性不安検査，POMS，POMS 2，IES-R，PDS，TK式診断的新親子関係検査，CMI健康調査票，GHQ精神健康評価票，ブルドン抹消検査，WHO QOL 26，COGNISTAT，SIB，Coghealth（医師，看護師又は公認心理師が検査に立ち会った場合に限る。），NPI，BEHAVE-AD，音読検査（特異的読字障害を対象にしたものに限る。），WURS，MCMI-Ⅱ，MOCI邦訳版，DES-Ⅱ，EAT-26，STAI-C状態・特性不安検査（児童用），DSRS-C，前頭葉評価バッテリー，ストループテスト，MoCA-J，Clinical Dementia Rating（CDR）	イ　簡易なもの MAS不安尺度，MEDE多面的初期認知症判定検査，AQ日本語版，日本語版LSAS-J，M-CHAT，長谷川式知能評価スケール，MMSE

（厚生労働省，2022b）

合っておくことが必要であるが，患者自身にも検査を通して知りたいことについて尋ねておく。これはたとえ医師の指示による検査であっても，患者自身が検査を受ける意味を見出せるように促し，患者の知りたいことに応えられるように結果をフィードバックするためである。

　心理検査は，今後の支援や患者の日常生活に役に立つ理解が得られるときにその機能を果たす。従って検査結果を報告する際には，「報告する相手」が検査を通して「何を知りたいと思っているのか」に応えるものとすることを心がける。そのため，たとえば検査結果を書面にまとめる検査報告書についても，主治医をはじめ多職種が閲覧する支援者用の報告書と，患者や家族に渡すものと，それぞれ別に作成することも多い。

　検査開始から検査結果を患者にフィードバックする面接まで，心理検査の過程は，患者と協働的に実施される。患者と共に，強みも含めた患者理解や，問題のメカニズムの理解，そして治療の見通しを得ることを目指す。精神科医療の現場では，検査のフィードバックを主治医が行う場合もある。検査の結果が他職種にとって役立つ知見となるよう，報告書をカルテに添付するのみならず，カンファレンスや後述するコンサルテーションをはじめ，様々な機会をとらえ支援のための資料として提供していく。

③　心理療法

　心理療法は精神科医療において様々な疾患を持つ患者に対して行われるが，特に効果を期待されるのは，不安症や強迫症，うつ病やパーソナリティ障害をはじめ，精神病性障害で症状が落ち着いている状態などに対してである（岡本，2021）。

　方法は認知行動療法，精神分析療法，クライエント中心療法，夢分析，プレイセラピー，芸術療法，箱庭療法，家族療法など多様なものがあり，個人を対象とするものと集団に対して行われるものが多いが，目的によっては夫婦，家族に対して導入される。

　疾患の治療を目指す医療場面においては，症状や問題の改善を直接の目標として，疾患別にマニュアルを整えエビデンスを確立させている認知行動療法が求められることも多くなっている。一方，症状の背景にあ

る葛藤や生き方に焦点をあて、より長期間をかけて行われる精神分析的心理療法やクライエント中心療法などが実施されることもあるなど、目的と治療期間によりさまざまな方法がとられる。

河合 (1994) は多様な心理療法を、図4-5のようなモデルで整理している。医学モデルや教育モデルはどちらも問題の原因を究明

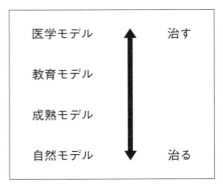

図4-5 「治る」と「治す」
(河合, 1994 p.24)

した上で、医学モデルでは治療を試み、教育モデルでは助言・指導をしようとする。治療者が積極的な働きかけをするこれらのモデルに対し、成熟モデルや自然モデルは、働きかけよりもむしろ治療者の姿勢やありようを重視している。成熟モデルは治療者の態度によって、患者の自己成熟課程が促進されていき、問題解決がなされると考える。一方の自然モデルは、「（治療者が）〜であれば〜なる」のように因果的に変化を把握するのではなく、患者に心を開いて会っていくと、共時的に、自然に患者が自ら「治る」力を発揮し始めると考えている。

精神科医療では、重篤な症状を抱えているケースには、まず医学モデルや教育モデルに従って、休養がとれて症状がある程度までに安定するといった、クライエントの力が発動される条件を整える仕事をし、症状や問題が落ち着いて心の問題に取り組める状態であれば、成熟モデルや自然モデルで仕事をするというような柔軟性も求められる。また、チーム医療において、他職種や各種のプログラムがどのモデルに対応する関わりを行っているかという視点で、支援全体のありようやバランスを検討し、自らのかかわりを調整していくことも有用であろう。

④ コンサルテーション

コンサルテーションとは、ある領域の専門家に、その領域の見解に基づいて助言をもらう関係を指す。たとえば、病棟でルールを守らない患者への対応に苦慮している看護師が、患者の心理的な背景を理解してか

かわりを工夫しようと心理職に相談するような関係である。この場合，専門的な見地から助言をする心理職をコンサルタント，助言を受ける看護師をコンサルティと呼ぶ。コンサルテーションでは，患者の支援に直接には関わらず，直接支援をしている他職種を後方で支援する立場に徹することも多い。

　対象患者の的確なアセスメントを行うことに加え，コンサルティについても十分なアセスメントをする必要がある。たとえば，コンサルティの専門性，どのような価値観や文化を持つ職種であるのか，現場での役割はどのようなものか，対象患者に対しどのような思いをもっているかなどについての理解や配慮を踏まえ，協働的に実施する。

⑤　ケースマネジメントと他機関連携

　かつて心理職は，心理検査や心理療法と言った内面のアセスメントや支援が業務の中心であり，患者を取り巻く環境といった外的な現実を整える仕事については，心理療法のために行うケースマネジメントにとどまることも多かった。近年では，患者の地域生活を支えるために，より積極的に環境への働きかけを行う中で，他機関と連携していくことが求められている。

　具体的にはリワークプログラムに参加しているメンバーが復職する際に，企業の上司や人事に対して受け入れや支援の方法，再発予防のポイントを説明したり，患者の通学している学校のスクールカウンセラーや担任教師に病状の説明や学校での配慮事項，今後の見通しなどについて伝えたりすることが含まれる。

　一方的に助言を提供するだけでは，たとえそれが有効な助言であったとしても，それぞれの専門性を活かした連携とはならない。コンサルテーションの項で述べたように，連携する関係者や機関のアセスメントを通して，それぞれの専門性や主体性を引き出し，協働的に行われる必要がある。

（2）さまざまな場面での心理アセスメント

　前項で述べた初回／インテーク面接，そして心理検査は，時間や場所，

手続きが構造化されたアセスメントの方法である。一方，心理職は構造化された場面でなくとも，精神科医療のあらゆる局面で患者の言動の背後にある心理をアセスメントしている。

　患者が受診するに至った苦悩や問題は，精神科医療の様々な場面で同じように繰り返されることが多い。このような繰り返しは，SSTや料理などの各種プログラム中にも，外来の待合室や受付，入院病棟にあるデイルーム，ベッドサイドなどでも，あらゆる場面で起こりうる。たとえば，「断る」ことが難しく，職場で仕事を抱えこみうつ状態を引き起こした休職中の患者は，SSTプログラムでメンバーに頼られるがままにいつも司会を引き受けているかもしれない。また，統合失調症を発症し大学進学ができなかった男性患者は，弟が自分を追い抜いて有名大学に合格したことが引き金となり再入院となったが，他の患者が自分より先に次々退院し復学・復職することによって不穏となるかもしれない。心理職は，このような患者の言動の背後にあるその患者特有の物ごとのとらえ方や行動のあり方，心理的な葛藤などを理解し，他職種スタッフ間で共有する。また，タイミングを見て，本人と共有する場合もある。

（3）主体性を尊重する姿勢

　近年，精神障害者支援に関連して，「パーソナル・リカバリー」という概念が注目されている。当事者が病や医療にコントロールされるのではなく，地域で自らの人生を主体的に送ることができるようになっていくことを強調するものである。

　主体性の尊重は，心理職の専門性の本質的な部分と言えるだろう。たとえば浅原他（2017）は，心理臨床家の専門性を問うインタビュー調査を通して，その中核的特徴は，「対象の主体性を最大限尊重しようとする姿勢（p.387）」であるとの見解を示している。

　臨床心理学は様々な理論の中で，人は本来こころの健康に向かう傾向を持っているとして，それを妨げない支援の重要性を主張してきた。このような視点は，クライエント中心療法のロジャーズの実現傾向（Rogers. C. R., 1963 浪花（訳）1967）やユング派のグッゲンビュール＝

クレイグ（Guggenbühl-Craig, A., 1971 樋口・安溪（訳） 1981）の「病気の人の中にある，心の中の治療者」といった概念に端的に現われている。認知行動療法でも，「ソクラテス式質問」を通して，患者自身が主体的に答えを見つけていくことを促し，患者が自分自身の認知行動療法の治療者となることを目標と位置付けている。

　当事者自身が持つ治療的な力を引き出し，本人主導の生き方を支えていくという臨床心理学の姿勢は，精神科医療が，病気や障害によらず地域で自分らしく生きることを支援する方向に向かう中で，一層その専門性を発揮していくこととなるだろう。

5．おわりに

　医療の中でも精神科は，病を抱えた患者の心理・社会的な背景を理解することが求められ，他科に先んじて心理職が活躍してきた現場である。近年，心理職に国家資格ができ，さらに入院中心から地域生活を支える医療へシフトする中で，これまで以上に柔軟で幅広い活躍が期待されている。長年培った専門性を新たなチャレンジに活かす機会を迎えていると言えるだろう。

研究課題

1．精神疾患について，医学疾患として認識されるようになった古代ギリシャ時代から，現代のような操作的診断基準が登場するまで，その理解と治療の歴史について調べてみよう。
2．本章で言及した精神科医療で心理職が協働する様々な職種について，資格や業務の概要を調べてみよう。

引用文献

浅原知恵・渡邉美加・高梨利恵子・橋本貴裕（2017）．心理臨床の目指すところ—熟練臨床家による語りの質的分析　心理臨床学研究，35(5)，479-490.

Guggenbühl-Craig, A. (1971)：Macht als Gefahr beim Helfer. S. Karger, Basel.　樋口和彦・安渓真一（訳）（1981）．心理療法の光と影　創元社

岡本泰昌（2021）．Ⅲ　精神療法　尾崎紀夫・三村將・水野雅文・村井俊哉（編）標準精神医学（第8版）（pp. 173-186）医学書院

河合隼雄（1994）．心理療法（第3巻）岩波書店

厚生労働省（2022a）．第4回 地域で安心して暮らせる精神保健医療福祉体制の実現に向けた検討会　参考資料1　https://www.mhlw.go.jp/content/12200000/000892236.pdf（2024年10月9日アクセス）

厚生労働省（2022b）．令和4年度診療報酬改定について　第3　関係法令等診療報酬の算定方法の一部改正に伴う実施上の留意事項について（通知）別添1　医科点数表　Retrieved from https://www.mhlw.go.jp/content/12404000/000984041.pdf（2024年10月9日アクセス）

厚生労働省（2021）．令和2年度　障害者総合福祉推進事業　精神科訪問看護にかかる実態及び精神障害にも対応し合地域包括ケアシステムにおける役割に関する調査研究報告書　令和3（2021）年3月　一般社団法人　日本精神科看護協会　Retrieved from https://www.mhlw.go.jp/content/12200000/000798639.pdf l（2024年2月14日）

厚生労働省（2020）．令和2年（2020）5．疾病分類別の患者患者総数患者調査の概況　Retrieved from https://www.mhlw.go.jp/toukei/saikin/hw/kanja/20/index.html（2024年2月14日）

国立精神・神経医療研究センター（2020）．厚生労働省令和元年度障害者総合福祉推進事業「公認心理師の養成や資質向上に向けた実習に関する調査」報告書　Retrieved from https://www.mhlw.go.jp/content/12200000/000654302.pdf（2024年2月14日）

原敬造（2014）．精神科デイケアの有効性：デイケアにおけるQoLの改善と新規入院・再入院防止効果について．デイケア実践研究：日本デイケア学会誌＝the journal of the Japanese Society for Day Care Treatment, 18(1), 97-102.

Rogers, C. R. (1963). The Actualizing Tendency in Relation to "Motives" and to consciousness. Paper Given at Nebraska Symposium on Motivation, Feb, 21 and 22.（ロジャース C. R. 浪花博（訳）（1967）．動機および意識との関連からみた実現傾向　村山正治（編訳）ロジャース全集12　人間論　岩崎学術出版社　pp. 397-427.

高野洋輔（2016）．精神科アウトリーチ　下山晴彦・中嶋義文　公認心理師必携 精神医療・臨床心理の知識と技法（p. 142）医学書院

5 | 心理面接の現場②：総合病院

小林　真理子

《**本章の目標＆ポイント**》　総合病院における心理職の活動について取り上げ，医療チームの一員として，リエゾン活動やがん・緩和ケア等の身体科領域で求められる役割について考える。また，実践例として，AYA世代支援チームや難病への支援を紹介する。
《**キーワード**》　総合病院，チーム医療，コンサルテーション・リエゾン，がん・緩和ケア，AYA世代支援チーム，難病支援

1．総合病院で働く心理職

　「総合病院」は一般に多数の診療科を有する大病院の総称として使われている[注1]。総合病院という巨大な組織の中で，心理職はどこに所属しどのような活動をしているのだろうか。特定の診療科に所属して主に心理検査や心理療法を実施する場合もあれば，多職種で構成される医療チームや専門治療を総合的に行うセンターに所属して心理支援を行う場合もある（千葉，2017）（**図5-1参照**）。

　医療領域での心理職の活動は，従来，精神科や心療内科における個別の心理検査や心理療法などが多かったが，次第に，身体疾患の患者や家族，また医療スタッフからも心のケアが求められるようになり，その活

注1：医療法では，病院とは20床以上の病床を有するものとし，1997年の改正前は，「患者100人以上の収容施設を有し，診療科名に内科，外科，産婦人科，眼科及び耳鼻咽喉科を含み，かつ，設備の諸規定を満たし，都道府県知事の承認を得ている病院」を「総合病院」と分類していた。制度改革を経た現在は，「一般病院」「特定機能病院」「地域医療支援病院」「精神病院」「結核病院」と分類されている。
（厚生白書：https://www.mhlw.go.jp/wp/hakusyo/kousei/10-2/kousei-data/PDF/22010206.pdf）（2024年2月25日）

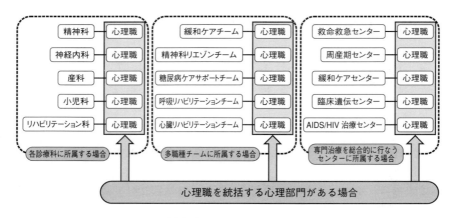

図 5 - 1　総合病院における心理職の所属先

(出典) 千葉ちよ (2017). 病院の特色に応じた心理士の役割　①総合病院で働くということ, 野村れいか (編) 国立病院機構心理療法士協議会 (監修). 病院で働く心理職—現場から伝えたいこと, 日本評論社　p.45

動内容は多岐にわたるようになった。ひとりひとりの心理職が新しい領域に参入し，その領域特有の患者や家族の苦悩への支援のあり方を模索しながら，現場の要請に応えていくなかで，その活動が認められてきた証であろう。そして，2017年に心理職が公認心理師として国家資格化したことを契機に，活動領域の拡大とともに医療チームへの貢献がさらに求められている。

2．総合病院における心理職の業務

(1) チームの一員としての心理職

　医療現場には，各科の医師と看護師に加えて，薬剤師，検査技師，管理栄養士，理学療法士，作業療法士，言語聴覚士，医療ソーシャルワーカー (MSW)，精神保健福祉士 (PSW)，臨床心理士・公認心理師，遺伝カウンセラー等，様々な職種が存在し，チームとして協働して患者の治療にあたっている。厚生労働省 (2010) は，「チーム医療の推進に関する検討会報告書」の中で，チーム医療について「医療に従事する多種多様な医療スタッフが，各々の高い専門性を前提に，目的と情報を共有し，業務を分担しつつも互いに連携・補完し合い，患者の状況に的確に

対応した医療を提供すること」と定義している(注2)。

　総合病院で心理職が関わる代表的なチームとしては、「精神科リエゾンチーム」「緩和ケアチーム」「認知症ケアチーム」等が挙げられる。これらは全科横断型の多職種チームであり、その活動は診療報酬にも反映されている。具体的なチームの構成メンバーは、医療機関やそれぞれのチームで異なるが、最近ではチーム医療の輪の中に、患者本人や家族も含めて考えることも多くなっている（図5-2にがん医療における患者・

図5-2　医療チームのイメージ（がん医療の場合）
（出典）患者必携　がんになったら手にとるガイド　普及新版（2013）p.60

注2：一般社団法人日本臨床心理士会医療保健領域委員会の働きかけにより、当初盛り込まれていなかった心理的な観点の必要性や心理職の存在について、「チーム医療推進のための基本的な考え方と実践的事例集（2011）」の中に盛り込まれることとなった。

家族を含めたチーム医療についてのイメージ図を示す)。また，患者中心の医療・全人的ケアを目指して，上記以外にも（診療報酬に結び付かなくても）現場の要請から様々なチームが組まれ，医学的治療だけでなく心理・社会生活面についても多職種で話し合い，役割分担しながら必要な支援を提供している。そのような流れの中，チームの一員として心理職への期待は増しており，限られたマンパワー・時間の中でどう関わっていくかが課題である。

（2）コンサルテーション・リエゾン活動

　総合病院における心理職の活動のひとつとして，コンサルテーション・リエゾン（Consultation Liaison，以下，CL 活動）がある。CL 活動とは，身体疾患の治療中に生じる精神医学的問題，心理社会的問題に対応し，治療に伴う心理的苦痛のケアを行うことである。対象となる患者の疾患は，がん，循環器疾患，神経難病など様々であり，依頼内容は，心理状態，知的・認知的評価，治療の意思決定支援，危機介入など多岐にわたる。患者本人だけでなく，患者の家族や医療スタッフも対象として，患者との関係について助言をしたり，医療スタッフのメンタルヘルスの支援を行うこともある。

　CL 活動における心理支援の特徴として，スタッフからの介入依頼があるものの患者自身のニーズが高くない（むしろ抵抗がある）こともあり，誰がどのように困っているのか，何が期待されているのかをアセスメントしつつ，関わり方（声の掛け方，面接のタイミングや場所等）を工夫することが必要である。患者には直接会わず，医療スタッフと対応について話し合い，心理職の視点からの見解を伝え，後方支援の役割にとどまる場合もある。CL 活動では，身体的な治療がスムーズに行えるように支援することが重要であり，治療スケジュールや入院期間を把握し，今必要な支援を見極め深堀りしすぎないことも大切である。

　また，CL 活動は身体科のスタッフから求められた時にのみ相談に応じることではなく，身体科の病棟に常駐したり，病棟を回診したり，定期的にカンファレンスに出席したり等，その科のチームの一員として構

造的に活動することが求められる。それによって，精神科的問題，心理社会的問題をより早期にアセスメントし，早期介入に繋げることができる（幸田，2016）。CL活動に関わる心理職に求められるコンピーテンシー（知識や能力・姿勢）については，高野ら（2020），冨岡ら（2021）の論文が参考になる。

（3） チームでの情報共有について

　心理職はクライエントの秘密を保持するという守秘義務を負っていることは言うまでもない。一方でチーム医療においては，関係者の間で情報を共有することは，診療の一環として必要なこととされている。患者から心理職に語られる情報には，患者本人のみならず家族関係にまつわる秘密や心の内面に関する内容が多く，情報共有と秘密保持という相反する義務を課せられジレンマを生じることも多い。かつては心理職が秘密保持を重んじるあまり，医師はじめ他の医療職から，「心理職は情報を抱え込みすぎる」「何をしているのか分からない」と指摘されることも少なくなかった。チームでの協働が推進される中で，どのように情報共有していけばよいだろうか。

　高橋（2017，p.41）は，「臨床心理学の専門教育を受けてきた人は，二者関係だけで治療を考えがちであるが，チーム医療では三者以上の関係の中での治療となる。職場内での守秘義務を基本とし，二者関係での守秘義務，そして情報の抱え込みは限定的なものにする必要がある」と述べている。医療スタッフから依頼を受けた患者の心理検査，行動観察や面接等を通した心理的アセスメントについては，チームの関係者にその後の支援に役立つように，専門用語を用いず誰にでも分かる言葉で伝えていくことが必要である。また，個別の心理面接については，今患者がどういう状態にあるのかの概要をカルテに記載するとともに，治療の進展や家族関係の調整のために必要な場合等，本人の了承を得て関係者に伝えて対応していくことは患者にとって益となる。希死念慮がある場合など緊急対応が必要な場合は，迅速にチームで情報共有し対応を検討することは必須である。

情報共有の仕方には，関係者への口頭での申し送り，カルテへの記載，カンファレンスでの共有などがある。今日では，ほとんどの医療機関で電子カルテを使用しており，カルテの記録は多くの関係者の目に触れることになるので，記載の仕方や内容には注意を要する。カンファレンスでは，患者の心理状態についての見立てをスタッフの理解が得られるように伝えていく。チームでの情報共有の仕方やカルテ記載の実際については，加藤（2017）の「カルテなどを通して表現するということ」の中で詳しく紹介されている。

3．がん・緩和ケアにおける心理支援

（1）がん医療と心理職

がん医療において患者・家族の心理的ケアが重要視されるようになり，チームアプローチが推進される中で，がん医療の現場で働く心理職が増えている。臨床心理学をベースとする心理職の役割とはどういうものだろうか。

緩和ケアにおける多職種のチームアプローチの中で，緩和ケア医は疼痛コントロールを主とする身体管理をしながら患者と日々関わっている。精神腫瘍医やリエゾン精神科医は精神医学をベースとして，依頼を受けた患者に対して精神症状をアセスメントし投薬や精神療法によって症状の軽減を図ろうとする。看護師は患者の入院生活の全般を把握し丁寧なアセスメントに基づいて身体的ケアや看護実践をしている。その他の職種もみな，自身の寄って立つ専門性に基づくケアを通した患者との交流（コミュニケーション）の中で，自ずと心のケアもしているだろう。では，心の専門家としての心理職の関わりの特徴はどこにあるのだろうか。

岸本（2008，pp.780-782）は，臨床心理士ならではの特徴（姿勢）として，「解決策が浮かばなくとも，話を聞き続けようとする」こと，「分けるのではなく重ねる視点でその人の理解を深めようとする」こと，「辛い話であったとしても，その話をそのまま聞き続けることができる」ことを挙げ，そのような「姿勢なしには語られることはなかったであろうと思われるような語りがあるように思う」と述べている。最先端技術を

第5章　心理面接の現場②：総合病院　|　**85**

駆使した集学的治療が主体であるがん医療の現場で，常に状態を評価し効果が求められるフィールドで，上述のような「じっくりと待つ」姿勢を持ち続けることは，「何かをするために動く」ことよりも，はるかに忍耐と心のエネルギーの要ることである。特に厳しい治療で心身ともにつらい状態にある方や終末期の床に臥している方にとって，「じっくりと待つ」姿勢で寄り添い続ける心理職は，ふと何かを語りたくなる存在になりえるのだろう。

（2）がん・緩和ケアにおける心理職の役割

　岩満ら（2009）は，緩和ケアチームが求める心理職の役割を明らかにするために，緩和ケアチームで一定の活動経験のある7名の医師と看護師を対象にフォーカスグループインタビューを行った結果，心理士に行ってほしいこと・望むこととして，"患者・家族への対応"，"チーム内での連携"，"医療者へのサポート"，"研究"の4つが抽出された，と報告している。日本のがん・緩和ケアにおける心理職の役割および求められていることは，以下のようであろう。[注3]

①がん患者の支援：がんの臨床経過を理解した上で，患者の状態や特性，対人関係の持ち方などの心理的アセスメントをすること。その上で必要に応じて個別にカウンセリング（心理療法）を行い，がんを抱えながら生きていくことを支えること。特に終末期の患者に寄り添っていくこと。その援助の方法はさまざまであり，個別性を尊重し患者のニーズに応じて柔軟に関わることが求められる。いくつか提供できる技法の習得（たとえば，呼吸法やリラクセーション法，イメージ療法，描画法等）も必要であろう。
②家族の支援：患者の配偶者や親，兄弟，子どもへの支援。家族の直面する，大切な人を失うかもしれないという予期悲嘆へのケア。がんとい

注3：身体疾患・がん領域で用いられる具体的な心理療法の説明はここでは割愛する。詳しくは，小林（編著）（2022）『保健医療心理学特論』等，他の文献を参照のこと。

う危機状況の中で表面化してきた家族の葛藤や積み残した親子関係の課題への介入。終末期の看取りへの援助と死別後の遺族のグリーフケア。特に親を看取る子どものケアでは子どもを家族の一員として認識し支援していく必要がある。それぞれの局面での家族の状況に応じて，家族の関係性を支えていくことが求められよう。

③スタッフの支援：患者への対応をめぐってのコンサルテーションのみならず，スタッフ自身のメンタルサポートまで，患者を支えるスタッフを支えることは，心理職に求められるもっとも重要な役割のひとつである。

④チームの一員としての役割：チームの中で心理職としての専門性を持って多職種との連携を行うこと。精神科診療など特別な支援が必要な患者をスクリーニングし繋げていくこと。そのためには，がんにまつわる知識，治療や副作用，痛みや精神症状など医学的な知識の習得も必要である。

⑤その他，医療従事者への研修や調査研究などを実施していくことは，新しい領域においては重要な役割であろう。

（3）AYA 世代がん患者への心理支援

　ここで，総合病院でのがん・緩和ケアにおける実践の一例として，筆者が関わっている AYA 世代（adolescent and young adult）がん患者への支援について紹介する[注4]。AYA 世代は年齢特有の複雑な悩みを抱えており，がん治療を行う医療職だけでは十分な患者の理解と対応が難しく，多職種チームによる支援が推奨されている[注5]（第 6 章参照）。

注4：AYA 世代とは，Adolescent and Young Adult（思春期・若年成人）の頭文字をとったもので，主に，思春期（15 歳頃）から 30 歳代までの世代を指している。AYA 世代のがんに関する情報は以下から入手できる。
　　　がん情報サービス　https://ganjoho.jp/public/life_stage/aya/index.html
　　　一般社団法人 AYA がんの医療と支援のあり方研究会　https://aya-ken.jp/
注5：AYA 世代のがんについて，厚生労働省の「がん診療連携拠点病院等の整備に関する指針」（令和 4 年 8 月 1 日）の中で，「就学，就労，妊孕性の温存，アピアランスケア等に関する状況や本人の希望についても確認し，自施設もしくは連携施設のがん相談支援センターで対応できる体制を整備すること。また，それらの相談に応じる多職種からなる AYA 世代支援チームを設置することが望ましい。」と記載された。

①AYA 世代支援チーム（AYA チーム）

聖路加国際病院では，AYA 世代患者の継続的な社会生活の維持を支援することを目的とし，2019 年 10 月に多科・多職種から成る AYA サバイバーシップセンターが開設された。相談業務として，AYA なんでも相談，リプロダクション外来，遺伝外来，長期フォローアップ外来，がん患者の子どもの支援（チャイルドサポート），そして 2020 年度から AYA 心理相談（臨床心理室）が加わった。また，早期から多職種のチームで包括的に患者・家族をサポートするため，「AYA ラウンド」（病室訪問，毎週）や「AYA カンファレンス」（月 3 回），「がん・生殖カンファレンス」（月 1 回）等が開催されている（図 5-3，図 5-4 参照）。

②「AYA 心理相談」の対象と相談内容

AYA 心理相談は，通院・入院中の AYA 世代がん患者と家族を対象に，医師や看護師等の医療スタッフからの紹介により予約制で個別相談を受けている。初回（インテーク面接）は，治療の大変さや気持ちのつ

相談外来・サポート体制
- AYA なんでも相談（窓口）
  　　AYA 世代がん相談情報センター
- リプロダクション外来
  　　妊孕性温存・不妊治療
- 遺伝外来
- がん長期フォローアップ外来
- チャイルドサポート
- **AYA 心理相談**

院内カンファレンス
- AYA カンファレンス（毎週）
  　多職種多領域での情報共有・相談

- がん・生殖カンファレンス（月1）
  　妊娠期がん、生殖関連の症例検討

- AYA トランジションカンファレンス（不定期）
  　小児・AYA がん経験者の移行期医療

- AYA ラウンド（病室訪問）

図 5-3　聖路加国際病院 AYA チームの活動

図 5-4 「AYA ラウンド」の多職種スタッフ

らさを共感的に受け止めつつ，家族構成や社会生活の状況（仕事，子育て等），性格・特性やストレスへの対処法，サポートの有無など現実的な状況も確認している。相談の内容は，診断・再発告知後の落ち込み，仕事や育児と治療の両立の負担，障害のある子どもへの対応，遺伝性腫瘍をめぐる家族葛藤，妊孕性をめぐる問題，妊娠中の子どもの養育，将来や死への不安，家族からは，患者をどう支えるか，患者を失うことの予期悲嘆，など多岐にわたり，いくつもの問題が重なりあっている。がんに罹患し治療しながら生活するということは「生きること丸ごとの営み」であり，問題が絡み合うのは当然で，それゆえ早期からの心理社会的支援が必要となる。

③心理支援の方法

　AYA 心理相談では，患者の心理状態・精神症状，家族関係のアセスメント，カウンセリング，心理教育，ストレス緩和（リラクセーション），家族との関係調整，家族のケア，夫婦面接など，対象や治療の経過に応じて対応している。がん治療のスムーズな遂行を第一目的としつつ，目の前の患者の家庭や職場，関心事など生活者としての視点を尊重して支持的に関わることを心掛けている。がん罹患を機にそれまで抱えていた問題（家族や親子関係の葛藤等）が顕在化するケースも多く，それらの問題に限られた時間（治療期間，生命予後）の中で，誰が・いつ・どの

ように・どこまで介入するかは難しい問題である。特に，妊娠期がん，遺伝性腫瘍，子育て中，精神疾患併存のケースでは密に院内連携を行い，定期的にAYAチームカンファレンスでの検討を行っている。また，患者の子どもの養育支援が必要なケースや在宅移行のケースでは，地域連携として，地域連携会議に参加し，患者・家族の心理社会的なアセスメントを伝えることもある。心理社会的問題ががん治療の選択や継続に影響する場合も多く，医学的治療と同時に心理社会的な支援が必要であることが確認された。患者・家族が心理相談にアクセスしやすくなるような工夫（対象診療科の拡充，マンパワーの調整等）をしていくことが課題である。

4．臨床の現場から―日立総合病院（茨城県）―

　実際の医療現場で心理職がどのように，チームの一員として活動しているのか，日立総合病院での取り組みを紹介する。

（1）日立総合病院の概要

　茨城県は全国の中では医師少数県であり，中でも県北はその傾向が強い地域である。日立総合病院は1938年に開院した株式会社日立製作所の企業立病院であり，県北の日立市で「患者さんの立場に立った温かい医療を提供する温かい病院」を目指している。地域がんセンター・救命救急センター

（写真提供：日立総合病院）
図5-5　日立総合病院

を有し，高度急性期／急性期疾患だけでなく，回復期リハビリテーション病棟・緩和ケア病棟，地域周産期母子医療センターを併設，在宅支援も担うトータルなケアを行うために，さまざまな職種が一団となって協力し合い，チームで患者を支援している。

（2）日立総合病院での心理職の役割

　日立総合病院では 2003 年に 2 名の臨床心理士が非常勤として初めて採用され，松田瑞穂先生は 2011 年に常勤の臨床心理士として入職された。当初は心療内科の外来と，血液・腫瘍内科でのスクリーニング面接介入，緩和ケアチームの一員としての活動が主だったが，徐々に入院患者・家族への精神的ケアが必要と考える病棟や診療科から心理士に直接依頼が来るようになり，対応する診療科が増え，件数も増えていった。2020 年には 1 名増員され，常勤 2 名体制となった。心理士は医療サポートセンターに所属しており，全科に対応している。日立総合病院の心理士の業務内容は**表 5-1** のとおりである。

① 外来業務

　「カウンセリング外来」（専門外来）で主に小児科およびこころの診療

表 5-1　日立総合病院　心理士業務内容（心理士 2 名で対応）

	区　分	業務内容
がん領域	緩和ケアチーム	カンファレンス・ラウンド 精神面介入依頼への対応 PEACE 研修
周産期・小児領域	小児科	カンファレンス・カウンセリング・知能検査
	地域周産期母子医療センター	カンファレンス・産後スクリーニング面接 家族ケア
	虐待関連	虐待対策委員会
神経難病領域	神経内科病棟 難病支援チーム	カンファレンス・カウンセリング 勉強会
救急領域	救命救急センター	カンファレンス・メディエーターとの連携
形成外科領域	口唇口蓋裂センター	カウンセリング
整形外科領域	整形外科病棟	カンファレンス・カウンセリング
精神科領域	こころの診療科外来	カウンセリング
その他	勉強会講師 日立グループ心理職定例会	勉強会講師依頼対応 情報交換・事例検討会

（資料提供：松田瑞穂）

科から依頼を受けて，カウンセリングや心理検査を実施している。小児科での外来業務では，近年地域の学校や行政，福祉施設，児童精神科のある医療機関など，院外の関係機関との連携が増えている。

② 病棟業務

入院病棟では，周産期・小児領域，神経難病，救急領域，整形外科領域，がん・緩和領域をメインとし，心理士2名で病棟の担当を分けて対応している。病棟の定期カンファレンスに参加して，多職種との顔の見える連携を心がけている。心理士への介入依頼は各診療科や病棟から心理士に直接入り，精神面のケアが必要と考えられた患者・家族へのカウンセリングや心理的アセスメントを行っている。治療に関わる医療者（医療チーム）と患者理解や支援内容の検討に必要な情報を共有する場合には，単なる情報伝達にとどまるのではなく，患者・家族と医療者の間をつなぐ橋渡しの役割を心がけている。

（筆者撮影）
図5-6　日立総合病院心理士

松田先生は，脳神経外科・神経内科病棟，救命救急センター，血液・腫瘍内科をはじめとするがん・緩和領域を担当している。がん・緩和領域では緩和ケアチーム，救急領域ではメディエーターと連携するなど，医療チームの一員としても活動しておられる（**資料1参照**）。神経内科では，2023年春に有志で立ち上げた「難病支援チーム」に，発足当初からメンバーとして加わっている。チームでは，外来・病棟・在宅でそれぞれ患者に関わっている医療者が連携できる場を求め，定期的に勉強会を実施している（**資料2参照**）。

上記のほか，企業立病院の特徴を生かし，2016年より「日立グループ心理職定例会」を立ち上げ，日立グループの健康管理部門および医療部門を担う各施設に所属する心理職が情報共有や業務上の共通課題について検討している。

＜資料１＞　入院時重症患者対応メディエーターとは

日立総合病院医療サポートセンター　羽石真弓

　集中治療領域において，特に重篤な状態の患者及びその家族等に対する支援を推進する観点から，患者の治療に直接関わらない専任の担当者（メディエーター）が患者の治療を行う医師・看護師等の他職種とともに，患者及びその家族等に対して，治療方針・内容等の理解及び意向の表明を支援する。つまり，医療者と患者家族の橋渡しの役割を担っている。メディエーターは日本臨床救急医学会主催の養成講習会の受講が必須となっている。治療に直接関わらない医師・看護師・薬剤師・社会福祉士・公認心理師又はその他医療有資格者が対象となる。

　メディエーターの実践では，①対話を支援し相互の理解を促す，②中立というより患者家族側に寄り添った対応，③質問をして語らせる，④言葉をいかに大切に使うかを心がけている。関わる時のポイントとして，①家族内での成功体験から病状の理解に難渋しやすいことを理解する，②パニックになっている状況に気付いてあげる，③医療者の色眼鏡を外す，④深い想いに寄り添うことが挙げられる。心理士にも似たところがありませんか？　しかし，専門的知識はないため，衝撃による心の痛みや生きていく上での不安など心理士による支援に繋げることで患者家族の「心の負担」を減らすことができると考えている。

＜資料２＞　神経難病の患者・家族の心理支援

日立総合病院医療サポートセンター　松田瑞穂

　当院の「難病支援チーム」は診療報酬に紐づけられた正式なチームではなく，コメディカルの有志が2023年自発的に立ち上げたチームである。チーム立ち上げのきっかけはひとりの神経難病患者の存在だった。比較的若く，子どもも小さい働き盛りの年代だったため，治療もさるこ

とながら生活面で様々な支援が必要と考えられ，多職種がそれぞれに課題を感じていた。中でも必要と考えられたのは，外来・入院・訪問と，切れ目なく患者を支援できる体制の構築であった。そこで，まずは各専門職よる勉強会を毎月開催することとし，院内スタッフに周知した。チームのコアメンバーは，看護局（外来，病棟，訪問看護），リハビリテーション科（理学療法士），医療サポートセンター（MSW，心理士，入退院支援），栄養科で，神経内科医師とも連携している。

ALS（筋萎縮性側索硬化症）を例にとれば，告知により自分が難病であるという現実と向き合った後にも，症状の進行の節目節目で侵襲的人工呼吸器を付けるのか付けないのか，胃瘻を増設するかしないのかなど，非常に厳しい状況の中で自己決定をしなく

図5-7　日立総合病院「難病支援チーム」スタッフ

てはならない。そこに関わる医療者は，人として生きるとは何か，死ぬとは何かを患者に問い，自らにも問う対話をすることになる（鎌田，2023）ため，患者とのコミュニケーションに難しさを感じる医療者は多い。

　心理職は告知後に患者に会うことが多い。私の心理職としての視点は，告知後どのような選択をしたかにかかわらず，患者は限りある命を生きる存在であり，告知により存在の危機に瀕した患者は，死を受け入れようとしながらも，一方では，自らの生を肯定しようと試み続けているということである。そのアンヴィバレンスと矛盾を生きる葛藤のプロセスを理解することが重要であり，否定的な意味づけが肯定的な意味づけに変わるターニングポイントを見極め，変容のプロセスに沿うこと（松田，2016）を心がけている。

🎸 研究課題

1. がん医療においては，多科・多職種による集学的な治療，そして様々な心理社会的な支援が提供されている（参考文献の『患者必携　がんになったら手にとるガイド』を参照）。がん患者や家族に対して，心理職としてどういう役割が担えるか考えてみよう。
2. 本稿および放送授業でのゲストの先生のインタビューを通して，総合病院における心理職の活動の特徴について考察しよう。

引用文献

千葉ちよ（2017）．病院の特色に応じた心理士の役割　①総合病院で働くということ　野村れいか（編）．国立病院機構心理療法士協議会（監修）　病院で働く心理職—現場から伝えたいこと（pp.44-51）　日本評論社

岩満優美・平井啓・大庭章ほか（2009）．緩和ケアチームが求める心理士の役割に関する研究—フォーカスグループインタビューを用いて　*Palliative Care Research*, *4*(2) 228-232.

鎌田依里・峯村優一（著）（2023）難病療養者のこころ：心理臨床と生命倫理の視点から　創元社 p 56

加藤真樹子（2017）．カルテなどを通して表現するということ　矢永由里子（編）．心理臨床実践—身体科医療を中心とした心理職のためのガイドブック（pp.73-96）　誠信書房

岸本寛史（2008）．がんと心理援助，臨床心理学 *8*(6)，金剛出版　779-783.

幸田るみ子（2016）．医療システムにおける心理臨床　小林真理子（編）心理臨床と身体の病（pp.9-24）　放送大学教育振興会

厚生労働省（2010）．チーム医療の推進について（チーム医療の推進に関する検討会　報告書）

松田瑞穂(2016)．筋萎縮性側索硬化症告知直後の患者の心理過程と心理的援助．第57回日本神経学会学術大会ポスター発表

高橋昇（2017）．現場に入る前に身につけておいてほしいこと　野村れいか（編）国立病院機構心理療法士協議会（監修）　病院で働く心理職—現場から伝えたいこと（pp.29-43）　日本評論社

高野公輔・小林清香・富岡直・中村奈々子・花村温子・満田大（2020）．身体疾患および医療チームに関わる心理職のコンピテンシー　心理臨床学研究, *38*(2) 153-

164.

冨岡直・花村温子・満田大・小林清香・高野公輔・中村奈々子（2021）．身体疾患および医療チームに関わる心理職の成長ラダー作成　心理臨床学研究，*39*(4) 341-352.

参考文献

小林真理子（編）(2022)．保健医療心理学特論　放送大学教育振興会

野村れいか（編）国立病院機構心理療法士協議会（監修）(2017)．病院で働く心理職—現場から伝えたいこと　日本評論社

矢永由里子（編）(2017)．心理臨床実践—身体科医療を中心とした心理職のためのガイドブック　誠信書房

患者必携　がんになったら手にとるガイド　普及新版（2013）
（国立がん研究センターがん対策情報センターの HP からダウンロード可）
https://ganjoho.jp/public/qa_links/book/public/hikkei02.html#01

（付記）本章 2 節は，『臨床心理面接特論 I（'19）』第二節「医療領域における連携と協働」を基に，また 3 節は，『臨床心理面接特論 II（'19）』第二節「がん医療・緩和ケアにおける心理的支援」を基に修正し，新たな項を加筆しました。また 4 節の執筆にあたっては，松田瑞穂先生（日立総合病院）にご協力をいただきました。

医療領域の心理臨床に関してさらに深く学びたい方は，『保健医療心理学特論（'22）』の履修をお勧めします。

6 | 心理面接の現場③ ：不妊・生殖補助医療

小林　真理子

《**本章の目標＆ポイント**》　発展が目覚ましい不妊・生殖補助医療を取り上げる。生殖補助医療について，またがん患者の妊孕性温存について概説したうえで，がん・生殖医療における心理臨床の意義，求められる心理職の役割について考える。

《**キーワード**》　不妊，生殖補助医療，がん・生殖医療，妊孕性温存，がん生殖医療専門心理士

1．不妊・生殖医療

（1）不妊とは

　日本では少子化が続いている一方で，子どもを望んで不妊治療を受けているカップルも多く，日本は世界有数の不妊治療大国である。日本産科婦人科学会では，生殖年齢の男女が妊娠を希望し，ある一定期間避妊することなく通常の性交を行っているにもかかわらず，妊娠の成立をみない場合を「不妊」，妊娠を希望し医学的治療を必要とする場合を「不妊症」と定義している。不妊期間が１年である場合は不妊症の検査が必要と言われている。近年，不妊検査や不妊治療を受けるカップルは約5.5組に１組である（厚生労働省，2023）。

　不妊症と年齢には関係があり，妊娠率は女性の年齢に伴い低下する。その原因は，年齢の上昇に伴う卵子数の減少と卵子の質の低下と考えられている。さらに加齢によって染色体の異常がある卵子が増加するため，流産率も増加する。このような説明を受けると，妊娠・出産は女性の問題ととられがちであるが，不妊の原因を性別で見てみると，男女共に原因ありが24％，女性のみ原因ありは41％，男性のみ原因ありが24％，原因不明が11％となっている（厚生労働省，2023）。約半数は男性側に

原因があることも分かっており，不妊症はカップルの問題でもある。

（2）生殖補助医療とは

生殖補助医療（assisted reproductive technology：ART）とは，体外受精をはじめとする，近年進歩し続けている医療であり，長らく自由診療（自費）で行われてきた。治療費は高額で患者の経済的負担が大きい医療であったが，子どもを望む全てのカップルが適切な医療を受けられるように，2022年4月より保険適用が開始された[注1]。

不妊治療は，大きく「一般不妊治療」と「生殖補助医療」の2つに分かれる。一般不妊治療としては，タイミング法（卵子の発育をチェックして，排卵日を予測し，その日に合わせて性交を行うように指導する方法）と，人工授精（男性から採取した精液を洗浄，濃縮して運動性のある精子を集め，排卵日に合わせて子宮内に注入する方法）がある。

生殖補助医療（ART）には，体外受精，顕微授精，胚移植などがある。体外受精とは，体外で精子と卵子を受精させ，受精卵を培養する方法である。精子は男性の射精により採取し，卵子は経腟エコーで確認しながら卵巣の卵胞に針を刺し吸引して採取する。顕微授精は，顕微鏡で確認しながら，細いガラス針の先端に1個の精子を入れて卵子に直接注入する方法である。顕微授精は，男性の精子濃度や運動率が低く，顕微授精以外では受精の可能性が極めて低い場合などに行われる。

受精卵は胚と呼ばれ，培養により細胞分裂を繰り返し，受精後5〜7日目に胎児になる部分と胎盤になる部分が分かれた胚盤胞となる。胚盤

注1：保険適用を受けるには，婚姻関係があるか事実婚であること，治療開始時の妻の年齢が43歳未満であること等，いくつかの条件を満たす必要がある。また40歳未満と40歳以上では保険適用される回数が異なり，後者では減少する。また，「先進医療」と認められた技術は，保険診療と併用して行うことができるが，認められていない技術は，保険診療と同時に行うことはできない。そのため，「先進医療」と承認されていない技術を治療に用いると治療費が全額自費となってしまい，保険適用となったことで，自己負担額が大きく増加する場合も生じている。

胞は子宮に着床可能な状態のため，胚盤胞まで成長した胚を選択して，子宮内へ移植（胚移植）することで妊娠率が高くなる。精子・卵子の採取から胚移植までの基本的な診療は保険が適用される。生殖補助医療は妊娠率を高めるため，様々な技術が開発されている。

（3） 生殖補助医療の現状

　体外受精等の高度な生殖補助医療によって誕生する子どもは 13～14 人に 1 人となっており，体外受精は今では一般的な医療として確立している（厚生労働省，2023）。技術の進歩は従来の不妊症治療にとどまらず，精子・卵子提供などを用いた非配偶者間生殖医療，シングル女性，同性カップルへの生殖医療など，「子どもを産み育てること」「家族をつくること」の概念を拡張する要因ともなっている（平山，2014）が，法的整備が追い付いていない現状がある。

　2020 年 12 月に「生殖補助医療の提供等及びこれにより出生した子の親子関係に関する民法の特例に関する法律」が成立した。その第 9 条では，女性が自己以外の女性の卵子を用いた生殖補助医療により子を懐胎し，出産したときは，その出産をした女性をその子の母とすると規定され，第 10 条では，妻が，夫の同意を得て，夫以外の男性の精子を用いた生殖補助医療により懐胎した子については，夫は，その子が嫡出であることを否認することができないと規定された。生殖補助医療の適切な提供等を確保するために，今後必要な法制上の措置が講じられる予定である。特に，精子・卵子提供で生まれた子の「出自を知る権利」は重要な課題のひとつである。

　また，2021 年 2 月に，「成育基本法」に基づく成育医療等基本方針において，安心・安全で健やかな妊娠・出産，産後の健康管理を支援するため，プレコンセプションケアの実施などに対応した切れ目のない支援体制を構築することとなった。プレコンセプションケア（Preconception care）とは，女性やカップルを対象として，将来の妊娠のための健康管理を促す取り組みと定義されている（性と健康の相談支援に向けた手引書，2022）。「性や健康に関する教育」，「妊娠・出産の教育」，「不妊・不

第 6 章　心理面接の現場③：不妊・生殖補助医療　|　**99**

育支援」，「特定の支援を必要とする妊婦への支援」，「各ステージに応じた切れ目のない支援の提供」等，教育・医療・保健・福祉・労働などの幅広い関係分野の機関と連携することにより，相談者のライフコースや妊娠，出産等のライフステージに応じて切れ目のない支援を提供していくことが期待されている^{（注2）}。

（4）不妊治療における心理支援

　不妊治療は心身に大きな負担を伴う。体外受精などの高度生殖補助医療を受ける女性の約半数が治療開始早期の段階で，既に軽度以上の抑うつ状態があることが明らかになっている（Kato *et.al*, 2021）。不妊治療は，いつ妊娠できるかわからない「終わりの見えない治療」であり，月経をベースにした治療スケジュール，経腟的処置による身体的負担，仕事と不妊治療の両立や高額な治療費等にストレスを感じ，不安や抑うつが生じ，苦しみを抱え込む傾向がある。

　不妊患者に対する心理支援は，医療スタッフ全員で行う「患者中心ケア」と，訓練を受けた精神保健専門家^{（注3）}が行う「不妊カウンセリング」の両輪からなる。心理カウンセリングを受けることで心理状態を改善し，患者が希望する不妊治療を納得して行うことを支援する。また，子どもを授かる，親になることにかかわらず，アイデンティティや人生への意味付け等，生涯発達的視点からの専門的支援を行う。

注2：その取り込みの1つに，ノンメディカルな（社会的）卵子凍結がある。子どもを産み育てたいと望んでいるが，様々な事情により難しい人にとって，卵子凍結は将来の妊娠に備える選択肢となる。東京都では，新たに卵子凍結に関わる費用と卵子凍結を使用した生殖補助医療への助成を開始した（東京都福祉局，2023）。このように，生殖医療は国の施策とも深く関連する医療である。

注3：「生殖心理カウンセラー」は，不妊・生殖にかかわる心理的困難を抱える方への支援を担うために，生殖医療の知識や不妊治療中の心理について学び，どう対応するか訓練を受けている専門家である。日本生殖心理学会が心理職（臨床心理士・公認心理師）を対象に，2006年から養成し認定している。

2．がん・生殖医療

（1）若年世代のがん患者の悩み

　日本人の2人に1人は一生のうちに何らかのがんになると言われている。がんは怖い病気というイメージの一方，早期発見やがん治療の進歩により，長期生存が期待できるようになった。また，晩婚化により妊娠・出産を考える時期とがんに罹患する年齢が重なる場合も増えている。

　ここでがんを経験したAYA世代（Adolescent and Young Adult；AYA）の悩みに関する調査を見てみよう（**表6-1参照**）。15歳から39歳までのどの年齢層（4つに分類）でも，第1位は「自分の将来」であり，がんという命に関わる疾患ゆえの「自分の将来はどうなってしまうのか」という不安の大きさがうかがえる。「不妊治療や生殖機能」については，10代と30代で第5位，20代では第3位の悩みとなっている。AYA世代のがん患者にとって，将来の妊娠・出産に関する不安は大きく，後述する「妊孕性温存」はがん治療に向かう患者の大きな希望となりうる。

表6-1　がんを経験したAYA世代の年代別の悩み

	15〜19歳		20〜24歳		25〜29歳		30〜39歳	
1位	自分の将来	61.9%	自分の将来	68.3%	自分の将来	61.3%	自分の将来	53.0%
2位	後遺症・合併症	44.4%	仕事	41.5%	仕事	51.6%	仕事	44.8%
3位	体力の維持または運動	41.3%	不妊治療や生殖機能	41.5%	不妊治療や生殖機能	50.0%	家族の将来	36.6%
4位	学業	38.1%	経済的なこと	36.6%	診断・治療	30.6%	経済的なこと	36.1%
5位	不妊治療や生殖機能	34.9%	後遺症・合併症	31.7%	後遺症・合併症	30.6%	不妊治療や生殖機能	34.4%

（一般社団法人AYAがんの医療と支援のあり方研究会（発行）「AYA」p.10）
（平成27-29年度厚生労働科学研究費補助金（がん対策推進総合研究事業）「総合的な思春期・若年成人（AYA）世代のがん対策のあり方に関する研究」（研究代表者堀部敬三）調査結果）

（2）がん・生殖医療とは

　近年，がん治療により妊孕性（妊娠する力）の低下・消失を引き起こす場合があることが知られるようになり，がん治療開始前に妊孕性温存について検討することが推奨されている。がん治療前に妊孕性を温存するための医療を「妊孕性温存療法」と言い，がん治療後に挙児希望があり主治医から妊娠の許可が得られた場合に，妊孕性温存した検体を用いて生殖補助医療を行い妊娠を試みることを「温存後生殖補助医療」と呼ぶ。がん患者の妊娠の可能性を温存し，がん治療後に妊娠を補助する一連の医療が，「がん・生殖医療」である。

　日本がん・生殖医療学会の定義によると，がん・生殖医療とは，「がん患者の診断，治療および生存状態に鑑み，個々の患者の生殖能力に関わる選択肢，意思および目標に関する問題を検討する生物医学，社会科学を橋渡しする学際的なひとつの医療分野」である。臨床においては患者と家族が子どもを持つため，また，その意味を見つめなおすための生物医学的，社会科学的な援助を行うことにより，生殖年齢およびその前のがん患者の身体的，精神的，社会的な豊かさをもたらすことを目的としている（日本がん・生殖医療学会「妊孕性／妊孕性温存について」）。

（3）妊孕性温存療法とは

　妊孕性温存療法とは，将来自分の子どもを授かる可能性を残すために，がん治療の前に，精子や卵子，受精卵，卵巣組織の凍結保存を行う治療である。生殖補助医療の技術を応用しており，様々な方法がある。ここではその詳細な説明は省くが，概要については**図6-1，6-2**を参照してほしい。

　妊孕性温存療法の大原則は，がん治療が優先であり，がん治療に影響を与えない範囲で行うこととされている。患者の病状，がん治療計画，使用する薬剤の種類・投与量，年齢，性別，パートナーの有無，経済状況，患者・家族の意向など合わせて，総合的に考える必要がある（奈良・渡邉，2024）。妊孕性温存の方法によって，妊孕性温存にかかる時間や採取の方法，身体への負担の程度，がんへ影響を与えるリスク，妊娠率

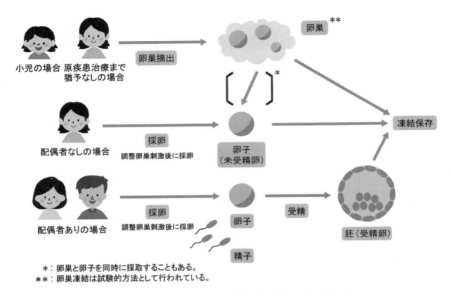

図6-1　女性における妊孕性温存療法の概要

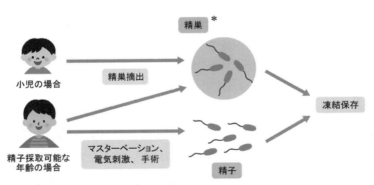

図6-2　男性における妊孕性温存療法の概要

(調剤と情報　2017年9月　特集企画　AYA世代がん患者のサポーティブケア「AYA世代がん患者のがん薬物治療と妊孕性への影響」中村健太郎，高江正道，鈴木直より転載（図4，図6）：株式会社じほう）

の違いがある。残念ながら妊孕性温存をしても必ず妊娠できるわけではなく，がん・生殖医療は将来の妊娠を保証するものではない。妊孕性温存療法や温存後生殖補助医療は，保険適用外の自費の診療であるため，経済的な負担も生じる(注4)。

（4）がん・生殖医療における施設間・多職種連携

　がん・生殖医療において心理支援を提供する上での困難の 1 つとして，支援の場が多様であることがあげられる。生殖医療科を有するがん治療が可能な施設の場合は，施設内での診療科を超えた支援が求められる。その際には，がん治療を行っている診療科と生殖医療の担当科が密な連携をとって実践されることが望ましい（奈良・伊藤，2024）。施設内に生殖医療科を有しないがん治療施設の場合には，妊孕性温存のために別の生殖医療施設（クリニック等）に通院する必要があり，多施設による支援となる（**図6-3参照**）。紹介元であるがん治療施設と紹介先である生殖医療施設の病院間連携においては，関わるスタッフ（職種）が異なるがゆえの支援の断絶を防ぐ必要がある。

　そして妊孕性温存が可能な場合だけでなく，妊孕性温存が叶わなかった場合や，がん治療を終えて挙児を試みる場合など，患者が直面する問題や時期に伴い心的負荷が強まることがあり，患者のニーズや状態に合わせて各施設での心理支援が必要になる。

注4：2021 年 4 月から「小児・AYA 世代のがん患者等の妊孕性温存療法研究促進事業」として経済的支援が始まった。指定医療機関で妊孕性温存療法を受けた 43 歳未満の患者であれば，2 回まで助成される。温存後生殖補助医療は，治療初日における妻の年齢が原則 43 歳未満で，生命予後に与える影響が許容されると認められる場合，妻の治療開始年齢と，実施した生殖補助医療の内容によって助成される。都道府県によっては国の助成に上乗せした独自の助成がある。詳しくは患者の住民票がある県のホームページで「妊孕性温存療法研究促進事業」を検索して確認されたい。

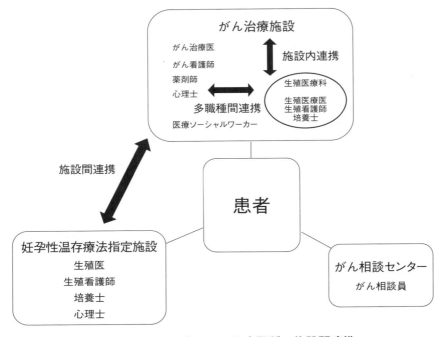

図6-3　患者を中心にした多職種・施設間連携
（作成：奈良和子，2024）

3. がん・生殖医療における心理支援

　患者はがんという命にかかわる病気に罹患し，これから厳しい身体的治療を行うという時に，将来の子どもについても考え，妊孕性温存を行うかどうかという意思決定を行うことになる。がん治療開始までの限られた短い期間に，妊孕性温存療法を行う必要があり，身体的，精神的，時間的な負担は極めて大きい。妊孕性温存しても子どもが授かる保証はなく，不確実な状況での意思決定が求められる。

(1) 小児がん患者と親への支援

　乳幼児・児童期に発症する小児がんの場合，治療に関する説明や意思決定は主に親が担うことになる。親自身が子どものがん告知に衝撃を受け，目の前の子どもの命を救うことに懸命になっている中，将来の妊孕

性の問題にも対処しなければならないことは非常に大きな負担となる。「この子の命が助かることが一番です。その先のことは考えられません」という場合や，子どもに病気の告知をすることにも抵抗があり妊孕性のことまで伝えられないという場合も多い。子どもに妊孕性喪失についての情報が伝えられないまま治療を受け，成人になって不妊の問題に直面して初めてがん治療の詳細を知るという場合も少なくない。知らされなかったことで後になって怒りや落胆を生じ，人生設計の立て直しが難しくなることもある。がん告知後，混乱している家族の気持ちを整え，落ち着いて考えることを助けるような支援が必要である（奈良，2019）。

　一方，患者である子どもは，幼いながらに育ってきた家族や環境の中でいつか自分も親になるイメージを持っている。小児・思春期であっても年齢や発達段階に応じた説明を行い，本人の希望を確認することが大切だとされる（同上）。

（2）成人がん患者への支援

　妊孕性温存の支援は，いつどのように情報を提供し意思決定を支援していくかが問われる。がん・生殖医療における患者の心理社会的な特徴として，奈良（2020）は，以下のような点を挙げている。

　①がん告知と同時期に，妊孕性の低下や喪失の可能性を伝えられることによる精神的混乱。

　②がんに罹患することで，多様な喪失感を一度に体験する可能性。健康な体ではなくなったという喪失感に加え，化学療法による脱毛など外見上の変化，月経が無くなるなどの身体的変化は女性性の喪失感となる。また妊孕性の喪失は，親になる役割の喪失などにつながり，人生の喪失感さえも生じさせる。

　③家族・パートナーなど関係性に関わる葛藤。妊孕性温存するかどうかは家族形成，世代継承にも関係するため，家の問題として捉えられることも多い。

　④不確実性，時間制限のある中で意思決定しなくてはならない葛藤。がんは治るのか，妊孕性を温存したとして子どもが授かるのか，保証のな

い状況の中で意思決定をし，がん治療開始までの短期間で妊孕性温存療法を行わなくてはいけないという現実は重い。自分の命そして将来の子どもを持つことについて思いを巡らし，葛藤しながらの意思決定となる。このような特徴を理解したうえで，目の前の患者の個別の状況に応じて関わっていくことが求められる。

（3）がん・生殖医療のカウンセリング

妊孕性をめぐる問題には，単に温存をするかどうかの意思決定だけでなく，患者の心理状態や家族関係にも配慮し長期的な視野でアプローチしていく必要がある。がん・生殖医療におけるカウンセリングは，次のような5つの段階を経ていくという（奈良，2020）。

①患者の精神状態をアセスメントしながら情報提供を行う段階

患者はがん治療や妊孕性温存療法等について様々な情報提供を受けるため，混乱し理解が追いつかない状態になることが多く，精神状態と理解度を確認しながら相談援助を進めていく。

②患者・家族の思い・葛藤の表出を援助する段階

妊孕性温存療法は，身体的・精神的・経済的負担を伴う。将来の子どもについては患者と家族・パートナーの意向が異なる場合もあり，葛藤の表出を援助しながら，関係者の調整をしていく。

③意思決定を援助する段階

患者，家族・パートナーの意向と，エビデンスに基づき推奨されるがん治療を理解して，患者が優先順位をつけ取捨選択をして決定しなければならない。患者が最善の意思決定ができるように施設間，多職種間で包括的援助を行う必要がある。

④意思決定後，がん治療中の迷いを援助する段階

意思決定時に情報や心理社会的サポートが不十分な場合，患者の迷いや不安が強まることがあり，がん治療意欲の低下につながることもあるため，がん治療中の援助も大切である。

⑤がん治療を終えて人生の再構築の段階

がん治療後は，パートナーとの関係性の構築や性生活の悩みが生じる

ことがあり，カップルへの支援が必要になる。また，ライフコースの多様性等について心理教育も必要である。

このプロセスは必ずしも順番通りに進むわけではなく，複雑に絡み合った過程を示すという。患者の相談時の段階と将来の方向性を複層的に捉えながら支援していくことは，心理職ならではのアプローチであるといえる（奈良ほか，2019）。

（4）妊孕性喪失についての支援

がんの状態や様々な要因から妊孕性の温存ができないことがある。また妊孕性を温存しても，がん治療後に生殖補助医療を行って妊娠・出産に至らないこともある。治療開始を遅らせて侵襲的な温存療法を行ったにもかかわらず，挙児に至らないという厳しい現実は大きな喪失体験となる。妊孕性の喪失，出産に至れないことは「非公認の悲嘆」のひとつと言われる。非公認の悲嘆とは，「周囲から気づかれにくく，社会的に認められにくい喪失であり，ケアの対象とされにくい」（奈良・渡邉，2024）。妊孕性の喪失は，現在だけでなく，思い描いていた生活が得られないという将来にわたる喪失でもあることを理解し，支援していくことが必要である。

このような困難を伴うがん・生殖医療の現場で活躍する高度な専門職として「がん生殖医療専門心理士」の養成が行われている（**資料**参照）。

4．臨床の現場から―亀田総合病院

実際の医療現場で心理職がどのようにがん・生殖医療に関わっているのか，亀田総合病院の先駆的な取り組みを紹介する。

（1）亀田総合病院の概要

千葉県南部に位置し，基幹病院として高度急性期医療を担う亀田総合病院は診療科目 35 科を有し，年間 30 万人近い入院患者を受け入れている。また，外来診療を担う隣接の亀田クリニックでは，1 日の平均外来患者数 2,500 名と国内の様々な地域のみならず海外からの患者も受け入

図6-4 亀田総合病院外景
(写真提供:亀田メディカルセンター)

れている。外来診療から急性期の入院治療,そして回復期のリハビリ,新たな命の誕生を助ける生殖医療など,患者ひとりひとりのニーズに合った質の高い医療を提供し,QOL(Quality of Life:生活の質)の向上を目指している。

①亀田総合病院生殖医療科(ARTセンター)

亀田総合病院は「がん診療連携拠点病院」であり,専門的ながん医療の提供,地域がん診療の連携協力体制,がん患者に対する相談支援及び情報提供等を行う等,質の高いがん医療を提供している。それに加え生殖医療科があり,一般不妊治療と生殖補助医療だけでなく,がん・生殖医療を同一施設内で連携して行うことができる。また総合周産期母子医療センターの運営も担っており,がんの診断,妊孕性温存,がん治療,温存後生殖補助医療,産科,周産期科まで,患者,夫婦から赤ちゃんまでトータルな診療を円滑に継続して行うことができる。

②亀田IVFクリニック幕張

法人内,幕張事業部の亀田IVFクリニック幕張は,高度な生殖補助医療を提供する施設として亀田総合病院生殖医療科と連携する形で

2016年に開設した。エビデンスを基にした治療法や先端技術を提供するだけではなく，カウンセリングなどを含めた包括的な医療を行っている。プレコンセプションケア・妊活サポート外来，ノンメディカルな（社会的）卵子凍結を行う等，女性やカップルを対象として，将来の妊娠だけでなく健康管理を促す取り組みを行っている。

　上記の2つの施設は，「小児・AYA世代のがん患者等の妊孕性温存療法研究促進事業」における助成金の指定医療機関となっており，心理支援も含む包括的な支援を提供している。

（2）臨床心理室の業務

　亀田総合病院には，常勤5名，非常勤2名の臨床心理士（公認心理師）が在籍し，主に6つの業務を分担して行っている（**表6-2参照**）。常勤5名のうち2名は，がん・生殖医療専門心理士および生殖心理カウンセラーの資格を持っており，生殖医療に関する次のような活動を展開している。

　①不妊カウンセリング
　②がん・生殖医療カウンセリング
　③がん・生殖医療専門心理士の養成・研究

表6-2　亀田総合病院　臨床心理室の業務内容

区分		業務内容
外来業務	精神科	心理検査・カウンセリング・家族面接
	小児科	心理検査・遊戯療法・カウンセリング・家族面接
	小児科・精神科	家族，学校，関係機関との連携
	精神科	アルコール使用障害の外来グループ
	生殖医療科	不妊カウンセリング・がん・生殖医療カウンセリング
精神科病棟業務		心理検査・カウンセリング
		家族や関係機関と連携しての環境調整
		アートセラピーグループ
		生活サポートプログラム（SST）
コンサルテーション・リエゾン業務		一般病床に入院中の患者への直接的支援，家族支援
		主治医，病棟スタッフへのコンサルテーション
チーム医療		腎移植科　腎移植のレシピエント・ドナーへの支援
		血液腫瘍内科　造血幹細胞移植する患者・家族への支援
		循環器内科　患者への支援
地域援助業務		地域の教育・保健・福祉領域での連携・コンサルテーション
		講演会・研修会の講師
研究・教育活動		医療領域の臨床心理士の育成・研究
		がん・生殖医療専門心理士の養成・研究
		厚生労働科学研究費補助金による研究等

（資料提供：奈良和子）

＜資料＞がん・生殖医療専門心理士の養成と役割

亀田総合病院臨床心理室　奈良和子

　がん・生殖医療専門心理士は，2016年から日本がん・生殖医療学会と日本生殖心理学会が共同で養成を行っている。がん・生殖医療では，がんと生殖医療の知識と，がん患者や家族への心理援助技術が求められる。がん・生殖医療専門心理士養成講座では，がん治療の講義と生殖医療，がん・生殖医療の講義，心理援助技術の演習を含め62時間以上のカリキュラムを受講し，筆記と面接（口述）試験を行い，厳しい基準を設けて資格認定を行っている（2024年4月現在，82名が認定）。

　がん・生殖医療専門心理士は，がん治療や妊孕性温存・温存後生殖医療に関しての情報提供や意思決定支援，心理・社会的支援を患者や家族に提供する専門家である。妊孕性温存ができない患者に対しては妊孕性の喪失に伴う心理的ケアを行うなど，妊孕性温存の有無に関わらず，患者・家族の個々の状況に応じたニーズ，ライフステージに応じた心理・社会的援助を担うことを役割としている。

　2021年4月から「小児・AYA世代のがん患者等の妊孕性温存療法研究促進事業」として，がん患者等の妊孕性温存に対して国からの経済的支援が開始された。妊孕性温存療法実施医療機関の施設認定要件では，患者への情報提供，相談支援，精神心理的支援を行うことが条件となり，その担い手として，がん・生殖医療専門心理士の文言が加わっている。また，2022年8月「がん診療連携拠点病院などの整備に関する指針」において，がん・生殖医療に関する意思決定支援を行うことができる診療従事者の配置・育成に努める

図6-5　奈良和子先生（相談室にて）（筆者撮影）

図6-6　奈良和子先生「ARTセンター」スタッフ
左から，培養士，産婦人科医，生殖医療医，心理士，看護師長（写真提供：奈良和子）

ことが明記された。がん・生殖医療専門心理士は，医療現場において専門的支援を行う心理職として期待されている。
（＊生殖心理カウンセラー養成講座，がん・生殖医療専門心理士養成講座については，毎年5月頃に日本生殖心理学会ホームページに募集要項が掲示される。）

研究課題

1．生殖補助医療をめぐる倫理的問題について，子どもの福祉という観点から考えてみよう。
2．本章および放送授業でのゲストの先生のインタビューを通して，がん，生殖医療における心理職のあり方について考察しよう。

引用文献

平山史郎（2014）．不妊症外来でのカウンセリング　精神療法，*40*(5)，48-53.
Kato, T., Sampei, M., Saito, K., Morisaki, N., & Urayama, K. Y. (2021). Depressive symptoms, anxiety, and quality of life of Japanese women at initiation of ART treatment. *Scientific reports, 11,* Article number 7538, 1-8. Retrieved from https : //doi.org/10.1038/s41598-021-87057-6.

厚生労働省（2023）．患者さんのための生殖医療ガイドライン　令和4年度厚生労働科学研究費補助金　成育疾患克服等次世代育成基盤研究事業（健やか次世代育成総合研究事業）標準的な生殖医療の知識啓発と情報提供のためのシステム構築に関する研究　Retrieved from
　https://www.gynecology-htu.jp/reproduction/index.html（2024年2月4日）
奈良和子・小泉智恵・吉田沙蘭・渡邉裕美・林美智子（2019）．妊孕性温存における心理支援と心理職の役割　日本がん・生殖医療学会誌，2(1)，7-11.
奈良和子（2019）．がん・生殖医療の心理支援—妊孕性温存の医学的適応と社会的適応　子育て支援と心理臨床　vol.18，52-57　福村出版
奈良和子（2019）．妊孕性温存が困難な場合の心理支援—女性　鈴木直・髙井泰・野澤美江子・渡邊知映（編）ヘルスケアプロバイダーのためのがん・生殖医療（pp.156-159）　メディカ出版
奈良和子（2020）．がん・生殖医療と心理社会的サポート　鈴木直・森重健一郎・髙井泰・古井辰郎（編）新版がん・生殖医療　妊孕性温存の診療（pp.339-347）医歯薬出版
奈良和子・渡邉裕美（2024）．AYA世代のがん患者のための心のケア　1-4節　妊孕性　日本サイコオンコロジー学会，p.26-36
奈良和子・伊藤由夏・橋本知子・神野彩香・渡邉裕美・塚野佳世子・小泉智恵・鈴木直（2024）．がん・生殖医療専門心理士による心理支援の実践～施設ごとの特性を踏まえた関わりを目指して　がん・生殖医療学会誌，7(1)，35-40.
日本がん・生殖医療学会．妊孕性/妊孕性温存について　Retrieved from
　https://www.j-sfp.org/fertility/fertility.html（2024年2月4日）
性と健康の相談支援に向けた手引書（2022）．令和3年度　子ども・子育て支援推進調査研究事業　プレコンセプションケア体制整備に向けた相談・研修ガイドライン作成に向けた調査研究　Retrieved from
　https://sukoyaka21.cfa.go.jp/wp-content/uploads/2022/07/jp-hc-preconceptioncaretebiki.pdf（2024年2月4日）
東京都福祉局（2023）．卵子凍結について　Retrieved from
　https://www.fukushi.metro.tokyo.lg.jp/kodomo/shussan/ranshitouketsu/index.html（2024年2月4日）

参考文献

特別企画　不妊・生殖の問題にかかわる心理臨床（2019）．子育て支援と心理臨床vol.18，福村出版

（付記）本章の執筆に当たっては，奈良和子先生（亀田総合病院）にご協力をいただきました。

7 | 心理面接の現場④：教育相談

波田野　茂幸

《**本章の目標＆ポイント**》　教育領域の心理臨床の場として，自治体が設置している教育相談センター・教育相談室等と呼ばれている公的な教育相談機関がある。本章では公的教育相談機関の役割と心理臨床実践を概観した上で相談員である心理専門職の役割について考えてみたい。
《**キーワード**》　教育相談，就学相談，巡回相談，コンサルテーション

1. はじめに

　子どもの相談に応じていく専門機関として教育相談機関がある。大学の付属施設や民間施設も存在するが，ここでは各都道府県や市区町村により設置された公的な教育相談センター・教育相談室といった機関（以下，公的教育相談機関）について述べていきたい。公的に設置された教育相談機関は設置母体により活動内容が異なるが，主たる業務としては地域における幼児や児童生徒とその保護者への相談，また，学校の要請を受けコンサルテーションに応じている。その他，学校教職員に対する研修や教育に関する調査研究等を行っている場合もある。

　ところで，地域の中で子どもの相談を行っている公的機関としては児童相談所がある。児童相談所は児童福祉法第12条に基づき各都道府県・指定都市に設置義務がある。児童福祉法に定められた目的に即して満18歳に満たない児童とその家庭に関する問題について相談を受け，児童及びその保護者への指導を行っている。一方，教育相談機関の設置については1956（昭和31）年に施行された地方教育行政の組織及び運営に関する法律第30条（教育機関の設置）を法的根拠としている。都道府県及び市町村が設置主体となり，教育委員会の組織下に置かれること

が多い。教育相談機関の業務は児童福祉法のように基本法が定められていないため，自治体の判断によって機能や役割が異なっている。しかしながら，一方で子どもへの支援を行う専門機関として地域の実情や課題にあわせたサービスの設定が可能になるとも考えられる。たとえば，保育園や幼稚園など就学以前の段階にある子どもたちに対して巡回相談を行い，子どもの周囲にいる関係者へのコンサルテーションを実施する「キンダーカウンセラー派遣事業」を行う自治体もある。

　児童相談所は児童福祉法に基づいて措置権を行使させることで子どもに対応することが可能であるが，公的教育相談機関にはそのような権限がない。また，医療機関のように治療をする場でもない。その意味で，行政的な判断や医療的に治療するといった根拠や目的が明確ではない性質がある。しかし，公立の教育相談機関は地域の中で幼少期から高校生年齢程度まで比較的長期に渡る援助の提供が可能でもある。そのような意味で，地域にある公的教育相談機関は子どもの育ちに対して一定期間支えていく「心理援助の定点」（高野，2012）となり，子どもに対して直接的又は間接的援助により心理社会的成長が促進されるように働きかけていけると考えられる。直接的とは援助を必要とする子どもに対する心理面接や心理療法を提供していくことであり，間接的とは子どもにとって身近な存在である保護者や家族へのカウンセリング，心理的援助といった相談機会の提供，あるいは教師など子どもの周辺者や関係者に対するコンサルテーションの実施などである。

　公的教育相談機関の設置場所は地域の中にありながら，学校とは離れている別の場所に設置されている場合が多い。そうすることで，たとえば不登校状態となり学校には行きにくい気持ちがある子どもにとって，通いやすさを感じることができるかもしれない。また，平日の夜間帯や土曜日・日曜日など休日にも開業している場合があり，働いている保護者にとって利便性が高くなるように工夫をしている自治体もある。

　公的教育相談機関は多くの場合，教育委員会に属する組織として位置づけられている。したがって，同じ組織内の管轄となる学校にとって最も身近な専門機関といえる。たとえば，いじめを起因とした不登校傾向

がある子どもに対して，心理的ケアを目的に保護者と子どもを教育相談機関に紹介し，保護者と子どもが来談をした後に教師自身が保護者から了解を得て，不登校状態の子どもの内面的理解とその後の対応を考えていくためにコンサルテーションの依頼を相談員にする場合がある。つまり，教育相談機関は子どもや保護者との個別ニーズに対応する援助構造を作りながら，学校や担任とも「程よい距離感」を維持して対応を行う場合がある。このように相談員が両者の間に立ち，それぞれに対して回復に向けた働きかけをしていくことで功を奏する場合もある。しかし，反対に両者より直面している葛藤を投げ込まれてしまい，どう援助ができるかについて窮する場合もあったりする。そのような場合，相談員の心理的体験について検討していく中で両者の間で生じている情緒的な事態を紐解いていき，見立てについて再考することで，理解に繋がっていくこともある。

　また，子どもの様子を心配した担任から紹介を受けて親子で来談後，親子並行面接を実施して親担当の相談員が家庭での様子を聞き取り，子ども担当の相談員が子どもと関わった感触とを合わせ見立てを検討し，医療機関への受診を提案して治療に繋げていくことも多い。そして，治療と同時に教育相談での相談も並行させていきながら家庭や学校生活について親と共に考えていくこともある。このように必要に応じて的確に他の専門機関へ橋渡しをすることも重要な役割といえる。

　以上のように教育相談機関の相談員である心理専門職は，子どもに対する直接的な心理的援助を行う立場にある。同時に，子どもが育つ場となる家庭や学校などの関係者と保護者の了解のもと細やかに情報共有を行い，家庭や学校での子どもの状態を把握し，子どもの見立てについて多面的観点から検討をしていく。このように子ども本人への援助を主軸に据えて，親や担任といった関係者は何ができ，子どもへの働きかけを質的にどう変化させていくことが可能かを一緒に考えていくのである。子どもの発達段階に応じた課題に伴走者となり取り組み，時には長期的に関わりを持つといった側面が特徴になると考えられる。

　ところで，公的教育相談機関は学校現場における様々な状況や制度上

の変化の影響を受けてきた経緯がある。そこで本稿では教育相談の歴史的背景や実践活動の議論を紹介した上で、公的教育相談機関が学校教育や社会の側からの求めにどう応じてきたかについて説明してみたい。そして、現在における役割について整理し、どのような心理臨床の実践が展開しているか紹介を試みたい。

2. 教育相談活動についての議論

教育相談活動について原野（1981, p.3）は「教育相談は、学校という場、教育という活動の中に生かされる活動であるゆえ、たまたま心の悩みを訴え、学校生活の不適応を示したからといって、病院や診療所を訪ね、そこで受ける処置とは基本的には異なっている。…（略）…教育相談の目標は、あくまで、学校や教育という場を中心に相談活動が進められ、学校生活への適応を図ることを目的にしている」と述べて、教育相談活動の目的を実践活動の観点から4つにまとめている。

①ひとりひとりの児童・生徒の学業上の問題、それと関連する、社会・学校・家庭生活上の問題についてその解決を図るため、指導・助言・援助を行う。
②集団活動・対人関係を通して、望ましいパーソナリティの育成、人間形成の達成を図る。
③ひとりひとりの資質の理解と適性の発見、開発をめざし、将来必要とされる市民生活への適応のための準備を図る。
④児童・生徒の教育指導をめぐって、本人のみならず、親、教師、学校管理者、その他に対し、児童・生徒の具体的指針を助言、指導する。

この原野の説明から教育相談活動は学校や教育と関連があること、児童生徒が有する症状や障害、問題について医学モデルのように治療するといった発想ではなく、児童生徒をひとりの個人として生活全体の中で捉え、多様な要因を想定し理解しながらかかわるといった視点が含まれているように考えられる。しかしながら、子どもが学校に在籍する期間

は長く，その間の心身の発達的変化は大きい。そのため具体的にどのような範囲の相談内容を受けている相談活動であるのか，どう対応をしてもらえるかについてイメージを描き難い。

　加えて，現在の教育相談活動は学校内部において教師やスクールカウンセラーが担い手となり生徒や保護者への相談に取り組む場合と，学校の外部にある教育相談機関などの専門機関において，主として心理専門職による心理的援助としての相談活動といった2つの実践形態がある。したがって，相談活動の担い手が誰であり，どのような目的でどのように働きかける援助の性質であるのかについて把握をしないと，相談活動の実態は理解し難い。

　このことは教育相談活動をどう定義するかの議論にも繋がると考えられる。つまり，教育相談はもともと一義的に捉えていくことが難しく，むしろ，あいまいであるという指摘がある。たとえば，日本教育相談学会刊行図書編集委員会（2006, p.17）によれば，学校教育相談について「教師が，児童生徒最優先の姿勢に徹し，児童生徒の健全な成長・発達を目指し，的確に指導・支援すること」と説明している。一方，この定義について大山（2018, p.31）は「実に幅広く，かつ曖昧である」と述べている。

　また，行政による教育相談についての説明も同様であり，明確な定義にはなっていない。『生徒指導の手びき』（文部省，1965）では，生徒指導の一部として教育相談を位置づけている。そこでは，生徒指導について「それぞれの内在的価値をもった個人の自己実現を助ける過程であり，人間性の最上の発達を目的とするものである」（同書，p.11）と説明した上で，教育相談について「ひとりひとりのこどもの教育上の諸問題について，本人またはその親，教師などに，その望ましいあり方について助言，指導をすることを意味する。いいかえれば，個人のもつ悩みや困難を解決してやることにより，その生活によく適応させ，人格成長への援助を図ろうとするものである」（同書，p.134）としている。学習指導要領の中に生徒指導及び教育相談の規定が入れられたのは，1968年（昭和43年）からであり，そこでは教育相談を特別活動（教科外活動）と

して位置づけている。2008年度（平成20年度）『中学校学習指導要領解説・特別活動編（文部科学省，2017，p. 155）』においては，「生徒の家庭との連絡を密にすること」と規定にある内容が補強され，児童生徒を対象とした教育実践だけではなく，家庭や保護者へも働きかけていくことについても述べられたことで，さらに教育相談の定義に関して広がりがもたらされた。

　このように教育相談の定義が包括的になりあいまいとなるのは，そもそも教育がもつ性質自体に「教える」行為と「育む」行為という異なる側面が含まれていて，しかも，「教えること」と「育むこと」は，時には相対立してしまう可能性のある矛盾が含まれていることと関連すると考えられる（桑原，2018）。つまり，教育という言葉に内包される意味合い自体が極めて多義的であり，その教育にかかわる問題についての相談となると，より幅広い内容が含まれることになると考えられる。大山（2018，p. 33）は「教育相談は，固有のものとして成立したと同時に，あらゆる教育の中に再発見されるものだと言えよう」と述べ，教育相談の本質を検討するにあたり，教育相談が教育機能から分化する形で設定されていった必要性や経緯に注目している。

　また，広木（2008，p. 14）も教育相談の歴史について「社会における学校の位置と役割の変化が直接的に反映している」と述べ，社会が学校教育に求める役割が変化していくことに応じて教育相談も変化していることを指摘している。学校教育が時代の状況や社会の変化から影響を受けているとするならば，教育相談の実践もその時代背景や文化から作用されることになる。たとえば，SNS（Social Networking Service）やインターネット等が子育て環境や子どもの心身の成長発達にどう影響するのかといった観点をもつことで，現代の子どもたちの生活様式や対人関係の在り方について理解が得やすくなると考えられる。

　以上のことから，教育相談の本質と諸側面をより深く捉えていくために，本章では最初にわが国における教育相談活動の誕生と展開に触れてみたい。その上で公的教育相談機関での心理専門職による教育相談の実践について説明し，それが子どもと子どもの周囲にいる関係者に対して

どのような役割を担っているかについて概説してみたい。

3．わが国の教育相談の誕生と展開

　原野（1981，p. 1）は，「日本における教育相談活動の歴史は，アメリカにおけるカウンセリングの歴史に大変よく似ている。歴史の年代を2，30年ずらせばほぼ一致する」と説明している。アメリカにおけるカウンセリング運動は，職業選択の機会拡大に伴い，そのための指導や援助が求められるようになった社会的ニーズがあった。

　1900年代初頭の職業指導（Vocational Guidance）運動，教育測定運動，精神衛生運動の3つの運動はカウンセリングの3大源流と言われている。職業指導運動は，産業社会が展開して職業選択が拡大していく中で，その人の性質や個性と職業の性質に適うような職業選択の実現に向けて支援していく運動である。第1次世界大戦下において知能テストや性格テストといった心理テストが開発され，1930年代に入ると教育の場に適用されるようになり，職業指導と結びつくようになった。ビアーズ（Beers, C. W.）は自らのうつ病による入院体験について，1908年『わが魂にあうまで』を出版した。そこには，当時の精神病院における悲惨な状況が綴られており，精神病者の内的な体験世界を理解することの重要性とそれに基づく支援の必要性を訴えた。このような人間理解についての風潮は，職業指導運動でのカウンセリングにも影響することになった（広木，2008）。

　わが国における教育相談の始まりもアメリカ同様に，学校で開始されたのではなく，職業指導を行う職業相談所において始まったとされている。児童の相談の始まりは，教育や福祉分野で展開していったが，1915（大正4）年に医学，心理学，教育学など児童に関する研究者によって日本児童学会に児童教養相談所が設置され，その中で職業選択についての相談が行われた。しかし，現在の教育相談の内容での先駆けとなっていくような最初の機関は，1917（大正6）年に北垣守によって開設された児童教養研究所であるといわれている。相談のための専用施設をもち，わが国の心理学者による最初の児童の相談を久保良英が行った。その後，

大正時代は職業指導の方法として開始された教育相談が,「選職相談」として東京や大阪などの大都市を中心に広がっていった。

　第1次世界大戦が契機となり近代産業の飛躍的な展開が生じて,社会構造が大きく変わった。地方の農民や漁民などが都市部の勤労者となり,出身階層を離れて新しい階層に移動する人たちが増加した。勤労者の中には官吏や教師,銀行員など新中間層と呼ばれる中等教育以上の学歴を有する人たちもいた。その中には教育に熱心で子どもに上級学校への進学を期待する者や,反対に子どもに自由教育を受けさせたいと考える者も現れた。このような社会的ニーズが高まったことで,中等教育と高等教育を受ける機会が拡大されていった。それは進学や就職について選択肢が増えることであり,より適切な選択ができるように相談や指導の機会が求められるようになった。このような進路指導や職業指導に対する社会的需要に応じていくために,教育相談という新たな活動が,学校ではなく各地の職業相談所において職業指導の合間に行われるようになった。

　1950年ごろ,アメリカの「指導と助言(guidance and counseling)」の考え方を基に,日本においては「生徒指導」と翻訳されて紹介された。その考え方は子ども個人の人格を尊重して伸長し,社会生活上の倫理観や正義感といった社会的資質や態度,行動力を高めていくと考えられた(広木,2008)。同時期にロジャーズ(Rogers, C. R.)の来談者中心療法の考えも紹介された。1対1の関係を作る非指示的カウンセリングの考え方は学校外の相談機関で導入され広まったが,学校現場においては集団活動を通した生活指導を通して自己認識を得ていく方法が主流であり,生徒指導や教育相談への関心がもたれなかった。大山(2018, p.41)は,そこには「観念的な生活から遊離した場ではなく,生活と経験にこそ学習がある」とする米国でのプラグマティズムに基づくデューイ(Dewey, J.)の教育論の影響があると指摘している。つまり,「カウンセリングではなく,進路指導や生活指導において,具体的な職業体験やホームルーム,特別活動などこそが,教科教育以外において生徒を育てていく場」(同書,p.41)という考え方である。

1960 年代後半から 1970 年代の学校では非行や校内暴力の問題が生じ，その対応に教師たちは苦慮した。カウンセリングといった受容と共感による対応では難しく，教師は問題を起こした児童生徒を，管理的手法による集団生活指導を日常的に用いて表面的に沈静化させていく生徒指導を行った。その後，1970 年代後半から 1980 年代において，学校ではいじめ，自殺，不登校といった非社会的行動が注目されるようになった。校内暴力という問題行動は学校のルールや規則といった学校の枠組みから逸脱する行為であり，また，教師への反発であった。そこには児童生徒と教師の両者が学校生活における枠組みである校則やルールを強く意識していたからこそ，逸脱行為や反発が明確になり，教師は生徒指導による実践を熱心に取り組むことができたと考えられる。その後，1980 年代後半から校内暴力の問題は鎮静化していったが，今度はいじめ問題が表面化するようになった。そして，1990 年代になると不登校の問題がクローズアップされていった。

これらのいじめや不登校といった問題は「どこに潜んでいるか分からない，隠れた問題という性質を帯びたもの」（大山，2018，p.44）であり，児童生徒の態度や行動からは読み取れない難しさがあった。つまり，深刻な事態になっていじめ問題が発覚する場合や，突然学校に行かなくなり不登校になるといった状態は，校内暴力や教師への反発といった行為とは大きく様相が異なるものであった。しかも，これらの問題は「誰にでも生じうる問題」という主張がなされるようになった。

このような「隠れた問題」として密やかに進行していく現象に対する理解と対応へのアプローチとして，個人の内面に着目していくカウンセリングの考え方が再度注目されるようになった。そして，これらの問題を生じさせないようにするために，日常の学校生活において，未然に全ての児童生徒を対象として，予防的に働きかけていく新たな教育相談活動の考え方が注目されるようになった。それが「カウンセリング・マインド」である。この和製英語に象徴された考え方は，普段の教育活動全体の中で児童生徒との人間関係を創り出すための，教師自身の姿勢や態度を表している言葉といえる。その上で児童生徒の内面理解に繋がる関

係性が構築されていくのであり，心理社会的成長を促す働きかけが可能になるとする考え方として重要視されるようになったのである。

　現在カウンセリング・マインドという考え方は教育相談活動の基盤とされ，教育相談活動は一部の教師の実践ではなく，全ての教師に求められるという認識になっている。しかし，教師が児童生徒の内面を把握していくことで問題を未然に防ぐといった考え方に立つ働きかけは，子ども自身が主体的に考えて判断をしていく過程を損なう可能性も考えられる。したがって，教師に求められるカウンセリング・マインドというものを理念としては理解ができたとしても，実践である教育活動では難しい場面があるとも考えられる。

　1980年代中頃から不登校・いじめ問題が増加する中で，文部省は1995年「スクールカウンセラー活用調査研究委託事業」を開始した。このことは学校における教育相談活動にとって画期的で大きな変革となる出来事であり，学校には教育相談を校務分掌に位置づけるための組織作りが求められた。スクールカウンセラーは外部性を有していて学校教育から独立した立場であり，異なる専門性を有している。そのような外部の専門家が学校内部において教師と連携して児童生徒へ働きかけていく実践は，児童生徒の「隠れた問題」の解決に繋がっていくことが期待された。学校内部に教師と異なる専門性をもつ心理専門職がスクールカウンセラーとして配置され教育相談活動に関与するようになったことで，教師が行う教育相談とスクールカウンセラーの実践との異同や両者の関係性，連携の在り方などが模索されるようになってきている。さらに，学校現場では2007年より特別支援教育が導入されたことにより，「特殊教育」の範疇で対応されていた障害を有する児童生徒についても，教育相談の概念の中に含まれるようになった。通常学級と特別支援教室，普通学校と特別支援学校との連携といった教室間，校種間での協力についての模索が始まったのである。学校は，通常学級の児童生徒を対象として考えられていた教育相談活動のなかに発達障害を有する児童生徒を含め，実際にどのような援助を実践していけるのかといった課題に直面している。

4．教育相談機関での心理臨床

　わが国における教育相談の始まりは学校の外部における活動が端緒であった。そして，社会の側から求められるニーズに応じて学校の役割は変容していったが，公的教育相談機関もその変化の影響を受けながら相談活動が展開していると考えられる。

　ところで，文部科学省（2023）が令和4年度に行った「児童生徒の問題行動・不登校等生徒指導上の諸課題に関する調査」によれば，2022年度の都道府県・指定都市における教育相談機関数は204箇所，教育相談員数は常勤434人・非常勤1,254人，合計で1,688人となっている。市町村における教育相談機関数については1,705箇所，教育相談員数は常勤1,409人・非常勤4,231人，合計で5,640人となっている。このように，現在では教育相談の専門機関は全国の自治体に設置されるようになった。そして，その中で心理専門職の配置がなされてきている。先述したように公的教育相談機関は，児童福祉法に基づき子どもに何らかの措置を行う児童相談所のような法的根拠はない。また，医療機関のように医師による診察があり服薬による治療を行う場でもない。あるいは，法律上の問題について法的根拠に基づく対応をすることもない。

　一方で，公的教育相談機関では子どもに関する問題や心配について幅広い内容の相談に応じている。相談は保護者による申し込みがあって開始される。保護者からすると子どもの問題や対応に困り子育てについて悩みを抱えた際に，身近な地域の中で一緒に考えてくれる専門家がいることは心強いことである。保護者は問題とされる事柄（主訴）について専門家と話し合う過程は，主訴についてどう捉えられるか考える機会となる。さらに，そのような体験に付随する気持ちを整理する場にもなる。相談員である心理専門職は，子どもの発達段階で生じる心理的課題や子どもの成長に合わせて変化していく親子の関係性について見立てを作り，保護者に対してはそれぞれの家庭の事情に合わせながら可能な対応を一緒に考えていく。保護者は相談員との話し合いを通して子どもへの理解を深め，時には子どもが表している問題を考えていく過程を通して，

自己発見や自己理解が深まる体験をすることもある。その結果として子どもへの働きかけを工夫していく場合も多い。したがって，教育相談機関での相談とは保護者の目線に立てば，子どもの問題に対する捉え方に幅ができ，気持ちにゆとりが抱けるように心理的変化が生じる可能性がある内容を扱っている相談の場といえる。

　親子が共に来談した場合，相談構造としては担当者がそれぞれ子どもと親（主として母親）に分かれた「親子（母子）並行面接」を行う場合が多い。あるいは親のみの相談から開始されて子どもも来談するようになることもある。親に対しては子どもの問題に焦点を合わせて話し合いをしていき，子どもに対しては遊戯療法（プレイセラピー）を実施する場合が一般的である。このように，教育相談機関での心理臨床では個人心理臨床の実践をじっくりと取り組むことができる機能がある。しかし，様々な事情によって来談に至らない場合，学校は親や子どもの承諾を得た上で教育相談機関の相談員の来訪を要請し，相談員は子どもの学校生活での様子を観察し，その結果に基づき教師へコンサルテーションを行うこともある。

　次に公的教育相談機関の中心的な業務である相談活動について紹介してみたい。相談目的に応じて教育相談，就学相談，巡回相談に分かれて活動している場合が多い。以下，それぞれの概要について述べてみる。

（1）教育相談

　公立の教育相談機関は 1950（昭和 20）年代後半から全国で設置されていき，非常勤の心理専門職は心理検査の実施や子どもに対するプレイセラピーなどを担っていた。この当時は児童精神医学が成立しつつある時期でもあったが，医療機関でカウンセリングや心理治療は時間がかかり実施しにくい事情があった。また，学校現場においては教師がカウンセリングや心理療法を担うことの難しさがあった。そのため，教育相談機関でなければカウンセリングや心理療法の実施が難しいという傾向を帯びるようになった。このようにして，今日の公的教育相談機関がカウンセリングや心理療法という方法で，子どもの心因性の問題となる行動

に対して対応するようになったと考えられる（玉井，1985）。

　現在においても，子どもと保護者を対象に，幼児であれば言葉の遅れ，集団活動になじめない，友達と遊べない，学齢期であれば友人関係の問題，学業不振，非行，不登校など，学校生活にかかわる問題や心配などを主訴とした相談を多く受けている。また，最近では発達障害や自傷行為，インターネットとの接し方やトラブル等にかかわる相談内容も増えているという。加えて，子育てや家族関係の相談，虐待など深刻な問題にかかわる入り口にもなっている。

　相談対象には幼児期から児童期の子どもたちが多く，対応としては遊戯療法（プレイセラピー）によるアプローチが一般的である。遊戯療法は遊びをコミュニケーションの手段として用いながらかかわり，子ども自身の表現方法として捉える心理療法といえる。子どもは自らが内的に抱えている様々な気持ちを，それと等価となるような言葉で説明することは難しい。子どもにとって，遊びによる表現は言葉に代わる媒体になると考えられている。また，中学生や高校生へは描画療法や箱庭療法など非言語の要素が含まれるアプローチを用いることや，ゲーム盤や卓球などのスポーツについて遊戯療法的に働きかけを行う場合もある。ただし，思春期にある子どもは言語に基づく心理療法に移行する時期でもある。心理療法の選択については子どもの問題や能力，子どもとの関係性を踏まえ心理療法過程に応じて判断をし，働きかけていくことが求められる（吉田・伊藤，1997）。

　一方，保護者に対しては子どもについて心配なことを一緒に考え，保護者にとって困ると感じる行為や心配や不安な気持ちについて，どう捉えて考えていくことができるのかについて話し合っていく。子どもの問題とされる行動を検討していく中で，保護者自身が子どもとの関係を考えることや，自らの子ども時代を振り返っていくこともある。保護者の相談は母親が主となる場合が多いが，父親や他の家族が登場することもある。子どもにとって一番の身近な環境は家族である。親の中には自らが養育者となり子育てを行っていく中で，自分自身の親との関係をふり返ることがある。あるいは，親自身が心身の不調を抱えながら子育てを

している場合もある。そして，ひとり親家庭で仕事と育児を両立させていくことが極めて困難な状況にいることもある。

　教育相談機関における保護者面接は，あくまでも子どもへの心理的援助を基軸とした上で，目の前の親の何に焦点を当てて話を聴いていくのかを見立てる難しさがある。子どもの様子から医療的ケアの必要性が見立てられる場合や親が医療機関の受診を希望した際は，そのことをテーマに話し合い他機関への紹介を行うこともある。医療の場と教育の場を繋いでいくことも教育相談員の大切な役割といえる。親の中には教師から教育相談機関を勧められ，不本意のまま来談される場合もある。また，教育相談機関を「怒られる」場所と感じていたり，教育相談機関のイメージがもてず不安を抱えていたりすることもある。教育相談員は様々に揺れ動く親の心境を十分理解して，丁寧な対応を行うことが求められる。

　このように教育相談における相談内容は，日常の子育てでの困り事を扱う水準から，子どもの症状や心理的問題を，精神病理学的な水準からどう理解できるか検討する範囲までと幅広く，非常に個別性が高い。その意味で教育相談員の力量が問われるため研鑽は必須である。どのように心理援助を行っていくのか，ケースがどのように展開しているのか全体の流れを捉えながら，現実的な側面の検討や他の専門家との連携について考える必要が生じることもある。親子（母子）並行面接では両者の関わり合いが質的にどう展開しているかを捉え，その均衡も考えながら相談の方向性を見据えていく必要がある。子どもの問題が解消し，外的適応の向上が見られたため子どもの面接は終結したが，その過程を経たのちに，親が自分自身の心理的課題に気がついて相談の継続を望む場合もある。子どもの問題への対応を求めて来談することが相談の入り口であるが，終結のあり方は個々のケースによって様々といえる。

（2）就学相談

　障害のある子どものための相談が地域の公的教育相談機関において取り組まれるようになったのは，特別支援教育が本格的に実施されるようになってからと考えられる。特別支援教育が導入される以前は，障害の

ある子どもの教育については「特殊教育」という考え方の中で展開されていた。昭和23年に盲児と聾児の教育が義務制となったが，その経緯の中で病弱児という新たな分野が拓かれた。昭和30年代に入り言語治療の分野が発展し，多くの時間を普通学級で過ごしつつ，ある時間だけ言語治療のための教室に通うという，「通級制」とか「親子学級方式」といわれる教育形態が生まれた。その後，弱視・難聴・情緒障害学級が誕生し，普通学級との交流が生じるようになった（玉井，1985）。つまり，この当時の障害のある子どもの教育相談は，特殊教育の範疇で行われていた。

　特別支援教育の開始後，公的教育相談機関では就学相談へのニーズが増加して心理専門職への需要も増えている。就学相談とは，翌年度に就学予定にあって発達に心配のある子どもの就学や入学についての手続きを行う，教育行政の一部となる相談活動である。心理専門職は就学相談員として，保護者と共に限られた期間の中で保護者の考えがまとまっていくように支援する役割がある。また，対象となる子どもの行動観察，発達や知能検査の実施，親子のコミュニケーションの取り方等を観察しながら，親子の関係性や子どもの心理社会的状態の把握をする役割もある。さらに，就学先について検討を行う教育支援委員会に向けた資料の一部を作成していく。教育支援委員会は教育・医学・心理学等の専門家で構成された委員によって子どもにとって適切な就学先について審議を行う組織である。教育委員会はその結果を保護者に説明して，保護者がその内容を承諾すれば就学相談は終了になるが，意見が不一致の場合は相談を継続していくことになる。

　就学相談は子どもの就学年度の前年度に行われるため，就学までの限られた期間の中で限られた面接回数となる。就学相談員は保護者が就学相談に臨むまでにどのような経緯があり申し込みに至ったか把握し，保護者の気持ちを十分に汲み取る努力が求められる。特に小学校への就学の場合，保育園や幼稚園などから子どもが年長になって勧められ，就学相談を申し込む場合が多い。非常に不安な気持ちを抱きながら相談に登場してくる保護者をどのように迎え入れて相談への動機を支え，相談を進めていくか考える必要がある。園から勧められた場合は園からどのよ

うな説明を受けたかについて確認し，保護者の心情理解を試みる。保護者は不安や動揺を抱えている状態であり，就学相談についてよく知らないことも多い。相談の流れや手続き，就学後の学校や学級での対応も含め丁寧な説明と対応を行っていきたい。

　また，就学相談員は子どもの潜在的な力や可能性について保護者と共に探索的に見出していく視点をもちながら，どのような教育環境や支援の内容が求められるかについて，園や学校からの情報，行動観察の結果，心理検査の結果を合わせて考えたい。その上で保護者の求めるニーズを踏まえて総合的に見立てを作り，資料にまとめる力が求められる。したがって，就学相談員は地域における教育制度の内容や学校内外の社会的資源と，その活用実態についても把握しておく必要がある。就学相談では就学後の児童生徒が学校生活に馴染みやすくなり，学校生活のスタートが入りやすくなるように学校内外の関係者や関係部署へ橋渡しをする役割もある。

（3）巡回相談

　教育相談や就学相談は保護者の申し込みを受け，保護者や児童生徒の来談に対して対応をしていく。それに対して子どもたちの生活の場である学校に「出向いていく」相談活動へのニーズが増えている。特別支援教育の導入により学校教育の体制が大きく変わった動きに合わせ，公的教育相談機関における心理援助に，アウトリーチによる「出向く」相談によって教師や学校を支えていく新たな機能が加わった。教育委員会の管轄下にある公的教育相談機関では，公立の小・中・高等学校に相談員が出向いて相談を行う巡回相談が普及するようになった。

　巡回相談員は児童生徒の個別ニーズを把握し，必要とする支援の内容やその具体的な方法について，特別支援教育コーディネーターや保護者からの相談に対して助言を行っていく役割がある。その上で支援が実施され，その評価について学校に助言・協力を行う。そのため，特別支援教育の制度上の知識を有し，関係者に対応する社会的技能が求められる。また，発達障害に関する知識を有するとともに心理検査を実施でき，か

つ，児童生徒の行動観察や成育歴の情報を総合させていきながら個別
ニーズを見立てていける力が求められる。さらに教師への支援，関係機
関との連絡調整を行う。学校が医師や発達障害，心理や福祉などの専門
家チームに判断を依頼する場合などは，巡回相談員は対象となる児童生
徒についての実態を基礎資料としてまとめ，提供する役割もある。

　しかしながら，浜谷（2012）によれば，各自治体の巡回相談について
は目的・機能・手続き等が異なっていて，現状は多様な実態があるとい
う。巡回相談は都市部の保育現場において始まり，全国的に広まっていっ
た。その中で，心理学的支援の方法としてコンサルテーションの枠組み
の中で実践され，理論化されてきている経緯がある。しかし，巡回相談
員における心理専門職の役割についてはまだ十分な研究がなされてはい
ない。浜谷（2006，p.396）は「巡回相談を構成する要素や過程が，ど
のような構造をもち，どのような支援機能をもっているかという分析が
必要である」と指摘している。

　巡回相談という実践を心理学的支援の枠で行っていく場合，支援対象
となる児童生徒への個々の行動レベルでの支援について検討し，その結
果について実証していくことが求められてくる。その過程では，発達の
課題のある子どもについて，学校に心理学用語や医学用語で説明をする
ことで理解が深まる側面がある。一方で，そのような用語での説明は，
多彩で豊かな教師の教育実践を見過ごす可能性もある。教育実践という
領域に教師以外の専門家である心理専門職がかかわる場合，どのように
働きかけ，何を提供していけるのかという点を自覚し，謙虚な姿勢をもっ
て取り組む必要があると考える。

5．まとめ ―子どもの成長に向けた展望づくり

　高野（2012）は，公的教育相談機関の教育相談には「終わりのある相
談」と「終わりのない相談」があると述べている。「終わりのある相談」
とは，保護者や本人が問題とする主訴が解消や軽減したことにより相談
が終結するもので，終結した後に問題が再燃したとしても，相談過程の
中で蓄積された，本人や家族の問題解決力や周囲からのサポートにより

乗り越えていけるような場合としている。一方，「終わりのない相談」とは，発達の特性や長期間にわたるケアが必要となる疾患などを有していて，生活場面や人間関係での困難さがある場合や学習上の課題を抱えている場合であると述べている。後者の場合は年齢が上がることで表面的に表れる「問題」が移り変わり，その時の状態に応じて援助の内容も変化すると考えられる。

　また，保護者によってはライフイベントを見据えた対応の準備をしていくために，相談を継続していきたいという希望を表明される場合もある。子どもが発達特性を有していたり，長期間の治療や援助を必要とする疾患を抱えていたりする場合，彼らは発達特性や病を抱えていくことをアイデンティティの一部として自ら引き受ける作業や，周囲と折り合う工夫をする術を身に着けていくという課題が控えているかもしれない。そのような心配がある場合，相談の継続について保護者や本人と話し合いながら決めていくことになる。実際に継続していくか否かはケースバイケースであり，本人の教育的なニーズや心理社会的な状態，対人関係の様子を踏まえる必要がある。さらに家庭状況や，本人や家族が社会的資源をどのように活用しているかも含め判断することになる。

　公的教育相談機関の対象年齢は最長でも高校生年齢，18歳程度までとする場合が多い。年齢が上がっていくことは，本人や家族へ支援を行う基盤が学校教育の範囲から地域生活の場に移行していくことを意味している。つまり，行政上は教育領域から福祉領域へと管轄が変わることになる。移行の変わり目において支援には困難さが生じることがある。必ずしも，求めたい援助ニーズについて本人や家族が説明できるわけではない。したがって教育相談機関では，学校教育を終えた後にも支援が必要となる子どもや家族に対して，適切な支援機関に繋げていく移行支援の役割も重要になる。

　また，教育委員会の管轄下には不登校児童生徒への対応を行っている教育支援センター（適応指導教室），通常学級に在籍している児童生徒の教育的ニーズに応じて子どもの困難さへの対応をする通級指導教室（難聴・言語・情緒の教室），普通学校の中に設置されていて，教育上特

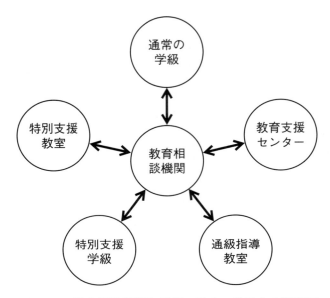

図7-1　教育相談機関と学級・教室・施設との関連図

別な支援が求められる児童生徒のための特別支援学級（子どもの状態に合わせた学級編成がなされた教育を行う）がある。さらに東京都の場合では，通常学級に在籍している発達障害や情緒障害のある児童生徒を対象として，子どもが在籍している学校に教員が巡回して指導を行う特別支援教室がある。このような子どもに応じた教育の機会を提供する施設や学級・教室を利用しながら，教育相談機関にて心理的援助を受けている子どもも多い。したがって，教育相談機関は必要に応じて，学級や教室等と連携をすることがある（図7-1）。

　相談員は，このような教育委員会の管轄下にある教室や学級等の設置目的や，そこでの教育実践についても具体的に把握しておきたい。そのような環境を子どもたちが活用していくことで社会的スキルが向上することや，小集団の中で心理社会的発達課題に取り組む体験をしていることもある。子どもの心身の発達の様相や教育上の問題に合わせて適切な教育的資源をもつ施設等との連携をすることは意義がある。相談員は，子どもがそこでどのような体験を得ているかについても関心をもち，心理社会的な側面での成長や自己形成の意識を捉えていきたい。そして保

護者とは，子どもの資質が発揮された姿を見据えた対話を行いたい。子どもに備わっている力が将来萌芽した姿を保護者と思い描きながら，いま具体的に取り組めることについて考えて展望を作っていくことも，相談員である心理専門職の役割ではないかと考えている。

　なお，本稿の内容をより深く理解するために読んで欲しい本を参考文献に加えている。ぜひ参照していただきたい。

🔔 研究課題

1．学校における教育相談と学校外にある教育相談機関での教育相談のかかわり方の違いを整理した上で，心理専門職に期待される役割について考えてみよう。
2．参考文献にあげた河合隼雄著作集第7巻「子どもと教育」を読み，子どもがもつ潜在的可能性について心理臨床の視点から考えてみよう。

引用文献

浜谷直人（2006）．小学校通常学級における巡回相談による軽度発達障害児等の教育実践への支援モデル　教育心理学研究，*54*，395-407．

浜谷直人（2012）．通常学級における特別支援教育の研究成果と課題　教育心理学年報，*51*，85-94．

原野広太郎（1981）．教育学大全集34　教育相談　第一法規出版

広木克行（2008）．教育相談の歴史・役割・意義　広木克行（編）教育相談（教師教育テキストシリーズ）（pp.14-32）学文社

桑原知子（2018）．概説「教育相談と学校臨床」　桑原知子（編著）教職教養講座第11巻・教育相談と学校臨床（pp.9-29）協同出版

文部科学省（2023）．令和4年度　児童生徒の問題行動・不登校等生徒指導上の諸課題に関する調査結果　文部科学省 Retrieved from https://www.mext.go.jp/content/20231004-mxt_jidou01-100002753_1.pdf（2023年12月10日）

文部省（1965）．生徒指導の手びき　大蔵省印刷局

文部省（2017）．中学校学習指導要領解説・特別活動編　文部書　Retrieved from
　　https：//www.mext.go.jp/component/a_menu/education/micro_detail/__icsFiles
　　/afieldfile/2019/03/18/1387018_013.pdf（2023 年 12 月 20 日）

日本学校教育相談学会刊行図書編集委員会（編）（2006）．学校教育相談学ハンドブッ
　　ク　ほんの森出版

大山泰宏（2018）．教育相談の歴史　桑原知子（編著）教職教養講座第 11 巻・教育
　　相談と学校臨床（pp.31-52）協同出版

高野久美子（2012）．教育相談入門―心理援助の定点　日本評論社

玉井収介（1985）．教育相談専門機関の教育相談活動　藤原喜悦・高野清純・稲村
　　博（編）学校教育相談実践シリーズ 2　学校教育相談の実際（pp.89-104）教育
　　出版

吉田弘道・伊藤研一（1997）．遊戯療法　2 つのアプローチ　サイエンス社

参考文献

河合隼雄（1995）．河合隼雄著作集第 7 巻・子どもと教育　岩波書店

桑原知子（編著）（2018）．教職教養講座第 11 巻・教育相談と学校臨床　協同出版

高野久美子（2012）．教育相談入門―心理援助の定点　日本評論社

8 | 心理面接の現場⑤：学生相談

村松　健司

《本章の目標＆ポイント》　学生相談は我が国では戦後に根付き，発展してきた。現在では，大学生へのきめ細やかな学生支援が求められており，学生相談はその一翼を担っている。発達障碍(注1)等，近年の学生の状況を踏まえ，高等教育における学生相談の役割について概観する。

《キーワード》　学生相談，学生支援の3層モデル，マネジメント，障碍学生支援

1. はじめに

（1）学生相談の黎明期

　いまでこそ学生相談（Student Counseling）は学生のみならず，学内外の関係者にも広く認知され，保護者が来談することも少なくない。現在，学生相談機関設置率は9割を超えているが，2000年初頭は5割ほどに過ぎなかった（吉武，2018）。学生相談はどのようにして大学等に根付いていったのだろうか。

　学生相談は第2次世界大戦後，アメリカのロイド使節団が大学における厚生補導（Student Personnel Services：SPS）の理念と実践を紹介するために来日したことに端を発している。厚生補導（学生助育，あるい

注1：「障害」という表記は否定的な意味合いがあるなどの理由から，法律用語以外は「障碍」を使用している自治体（兵庫県宝塚市）があるが，2021年2月の文化審議会国語分科会の国語課題小委員会では，追加が必要なほど頻繁に用いられていないとして常用漢字化が見送られることとなった（朝日新聞デジタル　2021年2月26日）。しかし，この「碍」は，川の流れを遮る石という意味があり，発達障碍の思うようにならない姿を反映しているという意見も多く，筆者もその立場をとって医学用語，行政用語などの記述以外は「発達障碍」と記載する。

表8-1　SPSの方針（大山，1999）

正課の内外を問わず，学生を支え，育てていくことは教育機関の大学としての本質的使命である

その役割はすべての教職員が関与して展開されるべきである

そのうえでカウンセラーなどの専門家はより困難な事態への対応を受けもつとともに，いっそうの充実に向けて研究活動の責務を担う

言い換えれば，研究・教育・行政の実践的統合として新しい領域の確立が求められる

は学生支援）とは，Admission（入学許可），Orientation（入学直前直後のガイダンス），Housing and Food Service（寮，下宿の斡旋と食堂の設置，栄養管理），Counseling（修学，進路，個人適応の相談），Student Activities（自治会・課外活動への助言指導），FinancialAssistance（奨学金，アルバイトの斡旋など），Health Service（保健活動，衛生管理），Placement（就職の斡旋）という8つの領域が含まれているという（高石，2008）。そして，大山（1999）の考察によると，SPSには4つの方針が示されていた（**表8-1**）。

　これらの理念は，「教育の一環としての学生相談」という見解に収れんされていくが，その後の学生運動における混乱（厚生補導担当者と学生の激しい対立）や，1966年から開始された国立大学を中心にした保健管理センターの設置により学生相談が医療に包摂されるなど，その独自性が不透明になった時期があった（斎藤，2010）。とくに後者は，基本的に「個別の心理支援」からなる「クリニックモデル」であり，「教育の一環としての学生相談」が大学のコミュニティに浸透していく流れを困難にする要因となった。この苦難の中でも，1968年には第1回全国学生相談研究会議が開催され，1987年には学生相談学会が設立された。また，1993年は学生相談セミナーが始まるなど，学生相談の研修，研究の機会は着実に広がっていった。

（2）学生相談の展開

　大学・短大への進学率が50％に近付き，高等教育機関への進学が一

般的になりつつあった2000年には，文部省高等教育局医学教育課による『大学における学生生活の充実方策について─学生の立場に立った大学づくりを目指して─』（座長である廣中平祐山口大学学長（当時）にちなんで「廣中レポート」と呼ばれている）が発表された。この中で，今後の大学の在り方には視点の転換が必要であり，具体的に「教員中心の大学」から「学生中心の大学へ」，つまり学生が大学で何を学び身につけ，成長したか，さらに進学率の上昇に伴う多様な学生の増加に沿うべく，きめ細やかな支援の在り方が求められることが謳われた。特筆すべきは，「学生相談機関は，問題のある一部の特別な学生が行くところというイメージが根強くあったが，本来，学生相談は全ての学生を対象として，学生の様々な悩みに応えることにより，その人間的な成長を図るものであり，今後は，学生相談の機能を学生の人間形成を促すものとして捉え直し，大学教育の一環として位置づける必要がある。」と指摘されたことである。「学生の成長」を総合的に支援するシステムのひとつとして，学生相談が位置づけられている。「教育の一環としての学生相談」が廣中レポートによってあらためてクローズアップされた意義は大きく，こののち大学コミュニティで教職員等とどう協働していくかというモデルが模索されていった。

　この連携・協働のモデルをわかりやすく整理したものが，2007年に日本学生支援機構から発表された『大学における学生相談体制の充実方策について─「総合的な学生支援」と「専門的な学生相談」の「連携・協働」─』である（「廣中レポート」と同様に，座長の名前を冠した「苫米地レポート」と呼ばれる）。苫米地レポートでは，「教育の一環としての学生相談・学生支援の理念」に基づき，それはすべての教職員とカウンセラーとの「連携・協働」によって達成されること，さらに学生の「個別のニーズに応じた学生支援を提供できるよう大学全体の学生支援力強化する必要」を指摘している。これらの活動は，「学生支援の3階層モデル」としてわかりやすく整理された（**図8-1**）。

　この三層構造は以下のように説明できるだろう。大学の教職員の誰もが学生支援にかかわっている。そして，支援の内容は学生の個別ニーズ

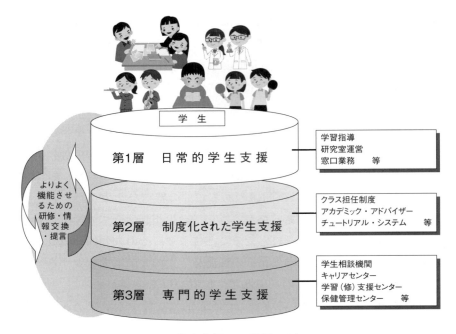

図 8-1　学生支援の3階層モデル
(大学における学生相談体制の充実方策について　—『総合的な学生支援』と『専門的な学生相談』の『連携・協働』—学生支援機構，2007 p.10 から転載)

によって誰が担当するかが決まり，場合によっては複数の担当者がかかわることもある。「単位取得がうまくいかず，どうしていいかわからない。あまり大学に馴染めず不安で，最近はよく眠れないことも多い」という相談に対しては，なぜ単位取得がうまくいかないのかを尋ね，「日常的学生支援」を担当する教務担当者に意見を聞きに行くよう促したり，より専門的な内容であれば専攻の教務担当教員や担任がいる場合は「制度化された学生支援」が選択されることになる。その上で心身の不調に対してはカウンセリング（「専門的学生支援」）を勧め，学生が望めば外部の医療機関を紹介するなどして支援体制を作っていく。この際に重要なのは，どこかの部署がすべてを担うのではなく，学生のニーズに即して連携・協働することにある。つまり，「支援チームを作る力」がカウンセラーには求められるのである。

（3）守秘義務について

　もちろん，カウンセラーだけで対応できるケースもある。ただ，学生はキャンパスで多かれ少なかれ人間関係を持っている。たとえ孤立している学生でも，授業などに参加していれば人間関係は程度の差こそあれ存在する。このことにかんして，たとえば，「自分の学科で他の学生とかかわらない学生がおり，どう対応したらいいのかわからずに本人と話したら学生相談室に行っていると聞いたから，アドバイスが欲しくて相談に来た」教員がいたとしよう。筆者は，以下のような対応をするカウンセラーはもうほとんどいないと思っていたが，最近，ある研修会で大学職員が学生相談室のカウンセラーからこう言われたと聞いた。「学生に関することは守秘義務があるので話せません」。

　これでは連携・協働が必要な時に支援チームが作れなくなってしまう。守秘義務遵守は心理職の義務だが，連携・協働では情報の共有は欠かせない。学生には「チームに齟齬がないように，必要なことは限られた人，たとえばこの前会った教務課の○○さん，担任の○○先生と共有したいけどいいかな？　もちろんその内容は，事前に君の了解を得て限られたことのみにします」と伝えておけば，守秘義務違反にはならない。情報共有の相手の名前や内容などを具体的に説明し，限定的であることをイメージしやすく学生に伝えれば，学生に拒否されることも少ないだろう。集団守秘義務（たとえば長谷川，2003）という考え方もあり，スクールカウンセラーでは校内での情報が優先される（神内，2021）という指摘があるが，集団守秘義務には法律家からの批判もある（たとえば出口，2012）。これらを踏まえると，集団守秘義務の実践は高い職業倫理と相互信頼に基づくものと考えられ，安易に用いるべきではない。そもそも公認心理師法第46条には「秘密保持義務に対する罰則」規定があり，違反した場合，「1年以下の懲役又は30万円以下の罰金に処する」という厳しい内容になっていることに留意したい。

　もし学生の了解が得られないときには，学生が何を話し，何を望み，何に困っているかその事実は伏せ，職員のニーズを聞いたうえで，そのニーズに応えるという方法がある。「（こういった）支援が必要なのでは

ないかとカウンセラーである私は考えています。これはあくまで私の考えなので，ご本人の希望と異なっていることもあり得ますが。その場合はまたご一緒に考え直したいと思います」と「カウンセラーの主観的考え」を伝えることで，守秘義務と連携・協働の双方が担保できる可能性があるだろう。しかしこの方法も，その職員が「カウンセラーさんからこう聞いたよ」と学生に話してしまうことも考慮した上での助言にとどめるようにしたい。連携・協働において，相手の人柄とどんな倫理観を持っているのかをアセスメントすることは，心理職に課せられた課題であり，それがうまくいくと「学生が心理的に守られる」チームになっていく。そのチームに守られながら学生は成長するのである。このチームをどう作るかがもっとも重要な目標であり，その構成要素の一つに守秘義務がある。その逆を前提にしてしまうと，チーム作りは大変困難になることを，改めて指摘しておきたい。

2．学生相談の状況

（1）近年の学生の傾向

　社会のDX（デジタルトランスフォーメーション）が進行する中で，明確な定義はないが，1990年代後半以降から2010年代序盤に出生した若者たちは「Z世代」と呼ばれている。彼らのほとんどが日常生活においてデジタル環境を利用して成長してきた。廣澤(2010)によれば，1990年代は解離性同一性障害が注目を集め始めたものの，2000年代にはそれほど患者は増加せず，「解離的なものの見方が蔓延しているという印象」があるという。解離は「心の中に収めておくことができないつらい体験や情動を心の外へと追いやる心理的防衛機制」（廣澤，2010）であり，主体である自分が苦しんだり悩んだりするのを回避し，記憶から排除したりする。確かに「あまり過去のことは覚えていないので……」と言って，自身の葛藤を顕在化させないようにしているように見える学生は少なくない。

　永井（2020）は，青年期の精神症状のありようが対人恐怖，ひきこもりから境界例（境界性パーソナリティ障害）そして，解離性障害へと変

化してきたと指摘している。「悩まず行動する（自傷，万引き，過食・拒食など）」学生はある程度の割合でおり，相談室に来ない学生の中にはいわゆる「非違行為（大学生として好ましくない，ときに違法な行為）」を起こすこともあり，対応が難しい。

　悩んでいる学生には複雑に絡み合った葛藤をひとつひとつプロットし，全体として大きなストーリーになるような支援をすることで，自己理解や他者理解が促進されていく。彼らには悩むための「こころの器」がある。では，悩めない学生はどうだろう。

　すでに1990年代にアメリカで *Endangered Minds*（邦訳『滅びゆく思考力』）というタイトルの書籍が出版され，子どもの生活の中心がテレビやコンピューター，ゲームなどにおきかわることが懸念された。その後もデジタル機器の使用過多に警鐘を鳴らす *Reclaiming Conversation : The Power of Talk in a Digital Age*（邦訳『一緒にいてもスマホ』）や *Skärmhjärnan*（英訳：Insta-Brain，邦訳『スマホ脳』）などが相次いで出版された。デジタル化の流れと，先に触れた解離しやすい傾向は無縁ではないのかもしれない。

　教員として学生のレポートを読んでいると，とてもコンパクトにうまくまとまっているものが多く，感心させられる。ただ，「起承転結」の「転」における展開が小さすぎて物足りなく感じることが多い。彼らは情報収集は得意だが，それを掘り下げる大胆さに難があるのかもしれない。何かを掘り下げるためには，「なぜそうなのか」を問い続けなければならないし，いつその答えを掬いあげられるかもわからない。しかし，考え続けているとふとした瞬間に「ああ，そういうことか！」と霧が晴れるように，思いがけない発想に辿り着くことを経験している人は少なくないだろう。

　現代青年のレポートの物足りなさがデジタル機器によるマルチタスクの影響なのか，生活体験の不足のためなのか筆者にはまだわからない。ただ，将来のために「人脈を作りたい」という学生が単なる知り合いレベルのつながりにとどまっていて，相互のパーソナリティがぶつかり合うような深いかかわりを求めていないことにそれを解き明かすヒントが

あるのかもしれない。対人関係の苦痛は回避，あるいは解離し，「いま，与えられていること」をうまくこなしていく「器用な学生」が多くなっているのではないか。

　では，器用に立ち回ることができず，かつ自分も傷つきたくない学生が何らかの理由で相談室に訪れた場合，どんな支援が考えられるだろう。筆者は，回避や解離しやすい学生には，自己理解の促進を焦らないこと（そもそも彼らにはまだその「自己」が十分育っていないので），「今何をすべきか」という超短期的な目標設定を繰り返していくこと，その中で学生が「こんな風になればいいな」という変化への希望を語ったときに，「それ，どうしたらできそう？」と取り上げてみて，もし変化への動機づけが維持できそうなら，やはり超短期的な目標設定をして「実験のつもりでやってみましょう」と提案することが多い。理系の学生には「実験」という言葉は入りやすい。実験はうまくいくこともいかないこともあるので，それを検証できるというメリットがある。その反復的な検証を通じて学生の自己を形成していく息の長いプロセスが求められる。

　また，相談にあまり積極的でない学生には「困ったときに来てもらう」オンディマンド法（Winnicott, D. W, 1971 妙木監訳　2015）でも，その間の学生の活動には何らかの変化があるものなので，それらを話題にしながら次の方向性を話し合うというかかわり方もある。学生相談の利点は相談室が学内にあって，基本的にアクセスしやすい場所にあるということだろう。主訴がある程度解消に向かえば，来談頻度を自ら減らしたり，長期休暇を利用して「自分だけでできるか試してみたい」と言い，そのまましばらく来談せず，一年後にまた来談して「また続きを話したいんですけど」と申し出る学生もいる。

　そして，学生相談室が学内にあるということは，学生生活が第一であり，それに影響を与えるような積極的な心理治療は控えた方がいいということを示している。このため，支持的なアプローチや，認知行動療法や行動療法，ブリーフセラピーなどが用いられる。芸術療法を行う場合には，その活動が学生にどういった影響を与えるかアセスメントに基づ

いてよく吟味する必要がある。

どんな技法を用いても，まとまった自己やアイデンティティの獲得を目指すよりも，多元的な自己やアイデンティティを尊重しつつ，あとは日常生活や社会に出てから「育ててもらう」くらいの息の長い姿勢でいた方が，学生の負担も少ないのではないかと思う。ただし，学生の成長のヒントになるように，「ここまでは頑張ったけど，これは君の今後の課題になるかもしれないね」と，常に現在の立ち位置とこれからの方向性を確認することは大切にしたい。

（2）保護者対応

保護者の面接が増えている。大半は熱心な保護者で，子どもである学生とのかかわり方のバランスも良い。こういう保護者に育てられた発達障碍のある学生は，様々な困難があっても概して素直に伸び伸びと育っている。対照的に，子どもとのかかわり方に悩み，うまくかかわれずに距離を取ったり，逆に衝突や一方的な罵倒などを繰り返す保護者の場合には，学生の悩みも深く，ときに危険な衝動的行動に至ることが少なくない。

筆者は，後者の場合には「親であること」がいかに苦しいものであるかを共有し，他機関の関係者とチームを組んで対応することにしている。この場合のキーワードは「『親だから』の禁句」である。「親だから」こそ，持ちこたえられないこともあるだろう。だから学生相談を利用しているのに，学生相談担当者までもが親に応えられない要望をすることで，かえって学生，家族支援は混迷化していくことになる。

前項で，学生の変化について述べた。1990年代を振り返ってみると，我が国のバブル経済が崩壊し，経営が困難になるなど予想もしなかった大企業が次々と破綻したり，自力回復できなくなっていった。このあとも非正規雇用の増大やリーマンショックなどがあり，我が国は先進諸国で唯一賃金上昇の伴わない「失われた20年（あるいは30年）」に喘ぐことを余儀なくされた。1998年度から2011年度までの14年間は，年間の自殺者数が年間3万人を超えるという異常事態だったことは記憶に

新しい。つまり，Z世代の学生の保護者は未曽有の社会的危機を生きてきたことになる。終身雇用の父親が安定した収入を得，家事や育児は専業主婦である母親が担い，夫の収入から子どもの教育費をやりくりする日本型の循環型社会（本田，2014）は崩壊し，家庭の維持がいつ難しくなるかわからないという「不安がまとわりつく時代」を私たちは生きることを余儀なくされてきた。「希望格差社会」（山田，2004）の到来である。

保護者支援では，一律に「親であること」を求めるのではなく，「どこまでを担ってもらえるか」というアセスメントが重要である。そして，保護者をロールモデルにできない学生がどう大人に移行していくのか，その支援の在り方も今後の学生相談の課題であろう。

最近，卒業や修了でなく，中退を選択する学生が徐々に増えている印象を受ける。大学関係者があれこれ手を尽くして卒業すれば大人社会に移行できるわけでもない。保護者とよく悩んで社会に出ることに決めたのなら，それは学生の困難を家族も一部引き受けてくれたことになる。学生（子ども）の進路の再考を通じて苦難を共にした親子が，変化・成長することを願いたいと思う。

（3）ケースのマネジメント

非違行為について触れたが，ストーカーやデートDV，あるいは違法薬物や物質依存など，学生は「こころに思っていたことが実行できる年齢」なので，さまざまな危機に巻き込まれることがある。この時，学内の連携・協働によってケースのマネジメントが必要になる。

安東ら（2016）の自殺未遂者へのケースマネジメントでは，アセスメント（危険因子と防御因子）に基づき，支援計画の立案と介入が行われ，自殺未遂者が社会と「つながる」ことが支援者の役割であり，「未遂者自身が社会資源との「つながり」の中で生活が送れる状態になることを，未遂者ケアのゴールとしている」と述べられている。学生相談のマネジメントでも，非違行為の当事者，大きな困難をもつ学生がまず学生相談室につながるシステムを学内の関係者と協議し，そのあと必要に応じて

医療機関や学内の他部局，教職員への「つながり」が広がっていき，「必要な支援が必要な人から受けられること（集中から分化）」が目指されていく。決してカウンセラーが支援のすべてを担うわけではない。むしろ，そういった「繭」にこもるような援助姿勢は学生の対人関係づくりを阻んでしまう可能性すらある。

　細澤（2015）は大学における学生の生活体験を重視し，相談は基本的に一回のみにしているという。その意図は了解できるし，ここまで筆者が述べてきたことと齟齬は大きくないが，学生がこれからの学生生活を誰とどんなふうに送った方がいいかということへのある程度の見通しを持てるために，何回かは継続してあった方がよいと考える。たとえ小さなことでも，自分で何か解決したエピソードが語られたら，「主訴はひとまず改善してきているようだけど」と伝え，面接を継続するかオンディマンドにするか学生と話し合うことが，彼らの考える力や悩む力の一助になると思う。

3．学生相談の実際

（1）自己概念のゆらぎ

　ここでは，架空事例をもとにロジャーズ（Rogers, R. C.）のパーソンセンタード・アプローチに即したカウンセリングについて概観してみよう[注2]。

　【何のために勉強するのか……】久男の父親は法律事務所を開設しており，小さい頃から「おまえは落ち着いているから，法律家に向いている」と言い聞かされてきた。論理的思考を養うために本は父親が与えたもの以外読むことを許されず，マンガも禁止だった。中学生の頃，友達はマンガやゲームを持っていたが，とくに疑問をもたなかったし，父親に認められたいと勉強に打ち込んできた。大学に入学してから家のルールは緩くなったが，これまで自分から何かを変えようと思ったことはない。でも，大学を卒業する頃，告白された同級生と付き合い始めてから，

注2：本稿の一部は村松（2015）から引用した。

家のルールが気になり始めた。

　ある時,食事中に彼女からメールが来たので,携帯を手にとってしまった。食卓にいた父親が,「食事中は携帯禁止と言ってあるだろう。最近,たるんでいるんじゃないか。お前はもともと苦しいことから逃げる癖がある。こんなことだと,これからも試験に受からないぞ」と厳しく説諭された。その時,これまでにない怒りが湧いたが,やっぱり自分に非があると思い直し,父親に謝罪した。その頃から,「自分は何のために勉強しているのだろうか……」という疑問が少しずつ大きくなってきた。そのことを考えると気持ちが沈んで,何も手につかなくなるので,学生相談室への相談を申し込んだ。

(2) 自己と経験の不一致

　ロジャーズ (Rogers, C. R., 1951) は,自己概念を「自分自身についての態度,自分の感情や自分の認知の仕方」とみなし,「自己概念と経験の不一致」があるときに「心理的な不適応」が起こると指摘した。このケースの場合は,以下の不一致が想定される (図8-2)。

　いままではクライエントの自己概念①と経験②は一致していたが,彼

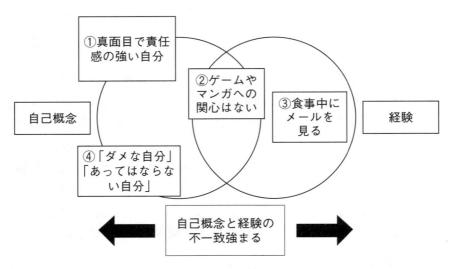

図8-2　クライエントの自己概念と経験の不一致

女のメールを見るという新たな経験③がそれまでの自己概念との不一致を生じさせ④心理的な不適応につながったと理解できる。もちろん一回の経験でこういった不一致が強まるのではなく，徐々に進行していたものがあるとき顕在化したと考えるべきだろう。だから，もしクライエントが「自分は堕落した人間になってしまったんです……」と悩んでいたとしても，本当の課題は別のところにあるということになる。ロジャーズのアプローチに従えば，この経験と自己概念の不一致に気づき，「自分」はどうあるべきか，その「自分」を受け入れていくこと（自己受容）が支援のなかで目指されていくことになる。

（3）初回面接の重要さ

　まずカウンセラーが自己紹介し，時間の設定を告げ，「今日はどんなことで来たのですか？」と聞いたり，申込票があればそれに書かれたことについて「話せるところから教えてもらえますか？」などと伝えるところから初回面接が始まる。

　相談の受理面接をインテーク面接と呼び，いわば予備面接のように主訴と現在の状況などの情報を集め，それをもとに担当者を決めるという方法がある。ただ，初回面接ですらすらと自分の相談事を話せる学生ばかりではない。さらに，申込票に書かれたことと違う「主訴」が語られることも少なくない。インテーク面接から治療的かかわりはすでに始まっていると考えたほうがよい。もっとも重要なのは成育歴や家族構成，大学生活の様子といった「情報」ではなく，「なぜ相談に来たのか。何を考えたい（変えたい）」のか」である。つまり「主訴」の明確化とそのための援助方法の合意が，初回の50分（あるいは一時間）で達成される必要がある。そこにはクライエントのアセスメントも含まれている。学生相談室で対応すべきケースなのか，他機関に紹介し協働したほうがよいケースなのか，あるいは学内の他部局と連携すべきケースなのかなどが吟味され，その見立てが学生に受け入れられれば「次」につながる。もちろん一回で終了するようなケースも少なくないが，初回面接である程度のクライエントイメージがつかめないと，「次」がないことが多い。

学生相談室に来るまでに3年かかったという学生に会ったことがある。こんなことで相談に行っていいのか、ずっと悩んでいたという。この学生とは卒業までの限られた面接となったが、自らの対人関係等のことなど、中身の濃い面接が展開された。最終回には、「まだ気になるところもあるけど、これから自分が人とどうかかわればいいか少し見通しが持てた気がします」と明るい表情で面接室を後にした。「ここで何ができそうなのか」という具体的方法（あるいは展望）が初回面接で学生に伝えられず、「一緒に考えていきましょう」というあいまいな提案では学生を失望させてしまうことになりかねない。細かな情報はあとでも聞くことができる。インテーカーに徹してしまうと、肝心な来談動機に目配りすることが二の次になりかねない。インテーカーは、「初回面接者」という呼び名の方がいいのではないかとさえ思う。

4. 障害学生への対応 ― 発達障碍を中心に

（1）特別なニーズのある学生の増加

　共通テストや入試協議の段階から発達障碍であることを理由に配慮申請が出されることが多くなった。発達障碍が受験の「特別措置」の対象になったのは2011年である。翌年「受験特別措置」に名称変更となり、2016年には「受験上の配慮」となった。2021年度に大学入試センター試験から大学入学共通テストに切り替わったため、2011年度から2022年度までの発達障碍を理由とした「受験上の配慮申請書」の年度別の推移は明らかにできないが、2011年度に95件あった申請が2022年度は653件と約7倍の増加になっている。ただ、すべての「受験上の配慮申請」に占める発達障碍の割合は9.2％に過ぎず、多くの受験生が配慮申請を出さずに受験していることが推察される。

　それは、日本学生支援機構が発表している「大学，短期大学及び高等専門学校における障害のある学生の修学支援に関する実態調査」結果の概要等について」を見れば明らかである。**図8-3**に全障碍学生に占める発達障碍学生の年度推移をまとめた。

　この調査は発達障害の診断書があることを前提にしている。小笠原

図 8 - 3　障碍学生，発達障碍学生の高等教育機関での就学状況

「大学，短期大学及び高等専門学校における障害のある学生の修学支援に関する実態調査」結果の概要等について（日本学生支援機構，2023 より作成）

(2016) は，診断は受けていないが発達障害の教育的配慮を受けている学生数を日米間で比較すると，学生数に占める発達障碍学生の割合は日本では 0.19%（2014 年度）だったが，アメリカは 1.89%（2008 年度）と約 10 倍の開きがあったと指摘している。

　2013 年に「障害を理由とする差別の解消の推進に関する法律（通称：障害者差別解消法）」が制定され，2021 年の改正では民間業者の合理的配慮の提供が努力義務から義務化となった。教育機関の場合には，私立の教育機関がこれに当てはまる。大学独自で障碍学生数を公表している大学もあるが（たとえば早稲田大学），障碍のある学生の学びの機会が保障されるよう高等教育機関の環境を整えていくことが急務である。

（2）合理的配慮について

　大学の障碍学生支援は，「障害学生支援室」「障がい学生支援室」「アクセシビリティ支援室」などの名称で各大学等が設置した部署が担当し

ている。合理的配慮を申請する場合は、これらの部署、あるいは教務課や学生相談室などの相談窓口から相談することができる。

合理的配慮（reasonable accommodation）は、accommodation が「配慮」という表現になったことが少なくない誤解を生じさせている。accommodation は「調整」の意味合いが大きく、シラバスの到達目標や評価方法に対して個別のニーズに合った「調整」はしても「修正」（modification）はしない。「配慮」はあいまいな文言のため、合理的配慮の担当者が授業担当者に「修正」まで求めることがあり、混乱を呈している大学があると聞く。さらに、我が国ではその根拠となるアセスメントが医師の診断書であることが多く、障碍に応じた客観的アセスメントツールが普及していない。この対応は、心理職である学生相談担当者の責務であろう。

（3）発達障害の過剰診断と過少診断

DSM-5 から大人になってからの診断が可能になり、発達障碍の過剰診断（Overdiagnosis）が指摘されている（たとえば小谷，2017）。自閉症スペクトラム症（ASD）の増加は欧米の傾向でもあり、ラッセルら（Russell, G., et al., 2021）の 1998 年から 2018 年までの 20 年間に及ぶイギリスのコホート研究では、ASD は大きく増加していること、女性の増加が多いこと、性別の差異は年齢の上昇とともに目立たなくなること、成人の診断が増加していることが指摘された。これらは我が国の状況とほぼ同様である。クライエントの個別理解が深まることによって、いままで ASD と診断されてこなかった人の診断が進んでいると考えられる。他方、成育歴を十分に聴取しない状況で知能検査の結果のみから ASD と診断するクリニックもある。さらに、そういったクリニックでは投薬治療のみで、ソーシャルスキルトレーニング（SST）やデイケアなどを実施している他の支援機関につながないことも少なくない。

ASD の診断では ASD は障碍であり、改善はあるものの完治するわけではないので、本人にとってずっと向き合っていかなければならない状況が明らかにされることになる。このため最近、就学相談や特別支援学

級への入級を拒否する保護者もいる。筆者も，「障害就労をさせたくないから」という理由で学生の受診を拒否した保護者に時々会ってきた。では，発達障碍の学生の就職状況はどうなっているのだろうか。

　日本学生支援機構「令和4年度（2022年度）大学，短期大学及び高等専門学校における障害のある学生の修学支援に関する実態調査結果報告書」（2023）によれば，2022年度の発達障碍学生の就職率は42.4%であった。文部科学省「令和4年度学校基本調査」（2022）では，一般大学生の就職率は74.5%と産出されるので32.1ポイントもの開きがある。さらに，卒業後の進路が「不詳・死亡」の割合も発達障碍学生は10.8%，一般大学生は0.7%と大きな差が見られた。

　発達障碍のある学生の就職時の困難を踏まえると，在学中からインターンシップなどの職業体験や学内での就業体験（学内アルバイト），あるいは地域企業との連携など学生を受け入れている大学が，彼らの出口を早い時期から想定し，組織として柔軟な対応をしていく必要がある。そうでないと，「診断は受けたものの，その先がない」という事態になりかねない。

　発達障碍を見出した以上，彼らの社会参加を保障するのは社会の義務である。ともに社会を構成するメンバーとして，どうあるべきか。私たちは「見た目や先入観」を排除し，「人の違い」や自分の「差別意識」に敏感でないと，様々な状況下にあるひとを受け入れられないのではないかと思う。

（4）今後の課題

　青年期は，子どもから成人（大人）への「移行期」である。小野（2012）が移行支援としての高校教育について，「ほぼすべての子どもたちが思春期中期の発達段階を高校教育という『経路』を通って成人期へと進んでいくとすれば，高校教育が個々の生徒が子どもから大人になる移行期の支援を担当することは，社会全体の子育てシステムの観点からも至極合理的なことである」と述べているが，短期大学，専門学校を含めた高等教育の進学率が74%を超えた今，高等教育も学生の移行支援を担う

重要な役割があることを指摘したい。

　ここではひきこもりや新型コロナの影響などの課題には触れられなかったが，大学での学びを通じて社会参加を果たせるよう，学生相談担当者とキャリア担当スタッフや教職員との連携・協働は今後ますます重要になると考えられる。

🔧 研究課題

1. キャンパスという大学コミュニティのなかで行われる学生相談では，「教員−相談員」といった2つの役割（二重関係・多重関係）が生じることもある。面接構造にかんして，どんな点に留意すべきか考えてみよう。
2. 移行支援としての大学教育の一環として行われているキャリア教育やボランティア活動，インターンシップなどの意義と問題点について考察してみよう。

参考文献

安東友子・大塚耕太郎・川島義高・山田光彦・有賀徹・河西千秋（2016）．自殺未遂者の抱える心理社会的問題に対するケース・マネージメント：ACTION-Jの経験を通じて　精神保健研究，62，103-108.

出口治男（2012）．スクールカウンセリングにおける子どもの法的地位について　伊原千晶（編著）心理臨床の法と倫理（pp.79-108）　日本評論社

独立行政法人日本学生支援機構（2007）．大学における学生相談体制の充実方策について―「総合的な学生支援」と「専門的な学生相談」の「連携・協働」
Retrieved from https://www.jasso.go.jp/gakusei/publication/__icsFiles/afield-file/2021/02/12/jyujitsuhousaku_2.pdf

独立行政法人日本学生支援機構（2023）．令和4年度（2022年度）障害のある学生の修学支援に関する実態調査
Retrieved from https://www.jasso.go.jp/statistics/gakusei_shogai_syugaku/2022.html

長谷川啓三（2003）．学校臨床のヒント（Vol.1）集団守秘義務の考え方　臨床心理

学, *3*(1), 122-124.

廣澤愛子（2010）.「解離」に関する臨床心理学的考察 ―「病的解離」から「正常解離」まで 福井大学教育実践研究，*35*，217-224.

本田由紀（2014）. 社会を結びなおす―教育・仕事・家族の連携へ 岩波書店

細澤 仁（2015）. 実践学生相談の臨床マネジメント 岩崎学術出版社

神内 聡（2021）.「チームとしての学校」の理念が抱える法的問題の検討―養護教諭の法的責任とスクールカウンセラーの守秘義務に関して 兵庫教育大学研究紀要，*58*．47-55.

永井 撤（2020）. 心理臨床との40年を振り返って 人文学報，*516*，3-6.

小笠原哲史（2016）. 高等教育機関における日本と米国の発達障害学生支援の比較 明星大学発達支援研究センター紀要，MISSION（明星大学発達支援研究センター紀要），*1*，25-38.

小谷俊博(2018)．発達障害の過剰診断について 木更津工業高等専門学校紀要，*51*，11-16.

小野善郎（2012）. 序章 移行支援としての高校教育 小野善郎・保坂亨（編著）移行支援としての高校教育―思春期の発達支援からみた高校教育改革への提言 pp.13-39. 福村出版

文部科学省（2022）令和4年度学校基本調査.
Retrieved from https：//www.mext.go.jp/b_menu/toukei/chousa01/kihon/kekka/k_detail/1419591_00007.htm（2024年2月10日）

大山泰宏（1999）.「こころの時代」の大学教育を考える― SPSを振り返る作業から 第32回全国学生相談研究会議東京シンポジウム報告書

文部科学省高等教育局医学教育課（2000）. 大学における学生生活の充実方策について（報告）―学生の立場に立った大学づくりを目指して
Retrieved from https：//www.mext.go.jp/b_menu/shingi/chousa/koutou/012/toushin/000601.htm（2023年12月5日）

村松健司（2015）. 大学の学生相談室 藤田圭一・浮谷秀一（編）クローズアップ「学校」（pp.216-225）福村出版

Rogers, C. R. (1951). *Client-Centered Therapy*；Its Current Practice, Implications, and Theory. Houghton Mifflin company.（ロジャーズ，C. R. 保坂亨・末武康弘・諸富祥彦（訳）ロジャーズ主要著作集2 クライアント中心療法 岩崎学術出版社）

Russell, G., Stapley, S., Newlove-Delgado, T., Salmon, A., White, R., Warren F., Pearson, A., & Ford, T. (2022). Time trends in autism diagnosis over 20 years：a UK population-based cohort study. *Journal of Child Psychology and Psychiatry, 63*(6), 674-682.

齋藤憲司（2010）. 学生相談の理念と歴史 日本学生相談学会50周年記念誌編集委

員会（編）学生相談ハンドブック（pp. 10-29）学苑社

高石恭子（2008）．学生相談の歴史に果たした心理臨床の役割　甲南大学学生相談室紀要, *15*, 21-30.

Winnicott, D. W. (1971). *The Piggle : An Account of the Psychoanalytic Treatment of a Little Girl*. Hogarth Press.（ウィニコット，D. W. 妙木浩之（監訳）(2015)．ピグル：ある少女の精神分析的治療の記録　金剛出版）

山田昌弘（2004）．希望格差社会　筑摩書房

吉武清實（2018）．大学における学生相談の現状と課題—学生相談機関の整備・充実化の視点から　東北大学高度教養教育・学生支援機構紀要,（*4*）, 19-28.

9 | 心理面接の現場⑥：福祉

村松　健司

《**本章の目標＆ポイント**》　本章では心理面接の福祉領域における現場として児童養護施設を取り上げる。児童養護施設には虐待体験のある子どもが約6割いることから，児童虐待への理解も必要となる。わが国における児童虐待の現状と課題を踏まえ，トラウマ体験のある子どもと彼らが生活するコミュニティへの支援について概観する。

《**キーワード**》　児童虐待，児童福祉施設，コミュニティ支援

1. 福祉領域における心理職

（1）心理職の職域の拡大と課題

　一般社団法人日本臨床心理士会は定期的に会員の動向調査を実施している。同会が2020年に発表した「第8回『臨床心理士の動向調査』報告書」は，2019年11月時点での臨床心理士数35,912人のうち，日本臨床心理士会登録者21,383人に調査表を送り，回答のあった11,208人の分析をもとにしている（回収率52.4％）。

　男女比の差が大きい（1：3.7）ことは考慮されなければならないが，勤務機関別の男女比などが明らかになっていないので，ここでは調査から読み取れる大まかな傾向を示したい。

　図9-1は「主たる勤務領域」の割合である。臨床心理士の56.5％は勤務機関数が1機関だったが，43.1％は複数機関を掛け持ちしている。このため領域別の正確な数字は把握しにくいので，今後の検討でも「主たる勤務領域」を用いることにする。

　村瀬（2014）によれば，児童福祉施設の心理職（臨床心理士）は3,322名〜6,362名，福祉職全体では5,541名〜10,612名と推定されてい

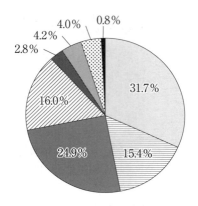

図 9-1 「主たる勤務領域」の割合

(第 8 回『臨床心理士の動向調査』報告書)

る[注1]。臨床心理士会の調査と合わせて,「主たる勤務領域」では,保健・医療,教育,大学・研究所,福祉を主要 4 領域と呼ぶことができる。福祉領域はいまや重要な臨床のフィールドになっているのである。

臨床心理士はどんな福祉現場で働いているのだろう。福祉領域における主たる勤務機関を見ると(表 9-1),割合の違いはあるにせよ,児童福祉施設から女性福祉施設まで,多岐にわたって臨床心理士が勤務している。1988 年に臨床心理士資格認定制度が発足してのち,30 年以上に

表 9-1 福祉領域の主たる勤務機関

	人数	割合
児童福祉施設・機関(含,児童相談所)	1480	13.2%
老人保健施設・機関	30	0.3%
障害者福祉施設・機関	399	3.6%
女性福祉施設・機関	88	0.8%
その他	313	2.8%

(一般社団法人日本臨床心理士会 第8回「臨床心理士の動向調査報告書」)

注 1:この調査には児童相談所の児童心理士も含まれている。

わたる活動を経て，福祉領域における心理職のニーズが高まってきた。

　この背景には，義務ではないものの児童発達支援や放課後等デイサービスにおいて心理指導担当職員の配置が進んできたこと，母子生活支援施設など女性福祉施設での活動の拡がりなどがあると考えられる。なかでも1999年から被虐待児の心理的ケアのために，児童虐待やひきこもりなど10名以上の心理療法が必要な児童がいると児童相談所長が認めた児童養護施設への心理職配置がはじまり，2011年に義務化されたことから，児童福祉施設に勤務する心理職は大幅に増加した。なお児童養護施設の心理職の名称は児童福祉法で，「心理療法担当職員」と定められている。また，児童相談所は行政機関であり，児童福祉施設ではない。

（2）社会的養護と心理職

　社会的養護は，「社会的養護は，保護者の適切な養育を受けられない子どもを，公的責任で社会的に保護養育する」（子ども家庭庁，2023）ものである。あたかも専門用語のような「社会的養護」は，私たちにとって身近な施策である。社会的養護を担う4つの入所型児童福祉施設について，**表9-2**にまとめた。なお，この他にも里親，母子生活支援施設，自立援助ホームなどが社会的養護を担っている。

　2021年度，里親を含む社会的養護（養育）のもとで生活している子どもは約4万人（子ども家庭庁，2024）だが，我が国では1990年代から虐待を受けた子どもの増加が目立つようになった。第10章で児童虐待を概観し，主に児童養護施設における心理職の役割について考察する。

表 9 - 2　入所施設の概要

	乳児院	児童養護施設	児童心理治療施設	児童自立支援施設
対象年齢	乳児または幼児（必要に応じて就学前まで入所可能）	保護者不在，被虐待等，養護が必要な児童（必要に応じて幼児と20歳までの入所が可能）	18歳未満の児童（必要に応じて20歳までの入所が可能）	18歳未満の児童
特徴	乳児（障害児を含む）の心身の健康と発達を保障する	安定した環境の提供と，生活，学習，家族支援を行いながら，自立を支援する	心理的・精神的問題を抱えている子どもたちに，心理治療を実施するとともに，施設内の分級と連携しながら総合的な治療・支援を実施する	非行などの行動問題および「家庭環境その他の環境上の理由により生活指導等を要する児童」に対し，心の安定と自立に向けた支援を行う（保護処分としての入所措置があり，設置母体は大多数が公立）
スタッフ	医師, 看護師, 保育士, 児童指導員, 栄養士, 心理士等	児童指導員, 保育士, 栄養士, 嘱託医, 心理士, 家庭支援専門相談員等	医師, 心理士, 児童指導員, 保育士, 看護師, 栄養士等	児童自立支援専門員, 児童生活支援員, 栄養士, 嘱託医, 精神科医師, 調理員等
施設数	145	610	53	58
入所児数	2,351	23,008	1,343	1,099

＊施設数と入所児数は，こども家庭庁支援局家庭福祉課（2024）「社会的養育の推進に向けて（令和6年2月）」から引用した。

2．児童虐待と心理職の役割

（1）児童虐待の増加と児童相談所の現状

　児童虐待対策は，長年厚生省・厚生労働省の管轄であったが，2023年4月に子ども家庭庁が発足し，我が国における子育て支援，児童虐待対策，いじめや少子化対策など，子どもの健康な生育と養育者の支援は厚生労働省から子ども家庭庁の所管になった。

　児童虐待の定義は，児童虐待の防止等に関する法律（通称「児童虐待防止法」）で，**表 9 - 3** のように定められている。

第 9 章　心理面接の現場⑥：福祉　**159**

表 9 - 3　児童虐待の分類

身体的虐待	殴る，蹴る，叩く，投げ落とす，激しく揺さぶる，やけどを負わせる，溺れさせる，首を絞める，縄などにより一室に拘束する　など
性的虐待	こどもへの性的行為，性的行為を見せる，性器を触る又は触らせる，ポルノグラフィの被写体にする　など
心理的虐待	言葉による脅し，無視，きょうだい間での差別的扱い，こどもの目の前で家族に対して暴力をふるう（ドメスティックバイオレンス：DV），きょうだいに虐待行為を行う　など
ネグレクト	家に閉じ込める，食事を与えない，ひどく不潔にする，自動車の中に放置する，重い病気になっても病院に連れて行かない　など

子ども家庭庁ホームページ（https://www.cfa.go.jp/policies/jidougyakutai）から一部改編して転載。

　身体的虐待，性的虐待，心理的虐待はいずれも子どもに深い心の傷（トラウマ）を残すが，養育者のかかわりがいつも虐待的であるとは限らない。子どもに脅威を与えない養育をしている時もある。虐待を受けた子どもは親を悪く言わず，むしろ自分の親はこんなにすごいんだ，と理想化していることは少なくないが，それは養育者との間に限定的ではあってもよいかかわりがあったことの反映とも言える。しかし，ネグレクト（neglect：養育の拒否，放置，怠慢）はこれらと性格が異なり，良くも悪くも養育者から子どもへのかかわりが「ない」のが特徴である。子どもへのダメージは上記の 3 分類と異なることが多く，一般社団法人日本子ども虐待防止学会における専門誌のタイトルも「子どもの虐待とネグレクト」とその差異を明確に反映したものになっている。なお，児童虐待（child abuse）とネグレクトを包括して不適切な養育（maltreatment）が用いられることも少なくない。

　次に，我が国における児童虐待について概観する。**図 9 - 2** は，全国の児童相談所の児童虐待対応件数と全国の警察がまとめた児童通告件数と保護児童数の推移である。

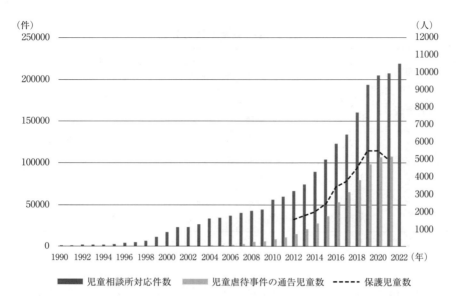

図 9-2　児童相談所の虐待対応件数と警察の虐待通告件，保護児童数の推移
児童相談所の虐待対応件数（左目盛）は子ども家庭庁の発表，児童虐待事件の通告件数（左目盛）と保護児童数（右目盛）は警察庁による「令和 3 年における少年非行，児童虐待，及び子供の性被害の状況」から引用した。

　上記グラフを見ると，児童相談所の虐待対応件数のうち，警察からの通告が増え，2021 年度には約半数となっている。それにともなって，警察による保護児童数も統計のある 2012 年度から約 3 倍に増加している。この間，児童虐待防止法や児童福祉法の改正によって，虐待定義の見直し（同居人の虐待放置はネグレクトに，児童が家庭内暴力を目撃することは心理的虐待に分類されることになった）や，2008 年には児童の安全確認義務による立ち入り調査の強化など，警察との連携が推進されてきた。児童虐待対応件数は，2022 年度の速報値で 21 万 9170 件と過去最多を記録した。
　ただ，この調査は実際に虐待として認定された件数ではなく，厚生労働省はこれまで虐待被害を受けた子どもの正確な数を明確にしてこなかった。増沢（2021）による海外調査研究では，韓国，オーストラリア，アメリカ（52 州），カナダオンタリオ州，イギリス，ドイツにおける虐

待の事実認定による対人口比率は0.3%〜1.6%だった。一方，我が国の2022年度の児童虐待対応件数を18歳未満人口の総数で除すると，約1.2%となり，各国との差異は少ないが，厚生労働省の統計には，市町村との重複ケースがあると指摘されており（西澤，2018），ほかにも重複ケース（ひとつのケースがダブルカウントされているなど）があると想定される。

児童虐待の「実数」については，全国児童相談所所長会と東京都福祉保健局による報告がある。東京都保健福祉局（2005）の調査では，前虐待相談受理件数の内25.1%が虐待の「非該当」と判断された。全国児童相談所所長会が2013年に実施した「児童虐待相談のケース分析等に関する調査報告書」では，2013年4月から5月に全国207ヶ所の児童相談所が対応した「11257人分のケース（回収率100%）の中で，被虐待に相当した児童数は7434人（66%）であった」（鈴木，2016）という。その内訳は，身体的虐待32.7%，ネグレクト28.7%，性的虐待2.1%，心理的虐待35.0%であった。

我が国では心理的虐待が目立って増加し続けており，子ども家庭庁（2023）による2022年度の速報値では全体の59.1%に至っている。欧米ではネグレクトが多いことを考慮すると，虐待対応件数の単純集計は我が国における児童虐待の実情を十分把握できていない可能性がある。

さらに，東京都保健福祉局（2005）の調査では，虐待を受けた子どもは「情緒的・心理的問題」と「日常行動上の問題」を示しやすいという。とくに性的虐待は，この2項目について，それぞれ約40%，31.1%の子どもが該当した。一方，児童相談所での心理診断の結果，すべての子どもの約4割が精神的な影響を示していないと判断された。この調査結果は子どもの年齢や性別などの情報がないので，なぜ4割もの子どもが症状を示さないのか仮説を立てる手掛かりがない。

そこで，「被虐待児の年齢別・性別の分布」を乳幼児期（0〜3歳），幼児期（4〜6歳），学童前期（7〜9歳），学童後期（10〜12歳），思春期4つの段階に分け，さらに「虐待の期間」を加えた図を作成した（**図9-3**）。

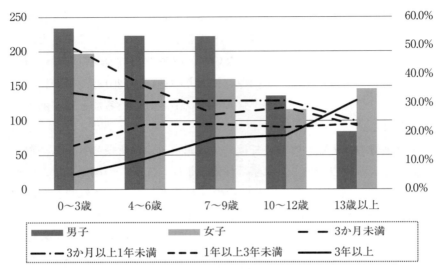

図9-3　虐待児の保護年齢と虐待期間

（東京都保健福祉局（2005）児童虐待の実態Ⅱから筆者作成）

　虐待が発見されるのは乳幼児期に多いことはよく知られているが，今回の調査でも同様である。虐待で保護されるのは全体的に男子の方が多く，年齢とともに保護数は減少するものの，女子の場は13歳以上が再び上昇する。性的虐待は欧米では思春期以前の子どもと思春期の二峰性を示すが，わが国では思春期の子どもを中心にした一峰性（単峰性）が特徴であり，思春期以前の性的虐待が見逃されているという西澤（2010）の指摘を示唆する結果かもしれない。

　問題は虐待の期間である。0～3歳の乳幼児期は，0歳の虐待期間が77.4％と群を抜いて高いので全体としても高い値になっているが，0歳児を抜いた1～3歳児の割合は40.4％となり，他の年代よりは高いものの，その差は小さくなる。興味深いことに，この傾向は「3か月以上1年未満」「1年以上3年未満」でも同様の結果になった。このことは，虐待の早期発見を目指してきた我が国の施策に一定の効果があったことを示唆するものであろう。

　しかし，「3年以上」の虐待のみ右肩上がりで増加している。このことは何を意味するのであろうか。乳幼児期の子どもの虐待は，地域の保

健所や保育園，幼稚園などのスタッフのかかわりが多く，かつ乳幼児は心理的負担を症状や行動で示しやすいので，早期に虐待が見出されやすいと考えられる。しかし，何らかの要因で周囲の大人が虐待に気づけないと，子どもはそれを解離などで防衛し，思春期まで持ち越してしまう可能性があるのではないか。「症状を出さない4割の子ども」は，思春期になって身体の変化や自我状態の変化（自意識が強くなることなど），時間的展望の変化によって将来が見通せるようになることなどから，混乱した思春期を迎える可能性がある。

　さらに，子どもが症状を出さないゆえに，虐待の程度が軽度であると見なされ，在宅指導となったり，指導が終了となることもあるだろう。しかし，虐待で保護された子どもの対応では，症状の有無でなく，「どれくらいの期間虐待を受けてきたか」「どれくらいのダメージを受けているか」を身体の異常の有無，発達と精神機能の査定など実施し，支援の在り方を議論すべきである。

　現在，児童相談所と市町村共通のアセスメントツールが開発されたり，全国の児童相談所が独自で詳細なリスクアセスメントシートなどを用いて，虐待の判定と介入の是非を判断している。一方で，症状を出さないため，虐待の程度の大きさが見過ごされてしまったり，そもそも虐待を受けていることを言えない子どもたちが少なくないのではないか。当事者の語りでは，相談するのを「あきらめ」てしまっていたり，何度も児童相談所や学校に相談したにもかかわらず，見過ごされた痛切な体験が語られている[注2]。虐待相談は，児童相談所の虐待対応ダイヤル「189（いち早く）」や，認定NPO児童虐待防止協会の「子どもの虐待ホットライン」，NPO法人CAPNA（子どもの虐待ネットワーク・あいち）が運営する「無料メール相談」など工夫と啓発が進んでいるが，相談を待つ体制だけで十分なのかという議論も必要だろう。

　田嶌（2011）が提唱した施設内暴力を発見，対応するための「安全委

注2：NHK（2019）【特集】子どものSOSの"声"（1）大人が聴き逃さないために
　　　Retrieved from　https://www.nhk.or.jp/heart-net/article/214/（2023年12月1日）

員会方式」は賛否があるものの，子どもの権利擁護と安全のために，定期的に子どもと面談し生活について話を聞くことは，幼稚園や保育所，学校，学童保育など子どもが過ごす場所で必須のことではないか。その際に，児童相談所などのスクリーニングシートには多くのチェック項目があるので，海原ら（2018）の要保護児童スクリーニング指標などを参考に，担任や心理職が定期的に聞き取りを行っていく体制をどう作っていくかが，虐待を見過ごさないための課題であると言える。

（2） 児童養護施設における心理支援[注3]

1．出会いと主訴の確認

　児童養護施設に心理職が配置されたころ，スクールカウンセラー派遣事業と同じように，施設側が「どう働いてもらったらよいのか」わからず，ひとまずパソコンでデータ整理をするよう持ち掛けられたという話を心理職仲間から聞いたことがある。医療的ケアはイメージできても，心理面接，心理療法となると，「心の動き」は可視化しづらい上に，子どもの変化はすぐには起こらないので，プレイルームを作ることから苦労した心理職は少なくないのではないか。

　それから20年以上がたち，ひとり職場から心理職が複数勤務する施設も珍しくなくなった。心理職は子どもの生活にできるだけ参加せず[注4]，心理面接やアセスメント，生活スタッフであるケアワーカーへのコンサルテーションを主たる業務とする立場で仕事をする心理職がいる一方で，53.4％が「子どもの生活場面での直接的心理援助」を，23.3％が「生活場面での直接的生活援助」業務を行っていた（加藤，2012）。

　これは児童心理治療施設（旧情緒障害児短期治療施設）が導入した環境療法[注5]の影響と考えられる。環境療法（milieu therapy）のひとつの流れは，第2次世界大戦後の貧しく暴力的な家庭で育った子どもたちへ

注3：本稿の一部は，村松（2021）から引用した。
注4：食事をともにするなど，部分的な参加をしている心理職は少なくない。一方，子どもとの接点は心理面接のみで生活場面に参加することを前提にしない立場もある。

の精神分析的介入プログラムとして，アイヒホルン（Aichhorn），ベテルハイム（Bettelheim），レドル（Redl）とウィネマン（Wineman）による治療環境のコンセプトであり，それは生活場面面接（the life-space or marginal interview），治療教育（therapeutic education），心理療法（psychotherapy）から構成されている（Cohler & Zimmerman, 1997）。わが国の環境療法は児童心理治療施設（旧情緒障害児短期治療施設）における支援モデルとなった。西田（2007）は生活支援の重要性を「育ち直し」という言葉にまとめ，以下のように述べている。

　　子どもたちにとって，施設での様々な生活体験をとおして，心のケアだけでなく，普通の子どもとして成長・発達していくための養育や，個々の生活のなかで十分体験できなかった欠落したものを補う育ち直しといったことが必要となってくる。

　先の「子どもの生活場面での直接的心理援助」は，「生活場面面接」を指していると推察される。心理職はクライエントの「日常」に関与することは基本的に慎重であり，できるだけ「日常」の影響を受けづらいように，決まった場所で同じ治療者がなるべく同じ曜日の同じ時間帯で会うという設定を大切にしてきた。それは，クライエントが自分の「こころ」の深みに触れるときに，一時的にクライエントの防衛が弱まり必要以上に傷つきやすくなることを防ぐためと考えられている。その一方で，生活場面に心理職が関与する意義は少なくない。2つの事例をもとに，その意義を考えてみたい。

　【事例1】小学生男児のAは，担当である筆者に打ち解けず，話しかけてもそっけない態度で立ち去ることが多かった。Aは困難な生い立ちがあるため，思春期前にそれを整理したいと思い，筆者が施設での生活

注5：その詳細は，全国情緒障害児短期治療施設協議会・杉山信作編（1990）「子どもの心を育てる生活」星和書店に記載されている。

に慣れてきたと思われる頃に心理面接に誘うが，あいまいな返事に終始した。その後も，同様のかかわりが繰り返されたが，次第に生活場面で他児と遊ぶ筆者の近くにいるようになってきた。あるとき他児とトランプの神経衰弱の勝負をしていたところ，Aが後方から「そこじゃないんだよな」「どうしてそこひくかなあ」などと声をかけてきた。筆者が＜間違えちゃったか＞と応じると，すっといなくなる。それから不思議と神経衰弱などをやっていると，どこからともなくAがやってきて，口をはさんでくることが多くなっていった。そういったやり取りが続いたころ，＜神経衰弱に詳しいみたいだし，別の部屋でサシの真剣勝負，する？＞と伝えると，「サシって何？」というので，＜1対1ってことだよ＞と説明すると，「やる」という。何となく勢いで言ってしまった感じがしたので，もう少し考える時間を作るために，その時は＜じゃあ，2，3日考えてみて＞とAに伝えた。約束通りに後日尋ねると，やはり「やる」というので，神経衰弱を手掛かりにした心理面接が開始された。

　世界保健機関（WHO）が2018年に公表した「国際疾病分類」第11回改訂版（ICD-11）では，「ストレス関連症群」の中で，「心的外傷後ストレス症（Post-traumatic stress disorder：PTSD）」から「複雑性心的外傷後ストレス症（Complex post-traumatic stress disorder：CPTSD）」が独立することになった。CPTSDは，PTSDの3症状（再体験症状，回避症状，現在の脅威への過敏な知覚[注6]）に加え，DSO症状と呼ばれる「感情の制御困難」，「否定的な自己概念」，「対人関係の困難」をその特徴としている（金，2021）。

　Aの場合，回避症状に加えて，対人関係の困難が顕著で，担当である筆者と面接室で関係づくりを試みる機会すらもてなかった。生活場面には他児や他のスタッフもいるので，筆者とかかわる緊張感がある程度緩和されたのかもしれない。それが，「他児とやっている神経衰弱への

注6：アメリカ精神医学会による「精神疾患の分類と診断の手引き」（DSM-5）では，PTSDは「心的外傷およびストレス因関連障害群」に分類され，再体験症状，回避症状，認知と気分の陰性の変化が主要な三症状になっている。

ちょっかい」につながったのだろう。ただ，これはまだ「接点」に過ぎないので，急激にお互いの距離を縮めようとしない態度が必要になる。

この点に関して，初学者のセラピストの困難として「情緒的境界（emotional boundaries）」が緩すぎたり厳しすぎたりするという指摘があるが（Sknovholt & Ronnestad, 2003），トラウマにかかわる支援者は自らの情緒的境界をどう柔軟に維持するかに自覚的になる必要がある。支援に没頭するあまり寝ても覚めてもクライエントのことを考えたり，逆に自己防衛的となって素っ気ない態度をとるのではなく，クライエントのトラウマによる反応から過度に影響を受けすぎないように支援者自身の情緒的境界がどんな状況か，意識してコントロールしていきたい。

心理面接はただ遊ぶだけの活動ではない。神経衰弱を手掛かりに始まったこの出会いは，次にパペットを使って，＜そういえばさあ，君がここに来たのはどんな理由からだろう？　いまさらなんだけどね＞と筆者が聞くと，「……家でいろいろあって……そんなことどうでもいいじゃん！」と言うＡ。＜家でいろいろあったんだ。そのことを教えてくれるのは少しずつでいいよ。いろいろあったのは家だけ？＞「……学校……」＜そうか，学校でもいろいろあって苦労したの？＞「うん……」＜じゃあ，それもそのうち教えてもらえるといいな。大事なことだと思うから。大事なことはこの部屋で教えてもらったり，どうしたらいいか，一緒に考えたいと思うけど，どうだろう？＞「たまにならいいよ」＜たまなら，って？＞「毎回話とかしたくない」＜ああ，たまに話すってことか。それは君のペースでいいよ＞。心理面接の契約はこんなやり取りを経て取り交わされる。

心理職が「今困っていることない？」と聞くことがあるが，大人でも「困っていること」を急に聞かれたら，どう整理したらいいかわからなくなるのではないか。主訴が明確に語られなくても，それに連なると考えられる内容が含まれていればよい。被虐待児は，「感情の制御困難」から「フローティング」と呼ばれる感情の流失が起こることがある。その意味でも，主訴やお互いの関係性は徐々に確かめられていくスタンスが望ましい。

（3）児童養護施設における心理支援　思春期までに行うこと

【事例2】小学校中学年の女児Bは，初回面接でプレイルームに置かれた幼児の玩具を一瞥し，「こんなの赤ちゃんのやるモノじゃん。バカみたい」と言い放った。しかし，次の回にはこっそり，その玩具（頭に置かれた球をたたくと鼻の中を通って外に出てくる木製のゾウ）を試してみた。球をたたく木づちの感触とそれがいったん見えなくなってゾウの鼻先から出て来ることが面白いと思ったのか，前回の冷めた発言はなかったかのように，しばらくその遊びを繰り返して次の遊びに移っていった。

こういったささやかな退行ができたり，その子どもの課題に合った玩具を用意することが心理職の専門性と筆者は考えている。虐待を受けた子どもにとって，セラピストという「他者」は脅威であるかもしれないし，一時的な心理的満足を叶える相手にすぎないこともある。このため，どの子どもにも同じプレイルームのしつらえで臨んだり，ボードゲーム類や大きなトランポリンなど子どもが身体的な刺激によって自己完結する可能性のある玩具を置く場合は「なぜそれが必要か」がよく吟味されるべきだろう。

思春期は一般の子どもにとっても変化の大きい時期である。子どもの時間的展望を研究してきた都築（2009）によると，中学2年生では「将来への展望」「自己価値」「信頼できる他者」得点の平均値が高校3年生までの他の学年より低下していた。この時期は自意識（自己意識）が強くなり，養育者に反抗的になったり，先のことがより見通せるようになるために不安が高まることが多い。施設でも問題行動を起こしたり，面接に来なくなることも少なくない。被虐待児の多くが否定的な自己イメージを持っている。思春期の混乱の前に，ライフストーリーワークなどを通じて自らの生い立ちを振り返り，なぜいまこうして生活していて，これからどう生きるのかという，いわば「つながりの回復」によって，子どもに少しでもよい自己イメージを積み重ねていくことが重要になる場合もある。また事例2のような小さな退行を通じてスタッフ（大人）との関係が少しでも強固になることを目指したい。考えてみると，子どもの「反抗」がその後の成長につながるためには，反抗しても養育者が

目の前から消えないという確信が必要になる。養育者は幼児期と思春期の2度，「生き残る」（Winnicott, 1963 牛島訳, 1977）必要があるのだ。

　施設の状況によっては，心理職が生活に参与することを拒否できないこともある。子どもの生活に参与する，しないの二項対立ではなく，子どもの生活も個別面接もともに両立させる工夫を模索すべきであろう。虐待を受けた子どもたちにはアタッチメントやトラウマなどの課題があり，それらへの対処は安心できる生活環境よりもさらに保護的な空間と支援スタッフが必要になる。そして，心理職はケアワーカーとともに，主に生活場面における子どもの言動がトラウマを想起させるリマインダーであるかどうかを子どもとともに対話しながら理解を深め，その可能性が高ければそのリマインダーへの対応を考えていくトラウマインフォームドケアなどに取り組んでいくことも，重要な支援になる。

（4）トラウマへの専門的アプローチ

　施設は治療機関ではないので，トラウマフォーカスト認知行動療法（TF-CBT）や眼球運動による脱感作と再処理法（EMDR）などのトラウマに特化した治療を行うことは難しい。そして，廣澤（2014）が被虐待児・者の予後がよい要因として，支援者（治療者）との信頼関係の成立をあげ，それを待たずに「外傷経験が語られた場合は治療転帰に悪影響を及ぼす可能性が示唆される」と指摘している。まず初期の段階には被虐待児との「いま，ここで」の関係構築を重視し，過度な治療は介入や教育かかわりを控えることが「育ち直し」の土台となるのだろう。治療者との深い関係性が重要となることなどをケアスタッフと共有しながら，「育ち直し」という広範な意味を含むケアの在り方でなく，トラウマを前提にした施設ケアの専門的支援を構築していく必要がある。

　トラウマの防御反応のひとつである解離が多発し日常生活に支障が及ぶようになると解離性障害と診断され，医療と連携した治療が行われることになるが，解離の症状である自己感覚障害（自分が知覚できる世界

が現実でないように感じたり，身体の痛みが感じられなくなるなど）の回復過程で自傷，怪我，かゆみといった皮膚症状がみられる（海野ら，2005）という指摘などの蓄積が，専門的ケアの構築につながる。トラウマの治療プロセスについて，データ収集とケアスタッフとの共有を担うのが心理職の専門性であることを忘れずにいたい。

（5）個人面接からコミュニティへ(注7)

施設で期待される心理職の役割には，心理面接，危機介入，生活支援，グループ活動，家族支援や地域支援，施設スタッフへのコンサルテーションなど様々な活動がある。これらの要請に柔軟に対応していくために，「環境療法モデル」が受け入れられてきたという側面がある。このことは，福祉施設というコミュニティに心理職がいわば「後発参入」していく際の自然な流れだったと言えるだろう。心理職は，働き方のスタンスを修正して施設に受け入れてもらう必要があった。しかし，生活支援に参与することへの施設心理職の評価は分かれており（村松，2013b），施設における心理支援とケアワークに大きな「重なり」が生じる結果，時と

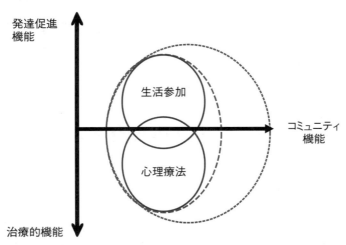

図9-4　施設における心理職の機能（齋藤，2015　p.129を参考に作成）

注7：本稿の一部は村松（2021）を引用した。

してその専門性の境界が曖昧になってしまうことへの戸惑いが生じる。

　施設心理職は，専門職としてのアイデンティティをどこに求めたらいいのだろうか。このことに関しては，齋藤（2015）による大学コミュニティにおける心理職の機能についての論考が重要な示唆を与えている。齋藤のモデルを援用して，施設心理職の機能を以下のようにまとめてみたい（**図9-4**）。

　発達促進機能：子どもの状況に応じて，支援者からの働きかけにより，
　　　　　　　　施設や学校などでの適応を促す機能
　治療的機能：子どもの主訴をもとにケースフォーミュレーションに基づ
　　　　　　　いた面接契約を結び，その改善を目指すとともに，学校や
　　　　　　　施設に適応できる状態への回復を支援する機能
　コミュニティ機能：施設，地域コミュニティを視野に入れ，個人や集団
　　　　　　　　　　に働きかけ，メンバーの相互作用などから，発達促
　　　　　　　　　　進機能，治療的機能に多様性を持たせる機能

　齋藤は，これらの機能は「二者関係の連動から，施設・地域のネットワークにおける連動まで，そのときどきで働きかけを変容させていく行動的な試み」であり，どういった機能を自分が用いて行動しているか，その自覚が重要であると述べている。「面接志向モデル」か「環境療法モデル」かの二者択一でなく，子どもや家族，施設や地域のニーズによってさまざまな機能を用いて対応できる「守備範囲の広さ」が，施設心理職の専門性と考えられる。そして，施設は地域に開かれた生活施設なので，心理職の専門性は図9-4の点線からコミュニティ機能が強化されていく方向（破線の部分）に移行していくことになる。ただ，この「個に対応しながら全体を見る」というスタンスは，熟練の技である。茶道では，自らの型は，基本的な型を守り，離れ，破ることを通じて見出されるという。心理職もまた，初学者時代には治療的機能を伸ばすこと，すなわち心理面接のトレーニングを十分に受け，心理臨床の基本的な型を身につける必要があることを確認しておきたい。

研究課題

1. 施設経験者の声をインターネットなどで調べ，虐待の後遺症について理解を深めよう。
2. 担当する児童が何らかの「行動問題」を起こしたときに，心理職としてコミュニティに参加し，ケアワーカーや学校の教師たちと子ども理解を深めるために，どんなことに留意してカンファレンス（話し合い）の場を作っていくことが考えられるだろうか。

参考文献

Cohler, B. J. & Zimmerman, P. (1977). Youth in Residential Care : From War Nursery to Therapeutic Milieu. *The Psychoanalytic Study of the Child, 52(1)* ; 359-385.

廣澤愛子（2014）．被虐待児・者に対するイメージを用いた心理療法の「支援効果の機序」の検討：外傷体験の語り，イメージの作用，および Cl-Th 関係に着目して　心理臨床学研究，*32(1)*，39-50.

堀場純矢（2021）．児童養護施設職員のストレスと健康状態—20 施設のアンケート調査から　医療福祉政策研究，*4(1)*，85-106.

一般社団法人日本臨床心理士会（2020）．第 8 回「臨床心理士の同法調査報告書」

海原康孝・笹原妃佐子・香西克之ら（2018）．小学校における要保護児童スクリーニング指標開発に向けた予備調査結果の検討　小児歯科学雑誌　*56(1)*，33-41.

海野千畝子・杉山登志郎・加藤明美（2005）．被虐待児童における自傷・怪我・かゆみについての臨床的検討　小児の精神と神経，*45(3)*，261-271.

加藤尚子（2012）．児童養護施設と施設心理士　加藤尚子（編著）施設心理師という仕事　児童養護施設と児童虐待への心理的アプローチ（pp.3-36）ミネルヴァ書房

こども家庭庁（2023）．令和 4 年度の児童虐待相談対応件数（速報値）
Retrieved from https://www.orangeribbon.jp/info/npo/2023/09/post-342.php（2024 年 1 月 30 日）

こども家庭庁支援局家庭福祉課（2024）社会的養育の推進に向けて
Retrieved from https://www.cfa.go.jp/assets/contents/node/basic_page/field_ref_resources/8 aba23f3-abb8-4f95-8202-f0fd487fbe16/f554b24c/20240216_policies_shakaiteki-yougo_84.pdf（2024 年 1 月 30 日）

金吉晴（2021）．ICD-11 におけるストレス関連症群と解離症群の診断動向　神経雑

誌, *123*(*10*), 676-683.

厚生労働省子ども家庭局家庭福祉課（2022）．社会的養育の推進に向けて Retrieved from https://www.mhlw.go.jp/content/000833294.pdf（2024年1月21日）

増沢高（2021）．第2部　児童虐待対応における国家間比較　2020年（令和2年）度研究報告書　海外の児童虐待防止の取組みに関する調査研究, 70-81, 子どもの虹情報研修センター

村松健司（2021）．福祉の中での心理学的支援　大山康宏（編）．心理学的支援法（pp. 99-112）遠見書房

村瀬嘉代子（2014）．福祉分野の心理職の実態調査　厚生労働科学研究費補助金（厚生労働科学特別研究事業）「心理職の役割の明確化と育成に関する研究」分担研究報告書

日本臨床心理士会（2020）．第8回『臨床心理士の動向調査』報告書

西田行壯（2007）．情緒障害児短期治療施設における総合環境療法　広島文教女子大学紀要, *42*, 45-52.

西澤哲（2010）．子ども虐待　講談社現代新書

西澤哲（2018）．子ども虐待に関する公式統計からみたわが国の子ども虐待の現状と課題　臨床精神医学, *47*(*9*), 957-963.

齋藤憲司（2015）．学生相談と連携・恊働　教育コミュニティにおける「連動」　学苑社

鈴木崇之（2016）．「2013年度児童虐待相談ケース分析等に関する調査」における被虐待児関連基礎データの検討　東洋大学研究シリーズ集2015〜2016, p.46.

田嶌誠一（2011）．児童福祉施設における暴力問題の理解と対応―続・現実に介入しつつ心に関わる　金剛出版

東京都福祉保健局（2005）．児童虐待の実態II―輝かせよう子どもの未来, 育てよう地域のネットワーク

都築学（2009）．中学校から高校への学校移行と時間的展望：縦断的調査にもとづく検討　ナカニシヤ出版

Winnicott, D. W.（1963）．*The Maturational Process and the Facilitating Environment*. The Hogarth Press.（ウィニコット, D. W.・牛島定信（訳）（1977）．情緒発達の精神分析理論　岩崎学術出版社）

10 | 心理面接の現場⑦：産業

佐藤　仁美

《**本章の目標&ポイント**》　グローバル化やIT産業の目覚ましい発展に，感染症の影響も加わり，産業構造や就業形態が多様化され，職場環境は大きく変化してきた。その状況下，個（内界）がさまざまなストレスを抱えつつも，営利・合理性・効率・スピード化・チーム力等を求める組織（外界）の中で，バランスよく機能できるよう支える産業領域における心理臨床を概観する。
《**キーワード**》　働く，メンタルヘルス，キャリア，ピアサポート

1．産業心理臨床とは

　産業領域における心理臨床とは，「『働く』ことに関連した心理的支援を目的としている」，「働くすべての人を対象とし，働くことは生きることを背景として営まれていることを意識しつつ，人が働くことに伴う様々な思いを整理し，自分自身の働く意味を見出すことを支援することにより，人が働くことを支えていこうとするもの」（金井，2016）である。

　産業心理学という領域は，個人と組織の相互関係と個人のキャリア発達に着目し，個人を，生物学的・社会的自己成長，仕事・家族関係へのかかわり合いが相互に影響し合い，自己・仕事・家庭のサイクルの中に個人を捉えるという，シャイン（Schein, 1978）の組織文化モデルとそれにもとづく組織心理学を発端として生まれた。

　アメリカでは，産業・組織心理学に関する学会は1973年に発足し，研究者・実践家等が集い，研究成果や実践結果が発表されてきた。日本では，1985年に産業・組織心理学会，1997年に経営行動科学学会が発足した。産業・組織心理学会では，①個々人および集団が人間の可能性を

基盤として成長し，②効率的であると同時に健康的かつ生きがいのある組織を形成し，③心と行動の総合体として作業を遂行し，④文化的生活者として消費することのできる条件，を探究することが設立趣旨として掲げられている。

（1）産業・組織と個人の関係

　初期の産業・組織の場では，効率・生産性アップを目指した「合理的で機械的な人間」が求められていたが，1924年から同32年にカナダのウエスタン・エレクトリック社のホーソン工場で行われた職場環境の及ぼす個人への影響の研究で，生産性の向上には物理的な条件よりも人間関係の方が影響することが明らかになり，「非合理的で情緒的な部分」をもって働くことの大切さが見出され，これがワークモチベーションやリーダーシップの研究につながった。その後，組織と個人の関連は相互的で力動的である考え方が発展し，組織を有機的存在として捉える「オープン・システム・アプローチ」（Katz & Kahn, 1966）が提唱され，外界とのオープンなかかわりの中で，組織システムが力動的に機能し，組織が，形成期—発展期—成熟期—衰退期といったライフサイクル観とも結びつき，組織—個人観に変革がもたらされた。

　組織は複数人が集まり形成され，個々人は社会的アイデンティティを形成し，働き甲斐を得，成果は有形無形の報酬として還元され，個人の生活に寄与するという「組織は人から成り，人のために形成される」側面がある。一方，個人は，組織の求める役割・態度・行動規範や能力・スキルを身につけ，組織のために個人が意欲的に働き，成果を出すことを求められる。つまり，「個人のための組織」と「組織のための個人」が，相互作用しながら両立することが理想だが，実際には，バランスの崩れから，組織の停滞や衰退や，個人の不調を生じさせることも少なくない。

　「個人のための組織」の実現により，個人は健康的で高モチベーションで働くことができ，「組織のための個人」が機能すれば，組織の生産性が高まる状態と言える。個人の精神的健康と組織の生産性との両立状態「ワーク・エンゲージメント（work engagement）」（Shaufeli & Bakker,

2010）は，一時的な状態ではなく，持続的かつ全般的な仕事に関連するポジティブで充実した心理状態であり，仕事から活力を得られる「活力（Vigor）」，仕事にやりがいを感じる「熱意（Dedication）」，仕事に熱心に取り組む「没頭（Absorption）」という3要素からなる。

　「個人が仕事に対して抱く意欲」である「ワーク・エンゲージメント」に対し，「仕事だけでなく，会社や組織に対しても愛着を抱き，貢献しようとする意欲」は「従業員エンゲージメント（Employee Engagement）」といい，「ワーク・エンゲージメント」のアウトカム（結果）の一部とも考えられている。

　「ワーク・エンゲージメント」に関連する概念には，「バーンアウト」，「ワーカホリズム」，「職務満足感」がある。

（2）個人の組織へのコミットメント

　アレンとメイヤー（Allen & Meyer, 1990）は，組織コミットメントに，組織に対する愛着のために働く情緒的（Affective）要因，組織から外れるとリスクが高いため働く存続的（continuance）要因，組織に所属すべしと言う規範に基づいて働く規範的（normative）要因の3つの構成要素を見出した。3要因が適度ならワーク・エンゲージメントとなるが，強迫的に業務にあたり，極度に高いパフォーマンスを目指すような状態はワーカホリズムが考えられ，過重労働の結果，労働者は疲弊して抑うつ的となり，バーンアウトに陥る可能性が高い。組織では，ワーカホリズムやバーンアウトに至らないよう，予防的な支援として，ワーク・エンゲージメントが重要であり，ワークモチベーションの保持も課題となろう。

　ワークモチベーションとは，「与えられた職務を精力的に遂行する，あるいは目標を達成するために頑張り続けるなど，組織の従業員がある対象に向けて行動しているダイナミックな状態を表す概念」（池田，2017）である。

（3）職場の人間関係

　職務分業に伴う関係を「水平的関係」，職位・職階に関連する人間関係を「垂直的関係」という。水平的関係では，同じ目標に向かって，職務状況の報告・依頼など，協力関係を築くことが要となる。また，組織では責任の所在を明らかにするために職位・職階が存在し，上位層は下位層に指示し方向性を定め，下位層からの意見・実績を吸い上げ，組織に反映する役割もある。下位層は，上位層への報告・連絡・相談の義務がある。これは，上位層のリーダーシップ機能に左右される。

　リーダーシップは，「集団目標の達成に向けてなされる集団の諸活動に影響を与える過程」（Stogdill，1974）と定義され，役割ではなく機能であり，メンバーとの受容・反応（フォロワーシップ）の相互関係にあり，管理者・上司だけでなく，全てのメンバーが発揮する可能性を持つ。

　もうひとつ，職場内のハラスメントがあげられる。1997年改正男女雇用機会均等法で，女性労働者に対するセクシャルハラスメント防止のための配慮が事業主に義務付けられ，2006年の改正では男性保護も対象となり，性別に関係なく適応となった。セクハラと並び，パワーハラスメント（パワハラ）も課題のひとつである。パワハラは，上司など職場内で力を持つものが，部下など弱い立場の者に，権力を武器に人格や尊厳を傷つける行為を指す。セクハラは，ある程度判断できるものの，パワハラは，ハラスメントを行っている当人が気づきにくく，また職位が上であることが多いため，利害関係から相談することを躊躇する特徴もあり，業務指導との線引きが難しく，判断に迷うことも少なくない。また，ハラスメント相談をしたことで傷を深めてしまうセカンドハラスメントは避けなくてはならない。2022年には，防止措置が義務化されている。

（4）組織における個人の支援

　組織における心の専門家による主な個人の支援には，コーチング（coaching），メンタリング（mentoring），キャリア・カウンセリング（career counseling）があげられる。

コーチングは，ポジティブ心理学をもとに職場に応用し，コーチ（coach，指導者）―コーチー（coachee，被指導者・クライエント）関係の中で，職務上の具体的な課題目標を設定し，ともに解決策を考え，目標達成を目指す。上司が部下に行うことが多いが，組織カウンセリングの場では，カウンセラーが個人の目標達成を支援して用いることもある。

　メンタリングは，メンター（mentor，後見人）がメンティー（mentee，被後見人）に対し，キャリアの方向性に関し，相談・助言・指導を行う。メンタリングの機能には，ワーク・キャリアの昇進や異動に関して助言・訓練を促す「キャリア支援的機能」，メンティーの人格全体を受容しつつ助成し，心理・社会的発達を促す「心理・社会的機能」の2つがある。

　キャリア・カウンセリングは，個人が持つワーク・キャリアやライフ・キャリアの問題に対して自身の解決を支援するものである。自己洞察や自律的態度・行動の成長促進を目標とするため，組織のカウンセラーとして最も用いられやすい。

（5）組織―個人の支援

　組織と個人を対象とした支援は，コンサルテーションの形をとる。社会科学におけるシステム論と精神分析諸理論を基にした「組織コンサルテーション」（Obholzer & Roberts，2006），組織や個人をシステムと捉え，自身の内部や外部環境に生じる出来事のプロセスに気づき，理解し，行動できることで，状況改善につながる「プロセス・コンサルテーション」（Schein，1999），組織に生きる個人と個人の生きる環境としての組織との相互関係に焦点を当て，活性化を目指す「オーガニゼーショナル・カウンセリング」（渡辺，2005）などがある。

　企業・組織では，ワーク・ライフ・バランス（平成19年12月18日内閣府制定）とキャリア教育を基底に，リーダーシップとモチベーションが必要とされ，働く人への支援では，従業員支援システムの構築，組織へのコンサルテーションと心理教育，復職支援，再就職支援・障害者雇用への心理支援，職場でのトラウマケアなどが挙げられる。

2. 働く場でのストレスの現状

　時代の移り変わりにより働く人びとを取り巻く環境は大きく変化しており，それに伴い，仕事でストレスを感じている労働者の割合や，ストレスの内容も変化してきた。

　厚生労働省による令和4年「労働安全衛生調査（実態調査）」の概況（令和5年8月4日付）では，仕事や職業生活に関するストレス（強い不安・悩みを含む）を感じる労働者の割合は82.2%で，令和3年調査の53.3%を大きく上回っている。ストレス内容としては，「仕事量」36.3%，「仕事の質」27.1%，「対人関係（セクハラ・パワハラを含む）」26.2%，「役割・地位の変化等（昇進・昇格・配置転換等）」16.2%となっている（図10-1）。強い不安・悩み・ストレスの内容（図10-2）として，「仕事の失敗，責任の発生等」35.9%，「顧客・取引先等からのクレーム」21.9%，「事故や災害の体験」3.6%，「雇用の安定性」11.8%，「社会の将来性」23.1%，「その他」12.5%，逆に，「強い不安・悩み・ストレスとなっていると感じる事柄がない」17.5%であった。令和3年の「強い不安・悩み・ストレスとなっていると感じる事柄がない」は46.5%であり，ストレスが高まっていることが見て取れる。

　ストレスを相談できる人に関し，「仕事や職業に関するストレスを相談できる人がいる」91.4%，「職場における事業場外資源を含めた相談先に相談できる人がいる」79.8%，内訳は，上司65.0%，同僚68.0%，

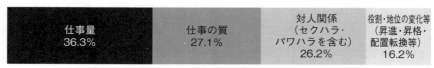

図10-1　仕事や職業生活に関するストレス内容

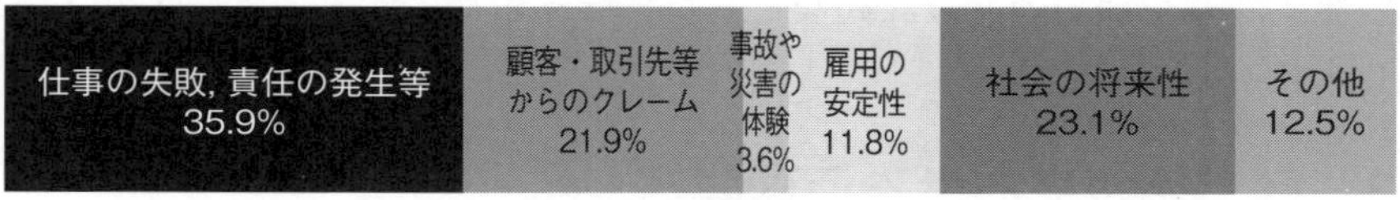

図10-2　強い不安・悩み・ストレスの内容

（いずれも厚生労働省）

人事労務担当者 12.5%，産業医 8.0%，産業医以外の医師 2.9% であった。

職場でのストレス対策には，これらを十分に考慮する必要がある。

（1）ライフサイクルと産業ストレス

仕事で経験するストレスの内容は，ライフサイクルによっても異なる。

ライフサイクル上，20 歳代前後から 30 歳頃にかけて職業生活が始まることが多い。この時期は，中心となる環境が学びの場から社会人としての責任を担う場に移行し，職場という環境に慣れ，仕事を覚え，人間関係を構築する必要があり，そうした課題に伴うストレスを自覚することが多くなる。また，自分がこの仕事にあっているのかといった適性に関する悩みも多くなる時期でもある。

30 歳代になると，職場環境や人間関係にも慣れ，職業生活も軌道に乗る頃で，周囲からの期待も次第に大きくなるとともに，仕事の忙しさや量的負担へのストレスを感じるようになる。私生活においても，結婚や子どもの誕生といった大きな変化を経験し，この変化への対応もストレッサーになることがある。

40 歳代では，周囲からの期待がさらに膨らみ，量質ともにより高度な内容の仕事を求められるようになる。立場的にも管理職など部下や後輩の管理業務を任される機会も多くなり，仕事の質についてストレス感が増す時期でもある。立場的に，上司と部下との間にはさまれる「サンドイッチ現象」によって人間関係のストレスを感じることも少なくない。

50 歳代以降では，組織の中での能力や立場の差が顕著になってくる。会社や組織の中で中心的な役割を求められる者，否の差も出てくることから，人間関係で悩むことも多くなる。また，定年後や老後問題，自身の健康問題や両親の介護問題なども現実味を帯びてくることによりストレッサーとなってくる。

3．産業領域における心理臨床

中村（2020）は，「働くことは社会環境の影響をうける社会的活動」で

あり，そこに「人間の様々な課題が発生」するため，「働く人の個別性や生涯発達をふまえた臨床心理学的支援」として，「組織，企業と働く人との関係性にも配慮し，働くことを取り巻く様々な現代的な課題への理解と，個人心理臨床のノウハウを集団や組織に応用する柔軟さが求められる」と説く。産業・組織領域での心理臨床は，「働く人が職場で能力を発揮し，成長発達することと，組織が効果的に働く人を管理しながら組織の目標を達成すること」を目指すため，「Bio（自己管理），Psycho（心理社会的課題），Social（対人コミュニケーション），Vocational（業務遂行）」の4視点による支援が有効であり，「従来の相談室における個別的相談だけでなく，課題が発生している現場に出向いて関係者を巻き込み協働するアウトリーチ型支援や，社会制度や福祉サービスを適切に活用すること」も含まれ，「クライエントである働く人と組織・企業のニーズに応えるには，心理臨床家も自分の特性や働く意味を検討しながら，働き方や臨床スタイルを柔軟に変える必要がある」と指摘している。

産業領域の心理臨床は，大別してキャリアとメンタルヘルスという二視点から考える必要がある。

（1）キャリア

キャリア（career）とは，①昇進や昇格による職業上の地位上昇，②医師，教授，法律家，聖職者など伝統的な専門的職業，③経験した仕事の系列，④生涯を通じての役割・地位・身分の系列，と言う4つの意味がある（Hall，1976）。シャイン（Schein，1978）は，エリクソン（Erikson，1959）の生涯発達理論をもとに，キャリア発達段階を，①成長・空想・探究（0～21歳），②仕事世界へのエントリー（16～25歳），③基本訓練（16～25歳），④キャリア初期の正社員資格（17～30歳），⑤正社員資格キャリア中期（25歳以降），⑥キャリア中期危機（35～45歳），⑦キャリア後期（40歳～引退），⑧衰えおよび離脱（40歳～引退），⑨引退の9段階に分け，各期の心理社会的危機について論じている。

キャリア問題は個人のアイデンティティ問題とも密接で，キャリアを考えることは人生を考えることと同等ともいえる。キャリア構築問題に

は，多種多様な心理的かつ現実問題への支援が必要となる。キャリア発達支援には，職業選択から転職・離職等のキャリア・カウンセリングがあり，準備段階としての学校教育段階でのキャリア教育も注目されている。これらキャリアの問題を取り扱うカウンセリングを「キャリア・カウンセリング」という。金井（2016）は，「仕事との関わりを通して，個人が自らの能力を発揮し自律的に職業活動を遂行するために，問題や葛藤解決を図る支援」と捉えている。キャリア・カウンセリングは，企業・学校・ハローワーク等で導入され，人材育成・開発機能を重視し，職業選択・キャリア形成の援助の為に，認知行動療法，ソーシャルスキル・トレーニング，アサーション・トレーニングなどの技法が取り入れられている。キャリア・カウンセラーの持つべき視点は，①自己責任による選択と決定，②パースペクティブ（展望と変化への自己効力感），③複数領域の複数キャリアへの適度な，しかし積極的な関与，の3点である（金井，2016）。

（2）メンタルヘルス

　メンタルヘルス（mentalhealth：精神的健康）は，対象により，広義と狭義に二分される。

　広義のメンタルヘルスは，広く一般の市民における心の問題を扱い，「心の健康」，「メンタルヘルス」と言うことが多い。一方，精神的に問題をかかえる者を対象とする時は，狭義のメンタルヘルスと呼び，生活支援等に独自のサービスを必要とし，行政で扱うところの「精神保健」の意味合いが強い（熊倉，2004）。

　産業心理臨床においては，個人を取り巻く環境（職場・会社・社会・世界）が個人に大きくかかわっており，「個人的な問題は組織・社会の問題」となる。個人的問題にかかわる社会的問題は，経済的環境・雇用情勢・技術の陳腐化・ジェンダー・差別や偏見・ステレオタイプなどがある。個人的問題に関連する職場の問題としては，トップマネージメント・リーダーシップ・職場の人間関係・職場風土・職務設計・評価や人事・リスクマネジメントなどがある。これら組織や社会の問題は，現実

原則として働く。

（3）メンタルヘルス・カウンセリングの実際

　小此木（1976）は，職場における不適応の兆候を，外的不適応の徴候と内的不適応の徴候に二分類した。外的不適応の徴候とは，「作業能率の低下，ミスの増加，事故頻発，頻回の欠勤，遅刻，早退，対人トラブル，疾病多発，問題飲酒，問題行動等の形で職場の上司や同僚から，つまり外側から注目されるような不適応のあり方」で，内的不適応の徴候とは，「社員自身の強い内的不適応感，つまり自己不全感，抑うつ感，フラストレーション，挫折感などに悩むこと」である。日常的で一過性のものもあるが，身体的に問題を転化させると，たとえば，胃部不快，心悸亢進，不眠傾向，食欲不振，発汗，冷や汗，頭痛，頭重，腰痛，下痢などの自律神経症状を強く訴え内科受診するも改善が見られず，カウンセリングにつながるケースも少なくない。こういった背景には，職場との内的不適合感の悩みを抱えるケースも多い。

　乾（2011）は，産業領域におけるメンタルヘルス管理の課題と実際において，職場不適応状態を，①精神症状等の原因による適応不全や問題行動，②サブクリニカルな意味での職場不適応にまとめ，内的不適応を訴えるタイプと身体的愁訴を訴えるタイプに二分類した。職場不適応への対応には，①精神病理現象から発生したものか，②ライフサイクルや家族関係の課題の影響の有無，③社員自身の内的問題（性格特性など）の原因の有無，④現在置かれている職場内での問題点が原因か，という4つの観点に着目している。また，不適応や身体的愁訴に至った経過を整理するポイントとして，①現在置かれている職場内での問題点は何か，②社員自身が今置かれている問題点は何か，③社員自身の内的な問題点は何か，④社員の問題点は精神病理現象から発生したものか，の4点を挙げている。

（4）産業領域における援助のポイント

　予防医学の観点から，メンタルヘルス問題に対して，未然防止のため

の1次予防，早期発見・早期対応のための2次予防，疾患からのスムーズな復職を支援する3次予防の三段階でアプローチされている。厚生労働省（2006）は，「労働者自身のセルフケア」，「職場等のラインケア」，「事業場内産業保健スタッフ等によるケア」，「事業場外資源によるケア」の4つのケアを推奨している。

2015年12月より，従業員数50名以上の事業場に対し，全労働者に実施するストレスチェック制度が開始された（2014年6月25日公布）。この制度では，労働者の心理的負担を把握するために，ストレスチェックを行い，結果に基づく医師の面接指導実施などが義務付けられ，心の専門家の関わりが求められている。メンタルヘルス支援には，産業医・保健師・看護師・人事や労務，総務などの他職種や他部署との連携のもと，心理面接や心理教育，コンサルテーションなどが行われる。

産業領域でのアセスメントとして，個人キャリアとして「開発志向」，「キャリア・ストレッサーと問題の所在」，メンタルヘルスでは「感情コントロールと洞察の可能性」，キャリアとメンタルヘルス両面から「対処資源」といった，4つのアセスメント・ポイントがある。

（5）産業心理臨床における心理臨床家の役割

産業領域における心の専門家への役割は，「個人の支援」「職場の支援」「会社の支援」「社会への提言」の4つにまとめられる（金井，2016）。「個人の支援」は，個人のキャリア発達とメンタルヘルス，個人の組織内のあり方の支援などが含まれる。「職場の支援」は，職場の環境づくりの支援をさし，調査など統計的なアプローチの裏付けも必要とされる。「会社の支援」は，会社経営などへの心理的視点からのコンサルテーションといえる。「社会への提言」は，より望ましい働き方を社会に向けて発信するもので，ライフ・ワーク・バランス（内閣府，2007）や労働時間管理（課業管理）への提言も期待される。

産業領域における心の専門家は，組織と個人の相互関係，個人の健康と組織の生産性との両立など，両者のバランスが鍵で，システム・アプローチやコミュニティ・アプローチの視点が必要とされる。

（6） 産業心理臨床活動の場

産業心理臨床活動の場としては，企業内相談室と健康管理センター等と，外部EAP（Employee Assistance Program：従業員支援プログラム）機関，ハローワーク（公立職業安定所），産業保健総合支援センター，障害者職業センターなど組織内外の支援がある。企業内支援では，支援者が労働者と同環境にいるため，職場内の様子がわかり，職場内資源を活用しながら環境調整や復職支援ができるが，同環境にいることで利害関係が生じたり，職場の意向を無視できない面がデメリットとして働くことがある。組織外支援では，利害関係がなく，職場の枠に縛られる心配はないものの，職場環境の理解不十分から，場内資源の利用や環境調整，復職支援につながりにくい面もある。組織内外のメリットを活かし，デメリットを減らす工夫をし，協働関係を構築することが，働く者への支援につながる。次節では，航空業界での実践を紹介する。

4．航空業界での実際

私たちが，安心して空の上の移動を成せるのも，普段から，多くの乗員の絶え間ない訓練と努力の積み重ねの上に至る大きな責任と，それを支えるシステムと人が存在するからであるといっても過言ではない。機長は，副操縦士や客室乗務員，地上スタッフらとともに，多くの乗客の命を預かっている。予期せぬ出来事に，さまざまな瞬時の判断を求められたりするとともに，自身のメンタル面も維持していかなくてはならない。パイロットの仕事の特殊性として，「高い緊張を強いられる」「時差・疲労との闘い」「世代を超えたペアでの業務」「昇格訓練」「フライトに向けた心身状態の維持」「ライセンスの維持」「変則的な勤務」「家族と離れる時間が長い」など挙げられ，それに伴う「ステイ時の孤独」「メンタル的に強いことへの期待」「業務遂行への固執＝プロ意識」「事故・インシデントの影響，PTSD」など（宮田，2022），想像できぬほどの大変な精神労働を課される仕事である。そういった重責をかかえる者を普段から支える心のサポーター，支えあう仲間は必需である。

本章では，日本航空におけるピアサポートを紹介する。日本航空で

は，2006年より昇格訓練時のパイロットをサポートするメンタルサポートグループ（Mental Support Group：MSG）を設立（臨床心理士・心理カウンセラー・コーチ各1名でスタート），2018年より，アルコール問題に焦点をあてた検討が重ねられ，2019年より飲酒習慣改善に向けた支援プログラムが開始された。同時に一連のアルコール問題の根本要因のひとつとしてメンタルヘルスに着目，2021年10月にMSGの経験をベースに，JAL・ピア・サポート・プログラム（JAL Peer Support Program：JPSP，以下JPSP）へと生まれ変わる準備段階に入り（ピア15名，内訳：プログラムリーダー1名・コーディネーター3名・ピア11名），2022年4月より世界のPPSP（Pilot Peer Support Program）に準じたPSP本格運用（JPSP）が開始されるようになった。ピアとは同僚を意味する。Peerはラテン語のPar「等しい」に由来する。以下，JPSP運用要領をもとに紹介する。

　JPSPは，精神的なウェルビーイングやストレスの問題を抱えるパイロット自身，またはその家族，あるいは同僚が，訓練を受けた専任の同僚（Peer）から，秘匿環境下で支援を受けることができる仕組みのことを指す。このプログラムの中心的な役割を担うのは，同じパイロットの仲間である訓練されたピア（同僚）である。パイロットは，一般の人々と変わらぬ同レベルの心の問題に苦しんでいるが，パイロットが外部からの支援を受ける割合は，一般の人々に比べて恒常的に低いといわれている。それは，ライセンスを前提とした乗務という特殊性にあり，日頃より精神的に落ち着いた状態を保つこと・問題解決技術などの普段からの訓練を自他ともに認識していることによる。故に，パイロットは，一度自らでは対処できないような問題が発生したとしても相談する人もいないまま，精神面で大きく影響を受け，さらには航空専門的スキルにまで悪影響を与えることになりかねない。このプログラムでは，秘匿性が守られた環境（セーフゾーン内）で，ピアによる相談を受ける事が可能で，さらに支援が必要であればMHP（Mental Health Professional）によるカウンセリングを受けることができる。また，このプログラムが備えたさまざまな外部機関のプログラムへの橋渡しや情報提供を行い，乗

務からしばらく離れた場合でも，一定の支援を得られる仕組みを用意し，再び乗務に戻るまでをサポートする。このプログラムの対象者は，JALグループに在籍する運航乗務職（訓練生を含む）を対象としている。

【JPSP の理念】

　問題を抱えた個人が，ひとりで悩まず，信頼できる同僚のピアに自身の問題をいつでも相談できる「心のつながり」と「居場所の提供」にある。精神的な問題を抱えているパイロットを特定し排除するものではなく，「ひとりで悩んだままにさせない」ために，公正な文化の原則が適用された中，同じパイロット仲間であるピアに話をすることで問題解決に向けた方法や気付きを与え，健康な状態（Fit for Duty）で乗務に戻るまでをプログラム全体で支援していく（Return to Work）。JPSP を運営する上での原則は，「独立性」「秘匿性」「透明性」の3つである。

　「独立性」：会社はこのプログラムを用意し，必要な支援（経費・マンニング・スケジュール調整・施設提供など）を行うが，このプログラムは常に中立でなければならず，会社を含めて外部からの介入は受けいれない。

　「秘匿性」：相談者は秘匿環境のもとで保護され，本人の同意なしにこのプログラムの外に個人名と，個人が特定されるような相談内容が出ることはない。

　「透明性」：プログラムの運営は常に公明であり，その活動は誰から見ても明確であることである。

【2次予防としての役割】

　予防（早期相談）としての JPSP への相談方法には，①サロン（誰でも立ち寄れる雑談スペース）での直接の申し出，②直通電話（ホットライン）からの相談，③ホームページからの相談申し込み，④アプリからの相談申し込み，⑤ LINE からの相談，の5つが用意されている。

　相談者のニーズに合わせて，仕事の前後でも，ステイ先からでも，また乗務員の家族からでも，いつでも，どこでも，誰（家族・同僚）からでも相談ができる体制を整えている。

【介入（ピア活動）】

　JPSP では，ピアには，初回のサロン活動までに JPSP が定める「ピア初期教育」（２日間）を受講・終了していることを必要要件とし，ピア活動が許される。また，年２回以上の「リカレント教育」の受講が義務付けられている。いずれの教育でも，ピアとして必要な知識と橋渡しの重要性，傾聴のスキルの習得が必要となる。また，セーフゾーン内の MHP（Mental Health Professional）とプログラムリーダーは，ピアが重い相談を受けることでピア自身が傷つかないよう，ピア達の相談役として，常にセーフゾーン内でピアからの相談を受けられる体制をとっている。ピアが受けた相談内容が，更に専門的・医療的支援が必要と判断した場合には，セーフゾーン内 MHP へ引き継がれ専門家による支援を受けることができる。

【フォローアップ（復帰プログラム）】

　MHP による支援を受けながらも，更なる医療的支援が必要と MHP が判断した場合は，相談者と話し合いの上，外部の医療機関または社内健康管理部門への受診を相談者へ打診する（３次予防への橋渡し）。JPSP では，３次予防への橋渡し後も，相談者が乗務復帰をするまで，ピアが定期的なサポートを行っていく。休職中の方の相談や職場復帰を目前にして不安を抱える相談者に対し，現役のピアが技術的・知識的あるいは諸々の不安ごとのサポートを担当する（３次予防からの橋渡し）。

【HIMS におけるアルコール専門ピア】

　JPSP では，アルコールに関する専門のピアを養成している。外部専門機関で学んだピアがアルコールに関する相談に対応する。お酒に関する相談ごとから，減酒支援に関するお手伝い，さらには必要に応じてアルコールに関する外部専門機関の紹介を行う。また，外部専門機関で治療を受けている間も，専門のピアがサポートを行い，乗務に復帰するまでを支援していく。

研究課題

1．働く人のためのメンタルヘルスについて，内閣府のHPなどを検索してみよう。
2．自身にとってのワークモチベーションや，ワーク・ライフ・バランスを考えてみよう。

参考文献

Allen, N. J., & Meyer, J. P.（1990）. *The measurement and antecedents of affective, continuance and normative commitment to the organization*. Journal of Occupational Psychology, 63（1）, 1-18

Erikson, E. H.（1959）. Psychological Issues : *Identity and the Life Cycle*. International Universities Press. 小此木啓吾（訳編）（1973）．自我同一性　誠信書房

Hall, D. T.（1976）. *Careers in Organizations*. IL : Scott, Foresman

池田浩（2017）．ワークモチベーション研究の現状と課題―課題遂行過程から見たワークモチベーション理論　日本労働研究雑誌　684, 16-25

乾吉佑（2011）．働く人と組織のためのこころの支援　メンタルヘルス・カウンセリングの実際　遠見書房

JAL Peer Support Program　Retrieved from https://www.jal-psp.com（2024年2月25日）

Katz. D., & Kahn, R. L.（1966）. *The social psychology of organization*. Wiley,

熊倉伸宏（2004）．メンタルヘルス原論　新興医学出版社

宮田正行（2022）．パイロット　サポート　プログラムの概要　PSP【Pilot Support Program】PILOT PEER SUPPORT WORKSHOP, TOKYO 2022.1.28 ATEC PSP WG

森田美弥子・松本真理子・金井篤子（監修）（2016）．産業心理臨床実践　個（人）と職場・組織を支援する　ナカニシヤ出版

内閣府　男女共同参画局　仕事と生活の調和推進室　ワーク・ライフ・バランス　平成19年12月18日制定（http://wwwa.cao.go.jp/wlb/government/index.html）

中村美奈子（2020）．特集「公認心理師」産業・組織領域から　～産業心理臨床の現況と発展への期待～　杏林医学会雑誌51（1），45-49,

Obholzer, A., & Roberts, V. Z.（Eds.）（2006）. *The unconscious at work : Individual and organizational stress in the human services*. Routledge.

小此木啓吾（1976）．職場における不適応要因と対人関係　臨床精神医学 5, 177-187

産業・組織心理学会 HP Retrieved from http : //www.jaiop.jp/（2024 年 2 月 25 日）

Schein, E. H. (1978). *Career dynamics : Matching individual and organizational needs*. Addison Wesley. シャイン, E. H.（著）二村敏子・三善勝代（訳）(1991). キャリア・ダイナミクス　白桃書房

Schaufeli, W. B., & Bakker, A. B. (2010). "Defining and measuring work engagement : Bringing clarity to the concept". In A. B. Bakker (Ed.) & M. P. Leiter, *Work engagement : A handbook of essential theory and research*, pp.10-24. Psychology Press.

Stogdill, R. M. (1974). *Handbook of leadership : A survey of the literature*. Free Press.

11 | 心理面接の現場⑧：司法

佐藤　仁美

《本章の目標＆ポイント》　本章では，法の下に置かれた心理臨床の特徴について掘り下げていく。司法領域の心理臨床では，加害者側と被害者側に向き合っていくことになるが，ここでは，加害者側に向き合う心理臨床に焦点を当てて取り上げることとする。

《キーワード》　司法臨床，矯正心理学，動機づけ面接，再犯防止

1. 司法臨床の諸相

　司法とは，「国家が法に基づいて，民事（行政事件を含む）および刑事の裁判に関して行なう一切の作用。立法，行政に対する概念」である。法務省では，「司法」を「自由で公正な社会を支える『法』的な考えを育てること」と位置付ける。刑事司法制度は，「犯罪が起きたことを認知し，捜査を行い，犯行をしたと疑われる被疑者を逮捕し，裁判を行って，有罪か無罪かを決定し，有罪であれば処分を決める捜査・裁判過程と，刑が確定した後の処遇を行う矯正・保護の過程に大きく分けられる。捜査・裁判過程は，公正な裁判結果を出すためにさまざまな情報が集められ，議論されていく過程」で，「裁判官・検察官・弁護士といった法律家が，この過程を進めていく」が，「犯罪を犯した人が抱える『問題の解決を導き，結果的に再犯防止を進めるプロセス』としてとらえようという考え方」で「問題解決型裁判所」としての在り方も求められるようになってきた（藤岡，2020．p 2-3，図 11-1）。

　廣井（2011）は，「『司法臨床』とは，司法的機能と心理臨床的機能の交差領域に生成する問題解決機能によって，子どもや家族の問題を適切に解決すること」と定義している。

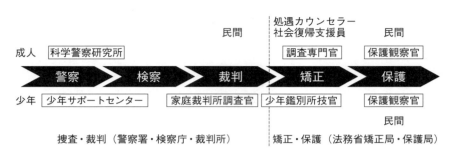

図11-1　日本の刑事・少年司法制度における心理職
（藤岡淳子『司法・犯罪心理学』P 3）

　「司法臨床」とは比較的新しい考え方であり，広義の司法臨床とは，裁判所はもとより司法関連機関としての保護観察所，少年院，刑務所などと，児童相談所，学校，病院，その他多領域の機関との協働によって実現する臨床的な実践である。狭義には，司法的機能と心理臨床的機能を併せ持つ，わが国の家庭裁判所における調査及び審判で展開される実践過程で，家庭裁判所調査官による少年事件や家事事件の関与に集約される（廣井，2007）。

　司法心理学（forensic psychology）とは，アメリカ心理学会の定義によると「司法制度内で専門的な心理学的技能を提供することを主たる活動とする心理学の専門分野」であり，広義には「司法に関わる心理学の応用のすべて」，狭義には「司法に関わる心理学の臨床への応用」である（APA，2013）。日本では，「法心理学と裁判心理学から成ると考えられることが多い」（藤岡，2020，p 4）。2000年に「法と心理学会」設立後，裁判過程において，心理職・福祉職も被告の心理等に係る意見書・計画書に少しずつ関与できるようになってきた。

　犯罪心理学（criminal psychology）は，19世紀末，イタリアの精神科医ロンブローゾ『犯罪人論』にその起源をもつという説がある（藤岡，2020，p 4）。精神力動学と認知行動論に基づく理論展開を経て，現代では，「犯罪行為を学習された行動とみなし，『普通の』人がなぜ，どのように犯罪行動を習得し，その行動を維持し，さらにはそこから離れるのかの解明に主眼を置くようになった」（藤岡，2020，p 5）。個人の

犯罪行動を理解するためには，社会学的視点・刑事政策視点にあわせ，心理的側面をあわせ考え持つ必要がある。

　一般的に，犯罪・非行にかかわる心理臨床家というと，被害者支援を想像することが多いだろう。しかしながら，支援は，被害者のみならず，加害者にも行っており，加害者が同じ過ちを繰り返すことなく，その者の本来の生き方ができるような支援も大切である。

　日本臨床心理士会 HP によると，臨床心理士の「司法・法務・警察」等での活躍の場として，「司法関係機関（家庭裁判所など），法務省関係機関（少年鑑別所・少年院・刑務所・保護観察所など），警察関係機関（相談室・科学捜査研究所など）」を挙げており，「家庭裁判所では少年事件や家事事件（離婚訴訟等）に調査官として」，「鑑別所では少年の特性を踏まえた処遇を検討し，刑務所でも，臨床心理士が，受刑者にカウンセリングをしたり，集団療法を実施したり」，「警察では，少年非行に関する相談を受けているほか，犯罪被害者への支援」等を行っていると記されている。

　心理臨床家は，これら機関の中で，アセスメント・カウンセリング・その他心理臨床的援助を行っていくが，収容・矯正といった法的枠組みの中での臨床の場となる。そこで，まず，法務省 HP「矯正の沿革と仕事のあらまし」より，日本の矯正・収容についての沿革をおさえておく。

　矯正局は，明治 12（1879）年に内務省監獄局として発足，後に，司法省，法務府，法務省等の内部部局として，その名称も行刑局，刑政局，矯正保護局等の変遷を経て，昭和 27（1894）年に現在の名称となり，矯正施設（刑務所，少年刑務所，拘置所，少年院，少年鑑別所及び婦人補導院）の保安警備，分類保護，作業，教育，医療，衛生など被収容者に対する処遇が適正に行われるよう指導，監督するとともに，最近の矯正思潮に沿った新しい処遇方法についての調査研究など矯正行政全般に関する事務を司る。矯正管区は，管轄区域内の多数の施設を統括し，各施設の適正な管理運営を図るため指導監督調整等に当たる地方支分部局である。

　近代日本の行刑制度は，明治 5（1872）年の監獄則の制定に始まり，

明治41（1908）年制定の監獄法により確立された。監獄という名称は，大正11（1922）年に，組織法上，刑務所及び少年刑務所と改められ，昭和12（1937）年には被勾留者を主として収容する施設を拘置所と称することとなった。監獄法は，平成18（2006）年，平成19（2007年）の2度の改正により全面改正され，「刑事収容施設及び被収容者等の処遇に関する法律」に改められたことに伴い，監獄という名称も刑事施設に改められた。刑務所，少年刑務所及び拘置所は，この新しい法律が規定する刑事施設として設置され，現在に至る。「刑事施設及び受刑者の処遇等に関する法律」は，「刑事収容施設及び被収容者等の処遇に関する

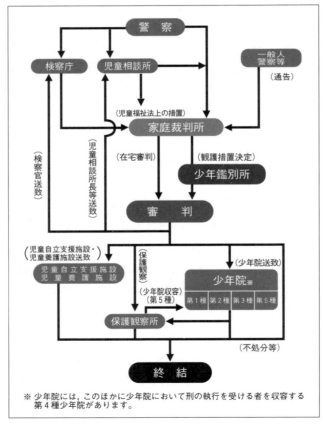

図11-2　少年審判と処遇の流れ
（法務省矯正局パンフレットより）

法律」に改められ，約100年ぶりに監獄法の全面改正が完了し，刑務所，少年刑務所及び拘置所は，この新しい法律の規定による刑事施設として置かれている。

少年院は，大正11（1922）年に矯正院として発足，昭和23（1948）年に新しい少年保護の理念に基づく少年法の改正に伴い，名称が少年院に改められた。平成27（2015）年に，少年院法が全面改正・施行され，現在に至る。

少年鑑別所は，昭和24（1949）年，少年法の改正に伴って発足した少年観護所及び少年鑑別所（当時は鑑別業務のみ）が，昭和25（1950）年に統合され，少年保護鑑別所となり，昭和27（1952）年に少年鑑別所と名称が改められた。平成27（2015）年には，新たに少年鑑別所法が施行され，現在に至る。少年鑑別所は，(1) 家庭裁判所の求めに応じ，鑑別対象者の鑑別を行うこと，(2) 観護の措置が執られて少年鑑別所に収容される者等に対し，健全な育成のための支援を含む観護処遇を行うこと，(3) 地域社会における非行及び犯罪の防止に関する援助を行うことを業務とする法務省所管の施設である。昭和24（1949）年の少年法及び少年院法の施行により発足し，現在は平成27（2015）年に施行された少年鑑別所法（平成26年法律第59号）に基づいて業務を行っており，各都道府県庁所在地など，全国で52か所に設置されている。

2．司法領域の心理臨床

法の下に従事する心理職は，法律の専門家・行政職との連携・協働が不可欠で，法律的枠組みを理解するとともに，法律職の考え方・価値観・言葉をある程度理解することが求められる。法律という規範が基準となる世界ではあるが，心理職は，心理職の役割と責任を果たすべく努力するのみである（藤岡，2020，p7-8）。また，犯罪行為の聴取，被害者の体験を見聞きし，事実・感情に関して伝達する役割上，二次受傷状態になりかねない。自身のレジリエンスを高め，セルフケアを行っていくことが大切である。

犯罪・非行領域の心理臨床の特性は，①対象者にとって半ば強制的な

開始，かつ，低い動機付けであることが多く，②職員は様々な側面で二重役割（ダブル・ロール）であり，③時間的制約が厳格，④客観的事実が重視される場，という4点に集約できる（松嶋，2020）。一般的な心理臨床においては，客観的事実というよりも主観的なものをより大切にしていく傾向にあり，それを常としているのであるが，司法領域の特質上，情報収集が主たる場であることもあり，その情報収集自体の難しさもあるものの，この領域の本質に迫るともいえる，「対象者（犯罪者・非行少年等）の動機づけ」においては，主観的事実をもしっかりとらえていくことの重要性が求められている。司法・非行領域の心理臨床においては，動機づけ面接（Motivational Interviewing；MI）が有効であろう。

動機づけ面接とは，「協働的なスタイルの会話によって，その人自身が変わるための動機づけとコミットメントを強める方法」（Millerら，2019, p17）である。ロジャース（Rogers, C. R., 1902-1987）の来談者中心療法に基づいた理論ではあるが，セラピストは，クライエントの強みと資源を引き出す伴走者として寄り添うだけではなく，特定の変化の方向を目指して意識的に面接を行うという特徴がある。元来，アルコール依存症者の治療への動機づけを高めるために誕生したものだが，さまざまな問題行動や，うつ病等の治療へも応用でき，活用範囲も広がった。動機づけ面接では，「関わる（engaging）」「フォーカスする（focusing）」「引き出す（evoking）」「計画する（planning）」という4つのプロセスが重なり合い，揺らぎながら螺旋状に経過していく。

司法領域において，刑事施設における性犯罪者のグループワーク（森田，2017）をはじめとした，刑事・少年事件（加害者への改善更生に向けての働きかけと被害者支援），家事事件（離婚，面会交流，虐待，DVなどの家庭問題）など，幅広く活用されている。

事件等を起こしてしまった対象者を理解し，甦生に向けていくために，矯正心理学がある。矯正心理学とは，「矯正施設という心理学的な場において個々の犯罪者・非行少年の持つ犯罪・非行性を理解し，心理・物理的な矯正の場を利用して，犯罪者・非行少年の犯罪性・非行性の改善のための心理的処遇について，科学的技術や理論を提供する学問」（犬

塚，2004）と定義されている。

矯正職員の使命として，「矯正行政は，被収容者の収容を確保し，その人権を尊重しつつ，それぞれの法的地位に応じた適切な処遇を実現することにより，刑事・少年司法手続の円滑な運営に寄与し，犯罪・非行を犯した者の再犯・再非行を防止し，新たな犯罪被害者を生じさせないという役割を担っている。矯正職員は，規律と秩序ある矯正施設のあるべき環境を保持しつつ，『ひとりの人間』としての被収容者に正面から向き合い，更生に導くことで，国民生活の基盤である国の治安を支え，安心・安全な社会を構築するという国家の重要な責務を果たしている」とされている（法務省 HP）。矯正施設における矯正職員は，「被収容者の収容を確保するとともに，改善更生に向けた働き掛けを行っている」（『矯正心理学』2020，p1）。犯罪・非行に至るきっかけから行為・その後まで，プロセスを通してメカニズムをとらえ，理解することを通し，再犯・再非行を繰り返さない働き掛け，現実可能性を見極め，防止に努める計画を練る必要がある。そのため，矯正職員は，個々の問題を「見立て」「かかわる」ことを担っている。それを支える「理論と技術」を提供できるのが，矯正心理学であるといえる。

収容者が処遇された背景には，その行為に及んだきっかけはあるものの，一線を越えなくてはならなかった状況・環境・人間関係・その他諸々の現在的要因に加え，それに至った不幸な境遇の存在，成育歴やその環境，どのような大人とのかかわりがあったのか，どのように重要な他者と出会い，絆が結ばれ，自文化を育んできたか，そして，それが生まれ持った特質などと相まっていたのか，心理学的知見や手法を用いて，知識的にも技法的にもアプローチしていく必要がある。

収容者は，頭脳的で巧みな言動，大人顔負けの知識力・経験や，ある意味，秀でた特別な才能，センス，バランス感覚，対人関係力を持ち得ていることがあり，道筋さえ健全な方向に進んでいくことができれば，自他ともに認められる存在となり，社会的に生きやすくなることも少なくなかろう。それぞれの存在を，ひとつの視点に固着せず，多視点で多義的に，本来の姿を把握でき，包括的にアプローチしていくためにも，

臨床心理学的視点は，犯罪・非行領域に欠かせないものと思われる。

　司法・非行領域の心理臨床では，法の下に，一定なる制約（強固な枠組み）の中で従事することとなるため，いわゆる心理臨床と比べると，自由さに欠けるといえるかもしれない。実際，制約は多いものの，そのことがかえって，心理臨床上の重要なポイントを鮮やかに浮かび上がらせるようなことも多いと考えられる（川端，2022）。

3．少年に関わる心理臨床

　司法面接（forensic interview）とは，子ども（および障害者など社会的弱者）を対象に，「聞き取りにおいて子どもにかかる負担をできる限り少なくし」「聞き取り内容が間違った誘導の結果ではないかという疑念がもたれる可能性をできるだけ排除し」「子どもの関わった事件が何らかの作為による虚偽の話ではなく実際にあった出来事であるかどうかを検討するための情報を得る」といった3つの目的を持って行う面接のことである。原則として1回，出来事に関する事実の聴取を行う。手続きとしては，まずラポールを築き，子どもからの自発的報告後，オープン質問（「お話しして」，「それから」等），WH質問（何，誰，どこ等）を用いて面接を行う。録画により正確な記録を行い，子どもが何度も面接を受けなくてもよいようするなど，できる限り子どもの心理的負担を少なくする方法をとる（司法面接支援室）。

　刑事・少年司法手続において，対象者は，動機づけが乏しく，時に激しい感情を示すと思えば，酷く無気力な様子を見せることがある。司法領域の専門職は，職責ゆえに，犯罪・非行を起こした対象者に対して，法令違反の問題をわからせようと説諭し，対象者から望ましい反応を得られなければ，さらに教え込もうとしたくなる。このような状況においては，常識や善悪という価値を重んじるがためにどうにかして対象者の間違いを指摘して正したいという，専門家自身の「間違い指摘反射」をいかにコントロールするかが課題となる。面接者が面接者目線の正論で対象者の言動を正そうとすればするほど，対象者は反発し，無視するようになる。それに対し，面接者はさらに対象者の問題を指摘し，対象者

の責任を厳しく責め，遵守事項や法令違反の行く末を示して対象者を怖がらせることにまで行き着く。

　対象者の視点に立てば，彼らは，司法領域の専門職と出会うまでに，周囲から繰り返し正論を聞かされており，常識や正論に対しうんざりしている。対象者の変化を促すためには，正論を振りかざすだけでは効果がない。非行少年の多くは，親など周囲の人々からの虐待経験があり，侵襲的な恐怖体験を有することが多い。虐待を受けた少年たちは親などの権威者によって支配された体験から，面接者の対応によって，過去の体験がフラッシュバックすることがある。面接者の厳しい叱責に，少年たちは責められたと感じ，面接者と戦うか，逃げるか，無気力となり，変わろうとする希望や手応えを失い，変われないと確信し，再び問題行動や非行につながるパターンを繰り返す。対象者に関わる専門職は，「人は，サポートされていると感じたときに変わるのであって，他者から無理矢理，直面化させられたときに変わるのではない」（Miller & Rollnick, 2013）ことを十分に認識し，適切な対応ができるよう準備する必要がある。

　正論や常識を振りかざし，対象者に怒り・恐怖・恥といった感情を持たせ続けると，変わらないのは対象者のせいであり，どうしようもないと考えるに至り，専門職自身の自信喪失や無力感に通じ，職務を果たすことが困難となってしまう。このような悪循環を防ぐためにも，動機付け面接などの活用が有効である。

　誰でも，変わりたいけれど変わりたくないという両価性を持つこともある。動機づけ面接の視点から俯瞰することで，対象者の抱える両価性ゆえに行き詰まり状況にあることが見えてくる。動機づけ面接では，対象者の視点に立ち，対象者が両価性をもつゆえに，理想の自己像や行動と，現況・現況とのギャップを捉え，面接者は，対象者自身がその状況に向き合い，自分の力で打開できるように，対象者固有の価値観，目標，行動を選び取り，変化の方向性を見出すことができるように支援していく。動機づけ面接の中核は，両価性を解消するための協働であるといえるだろう。

対象者が自信を失わずに，価値観，目標を持てるように，対象者の強みや資源に焦点を当て，対象者の既存の強みを土台にして，望ましい変化に向かうプロセスにおいて小さな変化への手応えを得て，自己効力感を高めていくのを支援する。

　上記は加害者支援としての鍵となる心理的姿勢についてまとめたが，以下は，被害者支援についての動機づけ面接となる。

【被害者支援と動機づけ面接】

　司法・犯罪領域においては，被害者支援は重要なテーマである。法的には，2000（平成12）年の刑事訴訟法改正によって意見陳述制度が開始され，被害者は，法廷において，事件に対する意見や心情を述べることが認められるようになった。さらに，2004（平成16）年には犯罪被害者等基本法，2005（平成17）年には，その具体的な方策を示した犯罪被害者等基本計画が制定され，被害者のための施策が推進されてきている。

　その流れで，動機づけ面接は，被害者支援において，トラウマについての正確な知識をもつことに加え，肯定的で思いやりのある関係の中での深い傾聴が基盤作りに役立つ。被害やトラウマは，誰にでも起こり得るものである。面接者は，まず，被害者と安心，安全な協働関係を構築したうえで，クライエントの過去から現在に至る体験プロセスを一緒に探索して整理していく。被害によるトラウマ過程を通して，矛盾するような，バラバラで一貫性を欠いた行動や体験は，生き抜くための術であったと理解することができる。

　被害者支援においては，被害者の強みに着目し，それを活性化させて生かすことが重要であり，強みに基づいてアプローチする動機づけ面接はそれに合致する。被害者支援において，動機づけ面接の態度，タスクのひとつでもある「引き出す（Evoking）」ことは，被害者の中にある強さ，努力，知恵を引き出す。その作業を通じ，クライエントは，自分にも変わることができ，変化という選択肢があることを認識できるようになる。クライエントに固有の価値や強さを，クライエント自身の言葉で引き出すことによって，クライエントの変化を促進することができう

る（Miller & Rollnick, 2013）。

被害者支援は多職種多機関連携の中で長期にわたり取り組まれることとなる。面接者は，被害者とともに居続けることが必要で，被害者の痛みを理解するために，被害者の苦痛の軽減をめざし，被害者の視点に立って状況判断しながら，被害者が被害という体験をしながらも自らの人生を生きていけることへの問いを持ち続ける必要がある。対人援助職間で動機づけ面接をひとつの共通言語として活用することで，円滑な機関連携ができ，被害者の福祉向上につながる。被害者が他者との肯定的な関係性を持てるように，将来に向けて長く安心して過ごせるセーフティネットワーク作りが不可欠である。

4. 成人に関わる心理臨床

罪を犯した者は刑務所に収監（少年は少年院送致）され，いったんは社会から存在が消えるものの，刑期を終えると地域社会に復帰する。つまり「その後の人生」（大場，2017）が続くのである。健全な生活を送れるものもあれば，再び犯行や非行を繰り返し，刑事司法の枠組みに戻って来ることも少なくない。田中（2021）は，「加害行為に至った者にある被害体験と被害者意識をいかに理解し取り扱っていくのかは心理臨床実践において，とりわけ司法・矯正や児童福祉領域，家族臨床において重要な実践的課題である」と指摘している。

平成28年12月，議員立法により，再犯の防止等に関する施策に関し，基本理念を定め，国及び地方公共団体の責務を明らかにするとともに，再犯の防止等に関する施策の基本となる事項を定めた再犯防止推進法が成立し，同月に施行された。また，平成29年12月には，再犯防止推進法に基づき，政府は，再犯の防止等に関する施策の総合的かつ計画的な推進を図るため，30年度からの5年間を計画期間とする「再犯防止推進計画」を閣議決定した。

令和4年の犯罪白書によると，令和3年の刑法犯における再犯率は48.6％で，検挙人員の半数近くを占めていることになる（図11-3）。

受刑者の処遇は，刑事収容施設法に基づき，受刑者の人権を尊重しつ

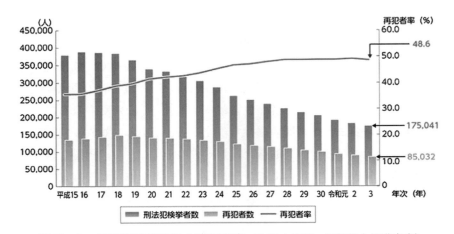

図11-3　刑事版検挙者数と再犯者率（令和4年版　再犯防止推進白書）

つ，その者の資質及び環境に応じ，その自覚に訴え，改善更生の意欲の喚起及び社会生活に適応する能力の育成を図ることを目的として行う（令和4年版　犯罪白書）。その流れを図11-4に示す。

　出所後，再び刑務所に戻ってしまう「回転ドア現象」を繰り返す人々には，高齢者や障害者など弱い立場にあり，生きづらさを抱える人たちが少なくない。福祉的支援を受けることの困難さから再犯に及ぶことも多い。「更生保護」の中でも主たる業務である「保護観察」として，民間協力者との連携により「社会のなかで再犯防止と立ち直りを目指して指導監督・補導援護を実施」されている。再犯防止は，「威嚇とかけ声をもって完遂できるものではなく，新たな被害者を出さない，自分も人も傷つけない日々を重ね，納税者，地域住民，勤労者などとして社会を構成する一因となることを支援する仕組み」であり，「刑事司法，そして，その最終段階である更生保護においてなされた支援が，途切れることなく地域社会においてシームレスに引き継がれなくてはならない」し，そのために「居場所と出番（住居と仕事）」が重要である（大場，2017）。

　藤岡（2017）は，「加害行為をした者がその背後にある『傷』について，わかりやすくはなしてくれるかというと，そういうわけにもいかない。人に伝わるようにちゃんと言葉にできるくらいなら，加害行為には転じないと考えたほうがよい」とし，「身体暴力や性暴力などの直接的

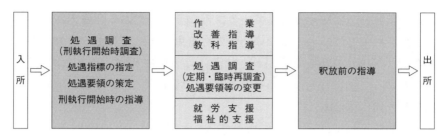

図11-4　受刑者処遇の流れ
（令和4年版　犯罪白書　第4編/第5章/第3節 p.57より）

被害による『傷』は比較的共感しやすい」が，「関係性のなかで『NO』と言えない，何をしてもしなくても結果は同じ，といった関係的被害の場合，その『傷』はなかなか見えにくい，感じそびれることもありうる」と指摘する。彼らの話に耳を傾ける中で，「傷の話し方，表すタイミングなどはさまざまであるが，一定に信頼関係ができ，臨床家の誠意と関心を体感し，安心感を持てるようになって初めて，恐る恐るといった形で表される」ようになり，「年齢が若いほど，それまで安心な関係をより多く体験しているほど，そして，男性より女性のほうが，より『傷』を開示しやすい」と指摘する。男性の場合，「傷」を認めることは，自身の弱さを露呈することで，「無力を認めたくないがゆえに，加害行為で対処しようとしたのに，『傷』を晒すことは，負けを認めるようなものである」と考えやすい。これらのケアには，孤独・孤立感から解放され，共感され，仲間に認められる体験を繰り返す，自らを語ることで仲間にも役立つようなグループ活動が適している。傷つき体験を語る際に，感情を伴わず淡々と語ることも少なくなく，少しでも脅された感じを持つと，怖がる代わりに怒り出すことは珍しくなく，安心・安全な環境を準備することが不可欠となる。

　藤岡（2017）は，「加害の背後にある『傷』が，感情を伴って語られれば，共感し，ともかく手当てをするという態度と行動をとること」が必要であるとする。それでもなお，「本人が『傷』を認められず，自覚が乏しいままに，以前と同じ『被害に対し加害で武装する』という生き方を続けているような場合」，語られたものが「『欺瞞』で，こちらを良

いように操作して騙そうとしている，うかうかしていると被害者の立場に立たされてしまうのではないかと疑心暗鬼になってしまう場合」があるなど，「『傷』の痛みと置かれた状況には大いに共感するものの，『だからといって加害行為が認められるわけではない』ということは明白である」と述べている。

　「再犯防止対策は，安全で安心な社会の実現に向けた取組」であり，「犯罪や非行をした人が逮捕され，裁判を受けた後」，「法務省では，関係省庁や地方公共団体，民間協力者等と連携し，犯罪や非行をした人が再び罪を犯さないように指導・支援する『再犯防止対策』を進めている。「再犯防止対策は，犯罪が繰り返されない，何よりも新たな被害者を生まない，国民が安全で安心して暮らせる社会を実現するための取組であり，国民の皆様の御理解と御協力が不可欠」としている（法務省 HP より）。

　収容施設内で行われる再犯防止プログラムにおいて，対象者は，心理教育の形で知識を得るばかりでなく，さまざまな体験を通して，自身や他者とふれあい，本来の自身を取り戻すきっかけをつかむ機会となっている。プログラムの準備段階から，安全・安心感を持てる場の設定を行い，対象者の琴線に触れる仕組みを盛り込む工夫がなされている。

研究課題

1．犯罪白書・再犯防止推進白書などの HP を開いて，犯罪・再犯について考えてみよう。
2．被害体験は加害体験に変化しうる可能性について，日常の場面から深めてみよう。

参考文献

藤岡淳子（2020）．司法・犯罪心理学　有斐閣
藤岡淳子（2017）．「加害の背後にある「傷」をどう扱うか？」川島ゆか（編）　犯罪・非行臨床を学ぼう　臨床心理学　102(17)6　793-795

廣井亮一（2011）．特集「司法臨床」の可能性：司法と心理臨床の協働をめぐって「司法臨床」の概念—わが国の家庭裁判所を踏まえて　法と心理，1-6

廣井亮一（2007）．司法臨床の方法　金剛出版

法務省矯正研究所（編）（2020）．増補改訂版矯正心理学　公益財団法人矯正協会

法務省　矯正職員の使命　Retrieved from https://www.moj.go.jp/content/000122615.pdf（2024年2月25日）

法務省HP「矯正の沿革と仕事のあらまし」　Retrieved from https://www.moj.go.jp/kyousei1/kyousei_kyouse02.html（2024年2月25日）

法務省再犯防止対策　Retrieved from https://www.moj.go.jp/hisho/seisakuhyouka/hisho 04_00038（2024年1月14日）

犬塚石夫（2004）．矯正心理学　東京法令出版

川端壮康　日本犯罪心理学会コラム 2022.06.01　Retrieved from https://www.jacpsy.jp/column/column-584/（2024年1月14日）

松嶋祐子（2020）．犯罪・非行領域における心理臨床の特性　専修大学人文科学研究所月報　306　25-39

Miller, W. R. & Rollnick, S., (2012) *Motivational Interviewing, 3rd. ed*：Helping People Change. The Guilford Press.　原井宏明（監訳）（2019）　動機づけ面接（第3版）星和書店

森田陽子（2017）．性犯罪者のグループワーク②—グループの停滞（拒否と抵抗）門本泉・嶋田洋徳（編）　性犯罪者への治療的・教育的アプローチ第9章，金剛出版．149-168

一般社団法人日本臨床心理士会HP　臨床心理士とは　臨床心理士の活躍の場　Retrieved from https://www.jsccp.jp/person/scene/（2024年5月28日）

大場玲子（2017）．「その後の人生」をどう支えるか—罪を犯した人への生活支援　川島ゆか（編）　犯罪・非行臨床を学ぼう　臨床心理学 102(17)　6　818-821

再犯防止推進白書令和4年版　第1章　再犯防止をめぐる近年の動向 p.46　Retrieved from https://www.moj.go.jp/content/001385535.pdf（2024年3月3日）

司法面接支援室　司法面接研究会HP　Retrieved from https://forensic-interviews.jp/doc/?r=7（2024年2月25日）

令和4年版犯罪白書　第4編第5章第3節　受刑者の処遇等　p.57　Retrieved from https://www.moj.go.jp/content/001387343.pdf（2024年3月3日）

田中健夫　加害者の中にある被害者性についての臨床心理学的検討：押しつけられた罪悪感を手がかりに　東京女子大学紀要論集　71(2)，119-134，2021-03-30

12 | 心理面接の現場⑨：私設心理相談

橋本　朋広

《**本章の目標＆ポイント**》　私的性質や有料等といった私設心理相談の特徴を
ふまえながら，そこで実際に心理面接を行う上での種々の留意点を解説し，
私設心理相談における心理面接では心理療法的マネジメントが重要になるこ
とを論じる。

《**キーワード**》　私設心理相談，私的性質，有料，心理療法的マネジメント

1．私設心理相談の特徴

　一般社団法人日本臨床心理士会（以下，日本臨床心理士会）(2024) に
よれば，臨床心理士の主な活動の場には「医療・保健」「福祉」「教育」
「産業・労働」「私設心理相談」「大学・研究所」「司法・法務・警察」の
7 領域があり，私設心理相談は「臨床心理士が，個人または組織で運営
している心理相談機関」である。

　日本臨床心理士会が，2019 年時点での登録会員 21,383 人を対象に
行った「第 8 回　臨床心理士の動向調査」(一般社団法人日本臨床心理
士会，2020) によれば，回答のあった臨床心理士（以下，心理士）11,208
人中，私設心理相談に勤務している者は 1,016 人（9.1%）であった。こ
の数値は，保健・医療領域の 4,749 人（42.4%）や教育領域の 3,949 人
（35.2%）と比べると少ないが，産業・組織・労働領域の 953 人（8.5%）
と同程度であり，かつ司法・法務・警察領域の 419 人（3.7%）よりも
多い。このことは，私設心理相談が心理士の主要な活動領域の 1 つであ
ることを示している。

　さて，心理士が活動する各領域には，その領域の特徴があり，その特
徴に応じて心理面接の実践にも様々な工夫が必要になる。では，私設心

理相談の特徴とは，どのようなものであろうか。

第一の特徴は，私設心理相談は「公的」機関によるものではなく，特定の個人や集団の理念や意志に基づいて行われているため，「私的性質」を強く帯びるということである。

この特徴は私設心理相談において行われる実際の心理面接に色々な影響を及ぼす。たとえば，公的機関というものには権威があり，それゆえ人々はそれに素朴な信頼を寄せる。時には，組織への信頼を背景にして心理士が理想化されたりもする（早川，2012）。しかし，私設心理相談では，権威に寄せる人々の信頼といったようなものを当てにするわけにはいかない。それゆえ公的機関で心理面接を行う時以上に，ラポールを形成する作業に気を遣う。

また，公的機関では，たとえば心理士が何らかのミスをし，クライエントがそれを問題にしたとしても，最終的には組織が矢面に立ってクライエントに対応し，組織が責任を持つ。この意味で，心理士は組織に守られている（栗原，2011；早川，2012；浅井，2012）。しかし，私設心理相談では，心理士個人が矢面に立ち，責任を負わなければならない。

こう言うと，私的性質にはネガティブな影響しかないように思われるが，決してそうではない。むしろ，その逆の影響もある。たとえば，公的機関はまったく権威的で組織の都合ばかりであり，個人を大切に扱わないのに対し，私設心理相談は個人の希望に丁寧に寄り添ってくれる，ここだけが自分の悩みを本当に受け止めてくれる場所である，といった思いをクライエントが持つこともある。

実際，私的な機関であるからこそ，私設心理相談では，心理士は，自分自身が持つ技能を自分の裁量で存分に発揮できるし，それによってクライエントの私的なニーズを丁寧に汲み取り，それに対応できる（栗原，2011；早川，2012；浅井，2012）。これは，私的性質がもたらすポジティブな影響である。

しかし，このポジティブな影響は，反転すればネガティブな影響ももたらす。すなわち，クライエントの私的な欲求が肥大し，心理士がそれに応えられなくなり，それに対してクライエントが怒りを抱き，その怒

りが心理士に全面的に向けられ，非難されたり責任を問われたりすることがある。

　以上からわかるように，私的な性質を持つ私設心理相談には，丁寧で細やかな作業ができる反面，不信感を抱かれたり，逆に幻想を抱かれたりする側面があり，それゆえ難しいトラブルに巻き込まれ，大きな責任を担わされる可能性がある。このため，私設心理相談では，心理面接過程におけるマネジメントに細心の注意を払う（栗原，2011，2012；亀井，2012；小泉，2012）。

　もっとも，公的機関における心理面接でも，それが心理面接である限り，本質的には同様の問題を抱えている。しかし，公的機関に勤務していると，この点を見失いがちになる。たとえば公的機関の場合，しばしば年度末に突然担当者が交代したりする。公的機関にすれば，それは規則であり，また予算等の都合で致し方ないことであるかもしれないが，人生上の大問題に悩んでいるクライエントからすれば，それは見捨てられるに等しい事態である。しかし，多くの場合，クライエントは，これを問題として扱うことさえできない。というのも，その前に担当者が変わってしまうからである。クライエントにすれば，本当はその問題を心理士や公的機関に訴えたくても，「それは決まりだから」といった権威の一言に黙って引き下がるしかない。

　このようなこともあるので，公的機関では，年度末で担当者交代があることを前提に，心理士に，年度内で区切りをつけることを求めたり，年単位での関わりを必要とする難しい事例は外部にリファーするよう促したりする。そして，それに連動して心理士のほうも，深入りを避け，深刻な問題は早急に外部へリファーするような姿勢になりがちである。

　また，公的機関では，訴えが公的機関の目的に沿った内容である場合にしか相談を引き受けてもらえないし，利用できる期間も必要最低限に限られている。このように，公的機関には明確な設置目的と権威があり，運営に関しては機関の都合が優先される（浅井，2012）。そこに私情を差し挟む余地は少なく，たとえ深刻な悩みを抱えていようとも，クライエントは圧倒的な権威に従うしかない。

第12章　心理面接の現場⑨：私設心理相談 | **209**

　他方，私設心理相談で働く心理士は，クライエントの私的なニーズを丁寧に汲み取り，細やかな対応を心がける。しかし，そのぶん不信感を直にぶつけられたり，逆に幻想を抱かれたりしやすく，難しいトラブルに巻き込まれたり，大きな責任を担わされたりする可能性がある。それゆえ，心理面接の枠組み（治療構造）を構築するためのマネジメントに細心の注意を払うようになる。そうしてしっかりした治療構造を構築することで，組織や権威による守りのなさを補った上で，複雑な思いが絡む私的問題を心理面接で扱おうとする。つまり，私的性質を強く持つからこそ，私設心理相談では，私的問題を扱う際の危険性に敏感になり，それゆえ逆に私的問題を丁寧に扱えるようになるのである。

　そして，この私的性質に強く関連するのが，「有料」という第2の特徴である。先述したように，私設心理相談は，心理士が「個人または組織で運営している心理相談機関」である。当然，機関を開設し維持するためには諸経費がかかるし，心理士がその仕事によって生計を立てるためには，そこから収入を得る必要がある。それゆえ，私設心理相談では心理面接に料金が課せられる。

　しかも，心理面接の場合，通常1回につき1時間の時間が費やされる。当然1人の心理士が担当できるセッション数も限られるから，その収益で機関の運営費や心理士の報酬をまかなおうとすると，必然的に時間単価が高くなる。また，予約のキャンセルが何度も続いたりすると，機関の運営や心理士の生活に直接影響してくる。したがって，私設心理相談では，料金やキャンセルに関する契約がおのずとシビアになってくる。

　そして，当然のことだが，料金を支払うクライエント側もシビアになる。まず，心理面接が支払った料金に見合ったものであるかどうかシビアに判定するようになる。また，それだけの料金を払っているのだからといった気持ちから，心理士や心理面接への要求水準も高くなる。時には，自分の要求はすべて満たしてもらって当然といったような思いを抱くこともある。そして，役に立たないとか意味がないとか思うと，すぐに中断したりする。

　このような状況において，私設心理相談で働く心理士は，おのずから

クライエントのニーズに敏感になる。そして，自分がそれに応えられるのか，自分には何が提供でき，何が提供できないのか等，必死に考えるようになる。その上で，できることとできないことを明確に判断し，その判断をクライエントに伝え，そうして両者が納得いく形で契約できるよう工夫しようとする。

　特に厄介なのは，心理士は自分の存在を丸ごと受け止めてくれる，そして即座に解決策や安心感を与えてくれる，といったような幻想的な期待である。人生の問題に苦悩するクライエントが，ある種の救世主のような対象を求めること自体は尤もである。しかし，実際の心理士には，そのような力はない。しかも，実際の心理面接というのは，自分自身に生じた過去の出来事を思い出したり，その出来事を振り返って検討したりする等，クライエントの側に主体的な関与や努力を求める。ところが，私設心理相談には先述したような私的性質があり，しかも1回の面接に高額な費用がかかるため，クライエントの側には，そういう主体的な努力をしなくても助けてもらえるという幻想的な期待が高まりやすい。

　また，私設心理相談で働く心理士の側にも複雑な事情がある。すなわち，個人や集団の理念や意志のもとに開設・運営されていることからもわかるように，私設心理相談で働く心理士には，個々のクライエントのニーズに丁寧に寄り添い，本当の意味でオーダーメードの充実した支援を行いたいという，これまた私的な欲望がある。それこそ，心の底には救世主のようになりたいという欲望さえあるかもしれない。さらに，私設心理相談の心理士の場合，クライエントとの面接は収入源でもある。だから，心のどこかに，できるだけ面接を継続したいという欲望がある。そういう複雑な事情に無自覚であると，クライエントの幻想的な期待に自己愛が刺激され，クライエントの私的な願望に鈍感になったり（小泉，2012），それを満たそうとしたりしがちである。

　これに対して公的機関の場合，心理面接は無料あるいは低額な料金で提供される。もちろん，その原資は税金であり，心理士はそこから給料をもらっており，クライエントは税金を払っているわけだから，実際には両者の間に金銭の授受が生じている。しかし，そのような関係性は巨

大組織の背後に隠れて見えなくなっている。それだけに，クライエントからすれば，心理士はお金のことなど気にすることなくクライエントを心配し，クライエントのために働いているようにも見えたりする。このように，公的機関でも，実際には無料ではないのにセラピストは無私の精神で尽くしてくれていると思い込むような幻想が生じている可能性があるのだが，巨大組織に覆い隠されてしまうせいか，そのようなことが心理面接のテーマになることは少ない（早川，2012）。

　他方，私設心理相談では，しばしば心理面接において料金を巡るテーマが話題になる（栗原，2012；小泉，2012）。したがって，私設心理相談で働く心理士は，心理面接の実施に際して，クライエントのニーズは何か，そこにどのような幻想があるか，それに対して自分は何ができ，何ができないのか，自分の側にも幻想はないか等，できる限り明確に判断し，その判断について必要な事柄をクライエントと共有し，心理面接という営みが幻想に彩られないように工夫しなければならない。

　以上，「私的性質」と「有料」という私設心理相談の二大特徴について解説した。その特徴から生じる影響には，ポジティブなものもネガティブなものもあった。これらの特徴から生じる様々な問題は，一見，心理面接以前の問題，すなわち治療構造のマネジメントに関する問題であるように思われるが，じつは心理面接のプロセスを大きく左右する問題である。すなわち，私設心理相談では，マネジメントの成否がそのまま心理面接の成否を左右するぐらい，マネジメントと心理面接過程が密接に関連しており，私設心理相談における心理面接は，その点に留意して行う必要があるのである。以下，そのような観点から，私設心理相談において心理面接を行う上での留意点について解説したい。

2．相談申込を受け付ける際の留意点

　通常心理面接は，電話等による申し込みがあり，その後インテーク面接を行った後で契約がなされ，開始となる。この過程自体は，多くの心理面接に共通するが，私設心理相談では，電話等で申し込みを受け付ける時点から特に注意しなければならないことがある。

まず，私設心理相談の場合，初回のインテーク面接から料金がかかるのが通常である。このことは事前にクライエントにしっかり伝える必要がある。しかも，単に「有料です」と言うだけでは不十分である。というのも，クライエントの中には，当面の問題に切羽詰って，その問題を扱うのに心理面接が適当かどうか検討することもないまま，それどころか心理面接とは何をする営みなのかまったく理解しないまま，藁をもすがる思いで申し込んでくる人もいるからである。

　このような場合，ともかく来談すれば問題を解決してもらえるとか，少なくとも解決の方法を教えてくれるとか思い込み，自分自身が問題を考える主体であるとはまったく想定していないことがある。そのため，有料について事前に伝えていたとしても，いざインテーク面接をし，心理面接とは心理士の協力を得ながらクライエント自身が問題への対処や解決策を考える作業なのだとわかった途端，すぐに解決してほしいから来たのに，何の具体的な解決策ももらえないままお金を払う気などない，などと怒り出すことがある。

　しかも，さらに厄介な動機が潜在している場合がある。すなわち，家庭内の誰か，たとえば配偶者や親や子どもの問題行動に困っているので，その対象を相談に来させて変化させたいというような動機である。このような動機がある場合，電話では何も言わず，インテーク面接当日に突然本人を，しかも騙したり脅したりして無理やり連れてくることもある。受付の段階でそういう希望が語られた場合は，まだ対応の余地があるが，当日無理やり連れてくるというような場合，問題がこじれ，心理面接が有効に機能しにくくなったりする。

　このようなこともあるので，私設心理相談では，初回のインテーク面接が始まる前の相談申し込みの段階から勝負が始まると言っても過言ではない。そのため，栗原（2011）は，心理面接を行うセラピスト自身が受付を行うことに利点があると指摘している。しかし，受付の体制は機関によって様々である。個人で運営している場合，心理面接を担当するセラピストが受付も担当していることが多いが，集団で運営している場合，心理面接の担当者ではない他の心理士や，あるいは心理士でない事

務員が受付を担当することも多い。しかも，かりに心理面接の担当する
セラピストが受付を担当する場合でも，受付の段階で相談内容の詳細に
立ち入ってしまうのは望ましいとは言えない。というのも，相談内容の
詳細に立ち入ってしまうと，そこに治療的な関係が生じ，場合によって
はセラピストのほうも，その力動に動かされて共感を示したり，解釈を
したり，時にはアドバイスをしてしまったりする可能性があるからであ
る。したがって，受付の段階では，相談内容については，かりに確認す
るにしても簡潔にとどめるのが良い。

　しかし，心理面接がどのような作業なのか理解しないまま即座に解決
してもらうことを期待したり，自分以外の誰かを変化させてもらうこと
を期待したりしているクライエントがいるのも確かであり，受付ではそ
のあたりへの対処が肝心となる。したがって，申し込もうと思った理由
を簡潔に聞いた上で，機関で提供する援助の特徴（それが心理面接なら，
それはどういうものか），料金，援助はどういう順序で進められるか，初
回のインテーク面接ではどんなことをするか等を説明し，それによって
機関の援助がクライエントの求めるものに合致しているかどうかを確認
してもらい，有料でも申し込もうと思うかどうか再度考えてもらうこと
が基本になる。

　もちろん，これですべてが上手くいくわけではないが，受付の段階で
この作業をしておくと，たとえば家族内の誰かを無理やり連れてこうと
しているような場合，「じつはカウンセリングを受けたいのは私ではな
く，夫にカウンセリングを受けさせたいんです」等と申し出たりする。
そうなれば，心理面接では本人が主体的に参加することがとても大切な
ので，本人の意向を確認して本人に申し込んでもらう必要があると伝え
たり，あるいは，それが難しいなら，まずは本人にどう関わるのが良い
か申込者自身が考えることも有効であると伝えたりできる。

　また，このように受付で心理面接の意義や枠組みを伝え，その上で申
し込みをするかどうか確認しておくと，インテーク面接での作業もずっ
としやすくなる。たとえば，インテーク面接の最初に，「電話でお聞き
になっていると思いますが，今日はまず，来談に至る経緯を詳しくうか

がい，それから心理面接でどういうお手伝いができるかを提案したいと思います。その上で，心理面接が役立ちそうか考えていただき，今後も利用するかどうか，教えてください」等と言うだけでも，インテーク面接の目的が明確になり，枠組みをしっかり作ることができる。

　以上からわかるように，受付の段階で料金について明示する理由は，単にお金を巡る揉め事を防ぐためだけではなく，むしろもっと積極的に，こちらが提供する心理面接というサービスの内容をしっかり理解し，それがクライエントの求める援助に合致しているかどうか考えてもらい，クライエントに主体的に心理面接に参加してもらうためなのである。

3．インテーク面接における留意点

　さて，こうしてインテーク面接が始まるわけであるが，私設心理相談におけるインテーク面接で何よりも大切なのは，ここまでの流れを引き継ぎ，さらにそれを徹底することである。すなわち，心理面接というサービスの内容をしっかり理解してもらい，クライエントの具体的なニーズに照らし，それが役立ちそうかどうか，より一層深く考えてもらうのである。いわば，治療構造を構築するためのマネジメントを行うのである。教科書的に言えば，インテーク面接で大事なのは心理アセスメントであるということになるし，事実それはそうなのだが，私設心理相談では，それと同じぐらい，あるいはそれ以上に，治療構造を構築するためのマネジメントが重要である（栗原，2011）。というのも，心理面接の枠組みがしっかりしていればこそ，私的問題や料金を巡る複雑な，そして幻想に満ちた葛藤が心理面接で扱えるようになるからである。

　したがって，私設心理相談の場合，インテーク面接では心理アセスメントの情報収集を行うというような理解だけでは不十分である（栗原，2011，2012）。なぜなら，そのようなスタンスだと，まずは主訴・問題歴・成育歴・家族構成等について満遍なく聴取するといったような態度になりがちだからである。それでは，心理面接というサービスの内容をしっかり理解してもらい，クライエントの具体的なニーズに照らし，それが役立ちそうかどうか，より一層深く考えてもらう方向に進みにくい。

この方向に話を進めようとする場合，最も重要なのは来談経緯を丁寧に聞くことである。というのも，どういう経緯で，どういうことを期待して心理面接に来ようと思ったのかという中にこそ，クライエントが心理面接をどういうものと理解しているのか，そして心理面接に何を求めているのかといった動機がより明確に示されるからである。

特に自分は何もしなくてもセラピストが問題の解決方法を教えてくれるとか，問題のある他者を連れてくればセラピストが面接で変化させてくれるとかの幻想的な期待は，このあたりを丁寧に聞いていくと浮き彫りになる。そして，そのような期待が見られる時には，心理面接はそのようなものではく，クライエントが自分の悩みや苦しみをどう受け止め対処していくかセラピストと共に考える作業であること，それゆえ取り組む本人の主体的な参加が重要であること，だから他の誰かに問題がある場合でも，その人に無理やり心理面接を受けさせることは良いやり方ではなく，そうしたいのなら最低でも本人に説明して納得してもらう必要があるし，それが難しいのなら，心理面接でできるのは，その人との関わり方をクライエント自身が考えることであること等を説明し，その上で来談しているクライエント自身に，心理面接が自分に役立ちそうかどうか，それを利用してみようと思うかどうか，考えてもらうのである。クライエントは当然，それをすることが支払う金額に見合うかどうか考えるであろうし，場合によっては，それで心理面接の利用をやめるかもしれないが，有料の私設心理相談では，インテーク面接の段階でそれをしっかり考えてもらう必要があり，それが結局両者のためになる。

こうして心理面接の主旨を理解した上で，クライエントが心理面接を利用してみようと思えば，心理面接は次のステップに進むことになる。もちろん，すぐさま幻想がなくなるわけではないし，それは心理面接の過程で繰り返し現れるが，それでも，そこでの確認事項は，クライエントとセラピストがなすべき仕事について常に立ち戻る原点となる。

実際には，この原点が確保されてはじめて，セラピストは治療契約の次のステップに進める。というのも，インテーク面接において治療契約を結ぶ場合，そのクライエントについて心理面接で何をするのか具体的

に示す必要があるからである。心理面接ではクライエントが自分の悩みや苦しみをどう受け止め対処していくかセラピストと共に考える，等というような抽象的な説明をするだけでは不十分である。実際に心理面接を開始するには，セラピストは，クライエントの抱える悩みや苦しみについて，その発生や維持のメカニズムをどう把握したのか，そして，その解決のために心理面接では何をするのか等，具体的に説明する必要がある。

　インテーク面接において，来談経緯の話を聴きながら，セラピストは，どういう問題にいつ頃から悩むようになったのか（問題歴），それにこれまでどう対処をしてきたのか（治療歴）等に次第に話を押し広げ，さらには，家族や他の誰かに援助を受けたのか（家族構成や治療歴），そのような問題が起こる以前はどのように生きてきたのか（成育歴）といった話を聴いていく。そうしてセラピストは，クライエントの悩みや苦しみの背後にあって，「クライエントが自分自身で取り扱い得る心理学的なテーマ」を見立て，その見立てを伝えた上で，それに心理面接で取り組むことを提案するのである。

　重要なのは，ここでセラピストが提案しようとするのは，悩みや苦しみの背後にある「クライエントの考え方の問題」といったようなものではない，ということである。たとえば，不登校の子どもを持った親に対して，親の関わり方を問題視するような発想があるが，「クライエントが自分自身で取り扱い得る心理学的なテーマ」というのは，そのような発想から捉えられる問題ではない。むしろ焦点を当てるのは，親自身の悩みや苦しみそのものである。

　すなわち，不登校の子やその親の問題を見つけるのではなく，そういう大変な状況の中にいてとても困っている人が，最初に手をつけられそうで，かつ，それが状況の悪化に一役買っていそうな部分，そこを和らげると状況が少し良くなりそうな部分，たとえば親であれば，学校に行かない子どもを前にした時の苛立ちや怒り等に焦点をあて，それを心理面接のテーマにし，そうしてクライエントがそれを見つめたり，それへの対処の仕方を変えたりできるようにしていく発想である。料金が発生

する私設心理相談のインテーク面接では，クライエントに心理面接をするかどうか主体的・自覚的に考えてもらうため，心理面接では何を扱うのか，それをどう扱うのか，クライエントに可能な限り具体的に説明・提示する必要がある。

　実際には，心理面接で扱うテーマをここまで具体化してはじめて，セラピストは，「面接では苛立ちや怒りに対処するため認知や行動を検討・修正する認知行動療法をします」とか，あるいは，「怒りや苛立ちに対処しやすくするため，その背後にある親子関係の力動等について検討する力動的心理療法をします」とか提案できるのだし，それぐらい具体的な提案をしてこそ，栗原（2011）のいう「心理面接において期待される作法」（**表12-1**）の必要性も明示できるのである。したがって，本当に心理面接をやってみるかどうかクライエントに具体的に考えてもらうとするなら，そのぐらいは明示しなければならないのである。熟練したセラピストであれば，おそらくこの時点で，インテーク面接の情報をふまえ，もっと具体的に苛立ちや怒りの背後にある認知や行動のパターン

表12-1　心理面接において期待される作法

	心理面接の現実	クライエントに期待される作法
①	心理面接は予約制で動いている	クライエントには定められた時間に（定期的に）来室，退室し，それ以外の時間は原則としてセラピストにコンタクトしないことが期待されている
②	心理面接は有料である	ことに開業場面では，クライエントは定められた（通常，安くはない）料金を，定められた支払方法に従って，過不足なく，延滞することなく，支払うことが期待されている
③	心理面接は，具体的，道具的ではない	セラピストは，契約時に提案すること以外，基本的にクライエントの方向づけをしない。クライエントには，心理面接には，具体的，道具的な手助けは求められないという現実を受け入れることが期待されている
④	心理面接は，即効的，万能的ではない	クライエントには，「解決」に至るまでの一定期間，その間の心の苦しさを自ら持ち堪えることが期待されている
⑤	心理面接においても，社会的な礼儀は守られている	とりわけ力動的なオリエンテーションを持った面接では，"今ここで思い浮かんだことは全て"話すことが期待される。しかしそれは，感覚や空想，思考，そしてそれらを言語化する自由であって，行動の自由ではない。クライエントにはそのことを了解することが期待されている
⑥	心理面接は，相互作用の上に成り立っている	心理面接は"人を介して"機能する。クライエントには，いわば自分1人の世界で回っているところから卒業して，より開かれた世界の中で生きる作法を体得していくことが期待されている

（栗原，2011，p.110より）

を定式化したり，怒りや苛立ちの背後にあるクライエントの対象関係の
パターンを定式化したりして，それをクライエントと共有し，その上で
そのパターンを修正していくために心理面接でどういう作業をするのか
具体的に示すだろう。

　このように，クライエントの問題の具体的なアセスメントに基づく提
案がなされ，それに同意が得られてはじめて，心理面接の枠組ができあ
がり，その開始が可能になる。つまり，インテーク面接では，心理面接
を行うのに必要なアセスメントがそのままマネジメントにつながるよう
な「心理療法的マネジメント」（栗原，2012）が重要になるのである。そ
して，この心理療法的マネジメントをしっかり行っておくと，それ以降
の心理面接が進めやすくなる。もちろん，だからと言って簡単に問題が
解決するわけではない。というより，簡単に問題が解決しないからこそ，
心理療法的マネジメントが重要なのである。

4．継続面接および終結における留意点

　継続面接では，面接内で取り組む方法こそ学派によって異なるが，い
ずれの学派でも，クライエントは焦点を当てた心理学的テーマについて，
自分の体験をセラピストに語りながら，セラピストの応答を参照し，自
分の感情や思考のパターンを検討したり，検討を通して得た洞察を基に
新たな対処方法や生き方を考えたりしていくことになる。

　そして，この段階に進むと，面接は，極端に言えば，セラピストが「ど
うですか？」と導入すれば進んでいくようになる。もちろん，このあた
りの細かい導入の仕方や進め方は，学派によって異なるだろうし，状況
によっても異なるだろう。認知行動療法であれば，「ワークの進み具合
はどうですか」ということになるだろうし，力動的心理療法であれば，「で
は連想を始めましょう」ということになるだろう。しかし，いずれの場
合でも，そもそも心理面接がそういう形で成り立つには，心理面接では
何のために何をするのか，クライエントがわかっていなければならない。
自由連想さえ，実際には心理面接で取り組むべき心理学的テーマへ向
かっての自由連想なのであり，ある意味それは心理面接の場によって方

向づけられているのである。つまり，そこには枠があるのである。これが治療構造というものである。

つまり，治療構造とは，料金や時間や行動化の制限といった単なる決まり事のことなのでは

表12－2　継続面接における危機の諸相

①クライエントの精神機能の破綻
②クライエントの生活上の変化
③セラピストの心身の危機
④面接関係の危機
⑤突然の侵入者

（栗原，2011，pp. 216-226 をもとに作成）

なく，本質的には心理面接とは何をする営みなのかということに関する「了解」のことなのであり，この了解そのものがクライエントの意識に自覚的な内省構造を生成するのである。したがって，継続面接をしっかり進めるには，この了解が不可欠なのである。

もちろん，だからといって継続面接の過程が順調に進むわけではない。栗原（2011）のいうように，クライエントは変化を望みながらも変化を恐れるし，クライエントの精神機能は絶えず揺れ動くし，生活上の変化（結婚や離婚，就職や失職等）や自殺等の行動化，さらにはセラピスト自身の心身の悪化等，様々な危機が生じる。さらにはクライエントの対象関係の問題がクライエントとセラピストの関係に再現される等の問題も生じる（**表12－2**）。それゆえセラピストは，常にクライエントの反応や自身の反応，あるいはクライエントの周囲の人の反応等をモニタリングし，クライエントや治療関係がどういう状態になっているのか検討する必要がある（栗原，2011）。

ともあれ，これらの危機が問題なのは，結局それが心理面接の枠組みを揺さぶるからである。そして，こういう時に大事なのが，当初定めた見立てや定式化が妥当だったか，もし何かずれた点があるとすればどこなのか，取り組みを修正するなら何をどう修正するのか等を検討し，心理面接の枠組みを再検討することである。したがって，もし最初にしっかり心理面接の枠組みを作っていなければ，これらの苦労は非常に対処が難しい問題となる。たとえば，クライエントとセラピストが親しくなり，心理面接に来ること自体が目的になってしまう「心理面接の実体化」（栗原，2011）が生じている場合，最初に心理面接に関する明確な枠組

みを定めていなければ，その問題性にさえ気づかない。かように，心理面接に関する了解を土台とした治療構造こそ，セラピストとクライエントが立ち戻る原点なのである。

そして，心理面接の終結も，この原点に照らして起こる。クライエントが，当初定めた心理学的テーマについて自己理解が進んだと感じ，また自分の考え方や生き方のパターンについて何らかの修正がなされたと感じれば，クライエントは納得して心理面接を終結するし，クライエントからそう言いださない場合でも，セラピストが目的に照らしての達成が感じられれば，心理面接の達成や終結についてクライエントはどう思うか，話題を振る。クライエントによっては，当初の心理学的テーマについては一山超えたと感じるが，別の心理学的テーマについて心理面接で取り組んでみたいと提案するようなこともある。ともあれ，終結にせよ，さらなる展開にせよ，治療構造が機能しているかどうかが，料金のかかる私設心理相談の質を左右する決め手になるのである。

研究課題

1．栗原（2011）や渡辺・亀井・小泉（2012）を読み，私設心理相談に携わる心理士のやりがいや困難等について学ぼう。
2．『心理臨床学研究』等の学術雑誌から私設心理相談の事例研究を探して読んでみよう。

引用文献

浅井真奈美（2012）．公的機関勤務から一室開業心理臨床へ　開業心理相談室の中での個人開業（その二）渡辺雄三・亀井敏彦・小泉規実男（編）．開業臨床心理士の仕事場（pp. 217-231）金剛出版

早川すみ江（2012）．分離の不安と転移の深まり　開業心理相談室の中での個人開業（その一）渡辺雄三・亀井敏彦・小泉規実男（編）．開業臨床心理士の仕事場（pp. 201-215）金剛出版

一般社団法人日本臨床心理士会（2024）．臨床心理士の活動の場　一般社団法人日本臨床心理士会　Retrieved from https：//www.jsccp.jp/person/scene/（2024 年 1 月 30 日）

一般社団法人日本臨床心理士会（2020）．第 8 回「臨床心理士の動向調査」報告書　一般社団法人日本臨床心理士会　Retrieved from https：//www.jsccp.jp/members/information/results/pdf/doukoucyousa_vol8.pdf（2024 年 1 月 30 日）

亀井敏彦（2012）．私の開業心理療法　渡辺雄三・亀井敏彦・小泉規実男（編）．開業臨床心理士の仕事場（pp.69-69）金剛出版

小泉規実男（2012）．来談者から持ち込まれるもの，面接者から持ち込まれるもの，肥大し朽ちていくもの　渡辺雄三・亀井敏彦・小泉規実男（編）．開業臨床心理士の仕事場（pp.99-118）金剛出版

栗原和彦（2011）．心理臨床家の個人開業　遠見書房

栗原和彦（2012）．開業の現場から心理臨床実践の基本，マネジメントについて考える　渡辺雄三・亀井敏彦・小泉規実男（編）．開業臨床心理士の仕事場（pp.71-97）金剛出版

13 | 心理面接の現場⑩：居場所支援

佐藤　仁美

《**本章の目標＆ポイント**》　相談の場でもなく，家庭でもなく，はざまの領域における居場所支援について，まずは，居場所というものを捉えたうえで，子ども・若者にとっての居場所とはどんなものか，地域における実践に基づいて紹介する。

《**キーワード**》　居場所，場所，自分がない，安心・安全

1．居場所とは

　自分が自分である，自分でいられるということは，いかに有難く貴重なことかと思う昨今である。災害や事故といった物理的危機に遭遇することのみならず，自己の内なる心的世界において，心配・不安・恐怖が生ずれば，自身の生活は脅かされ，自分を生きることは難しくなる。相談の場で出会うクライエントたちにおいても，別離・喪失など外的な危機が起こっていることがほとんどであるが，それにともない，多くは心理的負担が生じ，自分が自分でいられない状態にあることが少なくない。心理的危機に瀕していると，自分であること・自分でいることは息をひそめ，心の置きどころ・心の安住の地を探し，彷徨ってしまう。つまり「自分がない」ということは，「居場所を失うこと」とも換言できる。

　北山（1993，102）は，「『自分』の『分』に『分け前』という意味合いがあるとすれば，この世に生まれて居場所を与えられるということは，居場所を分け与えられることであり，『自らの分』という理解がよりふさわしくなる。『裸の王様』である赤ん坊にはどこにいても周囲が反射的に場所を与えようとするが，成長とともにこの場がある程度は自分で確保，獲得せねばならないものとなっていく」ものであり，「『自分がな

い』の代表的な理由として挙げられるのが，居場所がない，身の置き場がない，といわれる『場』『居場所』の不在のことである。自分の意味を『分』として意識すると，幼いころより『自分の分』を確実に『分け与えられていること』，社会的な役割の獲得，そして場を与えられることが自分成立の基盤になることがわかる」と指摘する。

　また，もうひとつの「自分がない」典型として，「中身がない」場合に生ずることを挙げ，「自分の中身」≒「内面にあるもの」と考え，その内面には「空想，想像，知識，記憶」が充満し，これらが満たされず，欠如したり，まとまりのない状態であったり，稀薄であると「中身がない」につながると指摘している。「このような中身を充実させる内容は，外界とのつながりを介してさまざまなやりとりによって取り込まれ，こなされて身につくが，自分自身が中身を生み出す場合」もあり，自分を支える構成要素として「中身を入れておく器としての自分」として，「『からだ』は本質的に空（から）であり，そのままだと空虚であり，これが苦痛になるので，充実，満足をめざす『埋めること』『満たすこと』が動機づけられ」，生み出された「中身は充実のための量や質が問われ，その許容力，包容力が自分の器としての能力」につながり，「さらに器が器でいるためには，外界要因として居場所，そして，内的要因としての中身という＜自分＞を構えるための2つの要素のあいだのことを器用に調整する機能が必要である」という。たとえば，「殻に閉じこもる」「垣根をつくる」「壁をつくる」ことで「自分を守る」防御の役割も，器の重要な役割であることも挙げられている（北山，1993，P 102-103）。

　これらは，視点を変えて眺めてみると，自らが自分らしくいられるということは，安全で，安心した環境下におり，周囲からも自身の存在を受け止められている状態に居ることと言えるだろう。つまり，外的にも内的にも，物理的にも心理的にも，心穏やかに安心していられる安全な自分の場所「居場所」があることで，自分が自分らしく居られるということであろう。

　場所とは，エドワード・レルフ（Relph，1976 高野・阿部・石山訳1999）によると「人間の秩序と自然の秩序との融合体であり，私たちが

直接経験する世界の意義深い中心」であり，「特定の状況の上に経験と意志とが焦点を結ぶことによって生まれ」，「抽象的な物や概念ではなく，生きられる世界の直接に経験された現象であり，それゆえ意味やリアルな物体や進行しつつある活動で満たされている。それらは個人的なまたは社会的に共有されたアイデンティティの重要な源泉であり，多くの場合，人々が深く感情的かつ心理的に結びついている人間存在の根源である」としている（p.294）。つまり，場所とは，単なる物理的な空間ではなく，個々人が自身の歴史の中で五感を通して体験し，また，そこに生きる人々との関係において成立するものであり，非常に感覚的な体験を有するものであるといえる。

　小坂（2006）は「トポス（場）」とは，「本来，人間の知的・言語的所作や特定の主題についてのさまざまな考え方，言い表し方の『貯蔵庫』『集積所』を意味して」おり，「古人にとって『トポス』は心的活動をうみだす『場』であった」。「神をまつる道」「祭儀の壇場」といった「聖なる空間」として，人々にとって特別な意味を持ち，そこに古人は神聖なものとして感じ，シンボルとしての社や礼拝所を建てたことに由来し，「いま，ここ」に限局された日常性にありながらも，その深層に象徴性を隠し持つ非日常性を持っている。また，演劇において舞台が個々人の内的イメージを多様な表現展開をできるように支える機能を持ち得ている。「台詞と装置のみならず，沈黙と空間をも舞台は支える」。同様にセラピー場面においても，内面に向かおうとする「主体」を支えている。「内側は外側から隔絶されることで，より自由に自己展開は促進される」（p.344-346）と述べている。

　セラピーの場とは，「『表』では言えないようなことも言える『裏』の場となり，『表』との橋渡しをする場」と考えこととができるだろうが，「場が整えられれば簡単に『いる』ことができたり，『本当の自分』が顔を出せたりするわけではなく，この場が安全でなくなる不安や，言うに言えない思いや，そうせざるを得なくなってしまった背景を治療者が整理していくことによって，それは可能になっていくのだろう」。その過程では，クライエントの居場所喪失体験が再燃し，逃げ出したくなる場

面でも，セラピストは「そこに居続けて，その状況をクライエントの理解につなげていくことが求められる」（富永，2006，P 71-74）

居場所とは，「自分が自分でいられるための環境」（北山，1993）であり，「『私』とひと・もの・こととの相互規定的な意味と価値と方向の生成によってもたらされる『私』という位置」（荻原，1997）である，環境と他者との関係性の中で，自らを確認でき，自らの方向性を確認できる場といえるだろう。

2．こどもの居場所

阿比留（2022，P 17）によると，こどもの居場所を捉える視点は，「居たい」場所，「居られる」場所，「居なくてはいけない」場所の3つの場所に集約されるという。「居たい」場所とは，「当時者がその場所に心情的に『居たい』と思うような主観的志向性をもっている」場所である。「居られる」場所とは，「当事者が実際的にそこに居ることができる場所であり，物理的に『居る』ための条件が整っている場合，心理的に『居てもいいんだな』と思うことができるという場合」もあり得る場所である。「居なくてはならない」場所とは，「社会的にその場所に『居ること』が求められ，居なくてはいけないといわれている」場所のことを指している。実際には，これら「居たい」「居られる」「居なくてはならない」の3つが複雑に重なりあって，さまざまな感情や出来事が生み出され，その場所が，居場所になったりならなかったりすると指摘している。

「こども家庭庁」（令和5年4月1日設置）において，「こども家庭庁設置法第4条第1項第5号」により「地域におけるこどもの適切な遊び及び生活の場の確保に関すること」を所掌することとした。そして，「こども政策の新たな推進体制に関する基本方針」（令和3年12月21日閣議決定）を踏まえ，「こどもの居場所についての実態調査研究」が実施された。令和5年3月に，調査研究実施機関：みずほリサーチ＆テクノロジーズ株式会社による「こどもの居場所づくりに関する調査研究報告書」が出された（『こども・若者の居場所づくりにかんするこども・若者向け報告書』同時発行）。その「居場所の現状と課題，及び提言―居

場所づくりにおける理念と大切にしたい視点―」によると，「こども・若者の居場所づくりにおける理念」とは，「心身の状況，置かれている環境等にかかわらず，こども・若者の権利の擁護が図られ，将来にわたって幸福な生活を送ることができることを目指す」としている。また，「こども・若者の居場所づくりにおいて大切にしたい視点」として，

①　居場所づくりにおいて重要なことは，こども・若者の主体性の尊重である。

②　その場を居場所と感じるかどうか等は，本人が決めることである。

③　そうした観点から，こども・若者の声（視点）を軸に「居たい・行きたい・やってみたい」

の3つの視点で整理された。3つ目の視点「居たい・行きたい・やってみたい」の詳細については，**表13-1**参照。

表13-1　「居たい・行きたい・やってみたい」

居たい	行きたい	やってみたい
居ることの意味を問われないこと 信頼できる人，味方になってくれる人がいること 過ごし方を選べること ありのまま，素のままでいられること 誰かとつながれること 気の合う人がいること 安心・安全な場であること くつろげる環境が整っていること 居たいだけ居られること 助けてほしいときに，助けてくれる人がいること 誰かとコミュニケーションできること 話を聴いてくれること 別の目的をもった人がいても，同じ空間にいられること 一人で居ても気にならないこと	自分を受け入れてくれる誰かがいること 身近にあること 気軽に行ける，一人でも行けること お金がかからずに行けること 誰でも行けること 行くきっかけがあること（必要に応じて，こども・若者へアウトリーチで関わること） いつでも行けること 自分と同じ境遇や立場の人がいること（こども・若者自身が居場所に行く時間を選べること）	いろんな人と出会えること 一緒に学ぶ人，学びをサポートしてくれる人がいること 好きなこと，やりたいことができること いろんな機会があること 新しいことを学べること 自分の意見を言える，聴いてもらえること（自分の意見が反映されること） 自分の役割があること 未来や進路を考えるきっかけがあること（興味や希望に沿ったイベントがあること） あこがれを抱ける人がいること

（こども家庭庁「こどもの居場所についての調査研究　報告書概要」p.3をもとに筆者作成）

こども家庭庁は、調査の結果より、「居場所の現状と課題、及び提言
―居場所に共通する課題と対応の方向性―」として、5つの課題を挙
げている。

【課題1】居場所の安心・安全の確保

具体的には、大人からの搾取、犯罪に巻き込まれることなく、安心・
安全な居場所を確保する必要、専門性や領域を横断しながらコーディ
ネートできる人材の不足等の課題があげられる。

【課題2】こども・若者の声を聴き、こども・若者の視点に立った居場所づくり

具体的には、こども・若者の声を聴き、適切に反映させる仕組みの整
備や、大人のこども・若者の権利に関する理解が不足している。

【課題3】多様な居場所を増やすこと

地域のニーズを調査、把握し、各種の資源を活用しながら、地域の中
に居場所を充足させていく役割を担う人材、居場所の運営や経営を支援
する人材等が不足している。

【課題4】居場所とこども・若者をつなぐこと

地方部での居場所へのアクセスの確保や、居場所の情報を、保護者や
こども・若者が入手できる環境の整備が課題。居場所につながりにくい
層へのアプローチや、居場所につながるきっかけづくりとしてのアウト
リーチ等も検討する必要がある。

【課題5】居場所を継続すること

居場所の持続可能性を高める上で、居場所を運営する団体の経営の安
定性や、人材確保・雇用の安定化、居場所を運営する人材への精神面な
どのケアの不足等の課題がある。

また、それにともなう5つの対応策を打ちだしている。

【対応策1】こども・若者の声を聴き、こども・若者の視点に立った居場所づくり

こども・若者自身が自らの権利について学ぶ機会を持つとともに、居

場所づくりを行う大人が，こども・若者の権利を理解し，守っていくことが必要であり，そのためには，こども・若者の声を聴き，こども・若者の視点に立った適切な居場所づくりに反映させる仕組みや，こども・若者とともに居場所をつくっていく仕組みの整備が必要である。

【対応策2】居場所における支援の質向上と環境整備

　安定した人材確保や支援の質向上のため，居場所において職務として直接支援に当たる者の処遇改善を図るとともに，複合化する課題への対応等に向けた居場所間の連携や研修の充実，居場所を運営する人材の精神面へのケア等が求められる。

【対応策3】地域の居場所をコーディネートする人材確保,育成への支援

　地域のニーズを把握し，居場所づくりの担い手を含む資源の発掘・活用や，地域づくりとの連携など，地域の居場所全体をコーディネートし，多様な居場所を確保する人材が必要である。

【対応策4】居場所づくりに取り組む団体を支援する「中間支援団体」への支援

　居場所づくりを担う団体等への支援と合わせ，安定的で質の高い居場所運営には，運営資金のやりくりや人材の採用・育成等の組織経営が求められるため，運営ノウハウや人材育成をサポートする団体の存在が必要である。

【対応策5】官民の役割分担（共助・公助の組み合わせ）

　これまで地域コミュニティや民間団体が果たしてきた役割や自主性を踏まえること，同時に，人材育成や特別なニーズのあるこども・若者には公的な支援のもとで手厚い支援を提供するなど，居場所の性格や機能に応じて，共助・公助を適切に組み合わせることが必要である。

　このような普段からの居場所づくりの備えが，緊急時の助けとなることも少なくない。災害時の子どもの居場所についても紹介しておく。

3．「子どもにやさしい空間」―緊急時・災害時の居場所―
（ユニセフ『子どもにやさしい空間　ガイドブック』より）

　緊急時の子どもたちは，恐怖・喪失体験，危険状況からの避難，それは，住み慣れた環境から離れ，避難所等での不自由な生活を強いられるなど，多くの困難に直面することとなる。こうした状況下から，安心・安全な生活環境・こころやからだの健康的な発達，遊びや学び，人とのつながりなど，多種多様な「子どもの権利」が侵害されやすくなる。さらに，緊急状況下では，大人自身も余裕がなく，ちょっとした子どもの変改に気づきにくくなりやすい。数週間から年単位の長期に渡る不自由な変化を強いられる中で，少しでも子どもたちの心身の成長を守り，そのまわりの大人たちの適切な支援の場を提供すべく，「子どもにやさしい空間」の提供がされた。

　「子どもにやさしい空間」とは，ユニセフ（UNICEF：国連児童基金）による名称で，「災害や事故などの緊急事態において，避難した先で子どもたちが安心して，そして，安全に過ごすことができる場」を指し，「遊びや学び，こころやからだの健康を支えるための多様な活動や情報が提供」される。年齢も性別も多様な子どもに対応したおもちゃや道具が準備され，大人に見守られながらひとりで自由に過ごせたり，子ども同士の交流も可能である。子どもは，遊びや活動を通して回復していくことを大切としている。つまり，「レジリエンス（回復力）を強化し，子どもが子どもらしく，こころもからだも健康でいられること」に役立つ場である。この場は，必ずしも専門家の支援があるわけではないが，安全で親しみやすい雰囲気がある環境こそが「子どもにやさしい空間」として一番大切なことと掲げており，6つの大切なことがある。

①子どもにとって安心・安全な環境であること

　保護者や子どもにかかわる全ての大人たちが初期段階から積極的に参加して，できうる限り迅速に子どもにとって安心・安全な環境づくりをし，とくに支援が必要な子どもたち（身内との死別，障がいのある子どもなど）に配慮すること。

②子どもを受け入れ，支える環境であること

　子どもに合った多様な遊びや活動を用意し，その遊びや活動が促進されるような物理的環境と，適切な配慮ができるスタッフがいることで，子どもを受け入れ，支える環境づくりが可能となる。

　その際，子どもの支援にふさわしい環境提供のために，「子どもが活動の選択，参加の有無を決定する自由」，「空間構造・配置の工夫，設備や備品，おもちゃの用意」，「緊急時の衝撃をやわらげる，子どもとその家族のための癒しの場，遊び，楽しい活動の提供」，「子ども同士の積極的交流」，「子どものレジリエンスを支え，生活を取り戻せるような支援」，「子どものライフスキル（困難状況下で直面する様々な危機を知り，正確な情報に基づき自分の健康を維持し，必要な選択・決定ができるスキル）を育てる」，「とくに支援が必要な子どもに専門家・専門機関を紹介できること」，「子どもとのかかわり方や配慮の仕方について大人たちの学ぶ機会づくり」を大切にしている。

③地域の特性や文化，体制や対応力に基づいていること

　「子どもにやさしい空間」が，地域の現状に沿い，持続性のあるものとして機能するために，地域の文化や習慣などへ配慮し，既存の支援体制や地域の人材・資源・取組等を理解したうえで実施する。

④みんなが参加し，ともにつくりあげていること

　「子どもにやさしい空間」づくりに子どもたち自身も参加することで「自分たちの場」であるという意識を持つことができるとともに，様々な人と作り上げることで支援の質が確保され，公平性・持続性につながる。家族や地域が互いに助け合う力を高めることが，効率的で持続的な支援につながる。

⑤さまざまな領域の活動や支援を提供すること

　遊び・教育・心理・衛生・保健・福祉・医療など主要分野を含んだ多様な活動・支援が望まれる。子どもに関わる全ての関係機関が関わることにより，おとなも子どもも利用しやすくなり，効果的で持続的な取り組みへと期待できる。

⑥誰にでも開かれていること

　「子どもの最善の利益（子どもの権利条約第3条，1989)」を最優先し，子どもたちに害を与えないように，与える影響を考慮しながら，誰でも参加できるような開かれた場とする。

　このために，被災した子どもたちの状況を正確に捉え，ニーズを把握し，情報を検証し，適する機関と連携できるように，アセスメントを行う必要がある。その上で，目的を定め，活動内容を計画し，それに担う空間をデザインし，人材を確保し，運営していく。モニタリング評価も行いながら，必要に応じて改善していく。

4．若者たちの心の居場所

　厚生労働省では，ひきこもり当事者，推計146万人（2023年内閣府調査）の実態に対応すべく，「知る，考える。みんなが行きやすい社会へ」をかかげ，「ひきこもり VOICE STATION　地域共生を目指すひきこもりの居場所づくり」に臨んでいる。そこでは，「本人や家族が安心して出かけられ，受け入れられる『居場所』が地域社会にあることは，孤立せざるをえない本人や家族が，『自分はひとりではない』という安心感と，未来を生きる希望を生み出すために必要不可欠」であるとし，ひきこもり支援に携わる自治体や支援者，居場所づくりに関心のある者対象に，事例集として全国の先駆的な居場所づくりの取り組みについてまとめ，紹介している。この事例集では，各居場所づくりの機能や特徴をタイプに分類し，「地域共生型・家族会協働型の居場所づくり」事例を北海道から福岡まで12か所，「当事者主体の居場所づくり」事例を北海道から長崎まで15か所（**表13-2**）にわたり紹介している。
「地域共生型の居場所」は，自治体や様々な地域資源と連携し，地域で「共に支え合う関係」としての地域共生型の居場所づくりで，様々な地域資源と連携しやすい機能もあることから，地域づくりや，情報のプラットフォームとしての役割も担っている。
「家族会が協働する居場所」は，家族会が行う親，本人，きょうだいの

表13-2 「地域共生型・家族会協働型の居場所づくり」および「当事者主体の居場所づくり」事例

「地域共生型・家族会協働型の居場所づくり」事例	「当事者主体の居場所づくり」事例
1)【北海道】「よりどころ　親の会」（NPO法人レター・ポスト・フレンド相談ネットワーク） 2)【山形県】「からん・ころん広場」（特定非営利活動法人から・ころセンター） 3)【新潟県】「西堀　六番館の会」（KHJにいがた秋桜の会） 4)【東京都】「コミュニティカフェ葵鳥」（NPO法人　楽の会リーラ） 5)【神奈川県】「つながるcafé」（特定非営利法人　つながる会） 6)【愛知県】「ほっとプラザ」（東海市社会福祉協議会） 7)【大阪府】「豊中びーのびーの」（豊中市社会福祉協議会） 8)【兵庫県】「歩歩（ぽぽ）・すずらん」（NPO法人　ピアサポートひまわりの家） 9)【兵庫県】「ピアスペース西明石」（NPO法人　居場所） 10)【兵庫県】「交流の場所パッソ」（神戸オレンジの会） 11)【岡山県】「ほっとタッチ」（総社市社会福祉協議会） 12)【福岡県】「やわらかカフェ」（北九州市ひきこもり地域支援センターすてっぷ）	1)【北海道】「よりどころ」（NPO法人レター・ポスト・フレンド相談ネットワーク） 2)【岩手県】「晴天なり。」（盛岡ひきこもり当事者の会　晴天なり。） 3)【東京都】「ひきこもりUX女子会」（一般社団法人ひきこもりUX会議） 4)【東京都】「ひ老会」（VOSOT（チームぼそっと） 5)【神奈川県】「ひき桜」（ひきこもり当事者グループ「ひき桜」in横浜） 6)【神奈川県】「ひきこもりピアサポゼミナール」（ひきこもり当事者グループ「ひき桜」in横浜） 7)【神奈川県】「Step」（Step） 8)【愛知県】「低空飛行net」（低空飛行net） 9)【大阪府】「ウィークタイ事務所」（特定非営利活動法人　ウィークタイ） 10)【大阪府】「ウィークタイの当事者研究会」（特定非営利活動法人　ウィークタイ） 11)【大阪府】「だらだら音楽集会」（特定非営利活動法人　ウィークタイ） 12)【大阪府】「リレーションハウス」（豊中リレーションハウスプロジェクト） 13)【大阪府】「みんなのダイアローグ・カフェ」（場づくりカレッジ「えすけーぷ。」） 14)【長崎県】「今日も私は生きてます」（「親の会たんぽぽ」内「今日も私は生きてます」編集部） 15)【長崎県】「ぽこ・あ・ぽこ，ぽれぽれ」（特定非営利活動法人　フリースペース　ふきのとう）

（内閣府）

居場所で，年齢や障害の有無を問わず，家族同士が息長く集える場所となり，家族の孤立を防ぐ地域の受け皿ともなっている。

「当事者を主体とした居場所」は，世話人は当事者経験者が務め，上下関係などの緊張感がほとんどないのが特徴で，当事者の視点から，当事者が望む居場所を創出している。

　これらは，基本，有志や，ボランティア活動をきっかけに，行政も参画して広がっていることもあるが，その中に，心理臨床的視点が加わることで，より安全で安心した場の提供につながる可能性も大きい。地域性を生かして築いてきた文化を生かしながら，専門家としての姿勢を加味することで，より多面的に機能するものを創造できよう。そこには，地域をアセスメントし，よりマッチしたものを提供しながらも，異物にも思える新たなものも加えることで発展することができるだろう。

　思春期・青年期における居場所については，則定（2016）がまとめている。心理的離乳時期の課題において，移行期の若者たちにとって，「社会の中での居場所が不安定である」（高木，1998）ことより，重要な他者（家族・仲間など）とともにいる場に加え，ひとり安心していられる時と場の大切さも挙げている。北山（1993）は，移行期としての思春期の劇的変化の中に居場所喪失の危機を指摘している。この時期は，子どもから大人へ，心身の大きな変化を経験する時期であるため，自身の内外の変化に戸惑い，質的にも量的にも自身の扱いに苦労し，「居場所がない」「自分がない」などの感情にとらわれることも少なくないこと，不登校児が「何かについていけない」感を抱えることの多さを移行期問題性に見出している（p. 103-105）。そのため，居場所のあり方もより細やかに考える必要があるであろう。

　則定（2016）は，心理的居場所感の対人的要素に着目し，母親・父親・親友といった「重要な他者」に対する心理的居場所感を研究し，両親と親友に対する心理的居場所感の違いがあり，心理的居場所感にはひとりではない他者との心理的交流の存在を意味し，安心感やありのままの自分が受容されている感情が経験されていることを導き出した。また，青年期の心理的居場所感を「本来感」「役割感」「被受容感」「安心感」か

ら四次元的に捉えること，「防衛機能」「促進機能」を見出し，研究を通して，居場所は，「青年の精神的健康を支えるだけでなく，自分自身の人生，自分が自分であることを受け入れ，困難な出来事に立ち向かうためのエネルギーへと変化していくもの」と結論づけている（p. 121-127）。

5．地域（文化），日常と臨床

2016年「義務教育の段階における普通教育に相当する教育の機会の確保等に関する法律」（教育機会確保法）成立を契機に，不登校やフリースクールをはじめとするオルタナティブスクール（画一化した伝統的教育を代替する理論や実践をもつ新たな学校）をめぐって，教育社会学を中心に議論が展開されている。日本におけるフリースクールは，一般的に不登校の子どもを受け入れる民間施設として認識される場所で，1980年代に社会問題化した「登校拒否」へのアクションとして発展した独自のルーツを持つ（坂，2023）。「居場所」という言葉も同時期に発生し，現在は広く社会一般的に使用されるようになったが，元々はフリースクールや不登校の「学校外の居場所」として使用されており，（橋本2020：19），1992年代に文部科学省発行資料で「心の居場所」という表現が用いられたことから，学校に限らず子どもが精神的に安心できる場の確保が社会的にも大きな関心を集めるようになった（石本，2009p. 94）。

2019年12月からの新型コロナウィルス感染拡大により，私たちの生活は，大きく変わることとなった。それにともない，居場所も，オンライン空間への移行が余儀なくされた。「自分を守ること＝相手を守ること」として，三密（密閉・密集・密接）を避けるために物理的距離を取ることで，心理的距離をも遠ざけられるように感じられることも少なくなかった。外出の禁止に，閉塞感を持つものもあった一方，外出を好まないものにとってはスタンダードの時代となり，逆に生き生きと生活できる喜びを覚えたものもあったという。

令和5年5月8日より新型コロナウィルスは，感染症法の定めるところの2類相当から「5類感染症」へと移行された。感染症法は数字が小

さくなるほど重篤である。その後も，全世界的に広がったオンライン活用は続いており，対面活動と並行して広く活用されている。

オンライン上に自分の居場所を見つけるということが課題となったが，うまく活用しているものもある一方，オンライン上に居心地の悪さを覚え，孤立・孤独感を感じるものも少なくなかった。そのひとつとして，リアリティがあげられるだろう。生まれたときからOA機器やSNSにふれ，ICT（Information and Communication Technology：情報通信技術）に慣れ親しんでいる若者たちにとっては，リアリティをバーチャルの世界にも延長してとらえることができているのかもしれない。そういった意味で，ひとりでいるときの居場所としての「個人的居場所」，と誰かと一緒にいるときの居場所「社会的居場所」という視点も，対面時とは別の価値観があるだろう。オンラインを通じての居場所を視野に入れて，適宜，オンラインと対面を組み合わせて，支援を行うことも求められているだろう。その中で，サイバー的距離は，プラス面マイナス面においても，さまざまな現象を引き起こしたといっても過言ではなく，より繊細に，対人距離を考えていく必要性があるだろう。

日々の臨床において，臨床家として心得ておかなくてはならないこととして，心理臨床における「居場所」は，必ずしも居心地の良いところばかりではなく，時に，居心地が悪い，悪くなり得るということを心しておく必要がある。つまり，心理的居場所を準備することとは，単に居心地の良い時間と場の提供のみならず，そこで，誰が何をどのようにしていこうとしているのかを捉えたうえで，ハード面にもソフト面にも，安心・安全空間を提供することが望ましい。とくに，心に問題を抱えて居場所を求めてくることを念頭に，そこで，安心できた時には，さまざまな問題性が展開されることを心しておく必要がある。利用者が，安心して心の内を吐き出せるだけでなく，そのことによって生ずる傷つきをも，向き合い，自身で抱えられるように見守っていく姿勢が必要である。

相談の場として設けられている確固たる枠組みが曖昧な空間において，セラピストは，いかに自身をも守りながら，クライエントに機能する場を与えられるかが課題となろう。そこでは，非専門家との協力体制・

コラボレーションが鍵となるであろう。セラピスト自身のコミュニケーション能力発揮の場でもあり，広くアンテナを張っての情報取集，そして，繋げる力も必要となろう。曖昧な空間には決まり・枠組みというものがない，あるいは希薄なため，守りが薄い心許なさもないわけではないが，自由度も高く，広がりがあるため，よりクライエントに身近で携わることができ，クライエントの日常にふれる貴重な機会でもある。セラピスト自身の専門家としての内なる枠組みを柔軟に育てつつ，基本に基づいて応用させ，自らを挑戦していくチャンスとも捉えられるひとつの臨床の場であろう。

研究課題

1．皆さんの居住地域などでの居場所機能について調べ，実際に足を運んで体感してこよう。
2．自身のこころの居場所についてふりかえってみよう。

参考文献

阿比留久美（2022）．子どものための居場所論―異なることが豊かさになる　かもがわ出版

萩原建次郎（1997）．若者にとっての「居場所」の意味　日本社会教育学会紀要, *33*, 37-44.

橋本あかね（2020）．変容するフリースクール実践の意味―設立者のナラティブ分析から　明石書店

石本雄真（2009）．居場所概念の普及およびその研究と課題　神戸大学大学院人間発達環境学研究科研究紀要 3(1), 93-100.

石本雄真（2010）．こころの居場所としての個人的居場所と社会的居場所―精神的健康および本来感，自己有用感との関連から　カウンセリング研究, *43*(1), 72-78.

北山修（1993）．自分と居場所　岩崎学術出版社

小坂和子（2006）．「場」北山修（監修）妙木浩之（編）日常臨床語辞典　誠信書房 p.344-346

中藤信哉（2013）．心理臨床における「居場所」概念　京都大学大学院教育学研究科紀要，*59*，361-373

則定百合子（2016）．青年期における心理的居場所感の構造と機能に関する研究　風間書房

エドワード・レルフ（著）高野岳彦・阿部隆・石山美也子（訳）（1999）．場所の現象学　ちくま学芸文庫，p.294

坂悠里（2023）．今日を生きること：フリースクールという時空間におけるケアの人類学的考察　人文公共学研究論集 *46*，20-34

高木英明（1998）．自分に気づく　落合良行（編）中学1年生の心理　大日本図書　p.70-97

富永幹人（2006）．「居場所」北山修（監修）妙木浩之（編）日常臨床語辞典　誠信書房　p.71-74

内閣官房庁 HP　Retrieved from file：///C：/Users/satoh/Desktop/ibasho_houkoku_gaiyou.pdf（2024年1月21日）

こどもの居場所づくりに関する調査研究報告書　令和5年3月内閣官房　こども家庭庁設立準備室　調査研究実施機関：みずほリサーチ＆テクノロジーズ株式会社　Retrieved from https：//www.cas.go.jp/jp/seisaku/kodomo_ibasho_iinkai/pdf/ibasho_houkoku.pdf（2024年1月21日）

こどもの居場所づくりに関する調査研究　報告書概要　令和5年3月　Retrieved from https：//www.cas.go.jp/jp/seisaku/kodomo_ibasho_iinkai/pdf/ibasho_houkoku_gaiyou.pdf（2024年1月21日）

14 | 心理面接の倫理

| 大山　泰宏

《**本章の目標＆ポイント**》　心理士が心理面接を行ううえで必要な職業倫理について，倫理の意味，具体的な倫理規範などについて学び深めるとともに，内的な倫理について講じる。また，心理面接を他者と関係性を取り結ぶ技法として考えたとき，倫理はどのような意義をもって新たにその意味を立ち上げてくるのかについて考える。
《**キーワード**》　職業倫理（専門職倫理），倫理綱領，エートス，秘密保持，多重関係，インフォームド・コンセント

1. 倫理とは

（1）臨床における倫理

　みなさんは「倫理」ときいたとき，どのようなイメージをもつであろうか。倫理規程，倫理違反，放送倫理，政治家の倫理…，どうやら「倫理」という言葉には，堅苦しいイメージと文脈がつきまとうようである。というのも，倫理がテーマ化されるのは，それに違反したとき，あるいは違反が疑われるときだからである。むしろ倫理が円滑に遵守されているときには，倫理というものはテーマ化されない。

　それは倫理というものは，外的なルールというよりも，各自がそれに基づいて活動していく内的規範，内在化された指針であるからである。心理職においては，遵守すべき倫理指針がいくつかある。臨床心理士としてもっとも重要かつ基本的なものは，「臨床心理士倫理綱領」（日本臨床心理士資格認定協会，2024）である。この綱領は前文で次のように述べる。

> 「臨床心理士は基本的人権を尊重し，専門家としての知識と技能を人々の福祉の増進のために用いるように努めるものである。そのため臨床心理士はつねに自らの専門的業務が人々の生活に重大な影響を与えるものであるという社会的責任を自覚しておく必要がある。したがって自ら心身を健全に保つように努め，以下の綱領を遵守することとする。」

　すなわち，臨床心理士の職能は人々の幸福に寄与するものであり，そもそも，その活動のために人々を害することになってはならない，そのことを自覚して活動しなさい，というわけである。この前文に続けてこの綱領では，**表14-1**のような事項を定めている。ここでは紙幅の都合で要約したもののみを掲載しているが，各自でぜひ原文を確認してほしい。

　他にも臨床心理士の関連団体が定める倫理に関する指針としては，臨床心理士の職能団体である一般社団法人日本臨床心理士会の「一般社団法人日本臨床心理士会倫理綱領」，学術団体である一般社団法人日本心

表14-1　臨床心理士倫理綱領に挙げられている条項（要約）

第1条　**責任**：業務の及ぼす結果への責任，社会的・道義的責任を果たす
第2条　**技能**：知識と技術の研鑽に務め，自身の能力の限界を自覚する
第3条　**秘密保持**：守秘義務，公開に際しての守秘
第4条　**査定技法**：査定を強要しない，査定の誤用・悪用を防止する
第5条　**援助・介入技法**：影響力や私的欲求を自覚し，多重関係をもたない
第6条　**専門職との関係**：他の専門家の権利と技術を尊重し連携する
第7条　**研究**：臨床業務に支障を来さない，不要な負担をかけさせない
第8条　**公開**：公開者の権威や公開内容に誇張なきように，影響を自覚する
第9条　**倫理の遵守**：倫理を遵守し，相互のあいだでつねに注意する

（日本臨床心理士資格認定協会，2024より　筆者作成）

理臨床学会の「倫理綱領」があり，いずれも重要なものである。それらも併せて，目を通していただきたい。

さて，これらの倫理綱領をみるならば，書かれていることは，きわめて抽象的な努力目標のようなものであることがわかる。「○○するよう努力しなければならない」「○○してはならない」とあるものの，「○○」の部分が具体的にどのような行為であるのかということは書かれていないのである。まず，そもそも「綱領」というものは，最大公約数的な基本的方針や要点のことであり，もとより抽象的なものである。特定の団体がその綱領を掲げることによって，その団体がどのようなものであるのか，どんな目的をもっているのかということを，宣言するのである。したがって倫理綱領も，自分たちの倫理についてどのような考えと方針をもっているかを宣言するものであり，努力目標のようなものになるのは必然である。これに加え「倫理」では，倫理というものがそもそも，ひとつひとつの具体例において，つねに問いかけ問い直し，そのつどに判断していかねばならないという，きわめて実践的な性質をもつものであることとも関連している。

先述したように，「倫理」というものがテーマ化されるときは，それに違反があったとき，あるいは違反が疑われるときである。そのとき「その人の倫理が問われる」という言い方がなされる。倫理は，法や規則とはどのように違うのだろうか。「その人の法が問われる」とか「規則が問われる」という言い方はしない。明確に「法に違反した」とか「規則に違反した」とか言われるのみである。法や規則というものが，外的な規準であるのに対して，倫理とは内的な規準であるからである。法や規則に従って行動していけばなんとかなるが，倫理に従って行動していこうにしても，それが倫理的であるのかどうか，自らでいつも顧慮していかねばならない。法や規則は明確な場面や対象が想定され，白黒が比較的はっきりしているのに対して，倫理が問題になってくるのは，複雑に事象が絡み合って白黒がはっきりしない領域であることが多い。したがって生命倫理や医療倫理，対人支援の倫理など，さまざまな変数を考慮し，個別の文脈において考え抜いていかねばならないのである。そこ

には，「倫理的葛藤」というものがしばしばある。これに対して法的葛藤や規則的葛藤という言葉は，ほとんど聞いたことはない。

　心理臨床の場面は，中村雄二郎が「臨床の知」という言葉で定義したように（中村，1992），多義的であり文脈依存的であり，個人個人のもつ価値が重要になるところである。「科学の知」とは異なり，これが正解でこれが間違いということは一概には言えない。このような場では，まさに倫理というものが重要になってくるばかりでなく，倫理という次元でしか考えることができない事柄に満ちているのである。

（2）職能集団のエトスとしての倫理

　倫理は英語では ethics である。この語源は，古代ギリシア語の ethos（エートス）にある。エートスは，人間が行為の反復によって獲得する持続的な性格・習性のことであり，一時的なこころの状態である pathos（パトス，感情）と対となる言葉である。アリストテレスは倫理を，人が幸福とは何かを問い続け，そのための徳を積み続けることによって，人がおのおのの持てる「アレテー」（徳，卓越性）を自分の性格として身に付けていくことであると考えた。自己実現のひとつの形であると言ってもよいであろう。

　このエートスに，新たな意味をもたせたのは，マックス・ウェーバー（Weber, M., 1904-1905）である。彼は，『プロテスタンティズムの倫理と資本主義の精神』（Weber，1904-1905 梶山・安藤訳，1994）の中で，プロテスタントの教説がどのように信者たちの内面に影響を与え，その生活態度や行動を方向付け，さらには社会的な経済活動と組織体が形成されていくダイナミズムを描きだした。その内面化された駆動力（この場合は，禁欲性，合理性，生産性）のことをエートスと呼んだ。すなわち，ある理念や社会的意識が，人々の内面に刻まれ，それを共有する個人が集まる共同体を生み出す本質がエートスなのである。

　マックス・ウェーバーの言うエートスは，倫理を考えていくうえでも重要な示唆を与えてくれる。すなわちそれは，人々に内面化されたものであると同時に，それを通じて「仲間」意識のある共同体が形成される

のである。すなわち同じエートスを共有する仲間は，同じ価値と志をもち，同じ規範をもつのである。臨床心理士（心理職）の倫理も同様である。倫理とは，臨床心理士（心理職）が自らに問いかけるポイントというだけでなく，それを自らに問い続けて遵守することで，私たちは臨床心理士（心理職）に「成る」のである。すなわち，臨床心理士（心理職）という職能集団の一員となり，臨床心理行為を生み出す当事者となる。そして職能集団の一員として，相互に留意しあって倫理を共同で遵守するのである。こうして，お互いに誓いあい遵守しあうことで，成員の活動はその職能団体から保証され護られるものとなる。補足的ではあるが，この点から，モラル（moral 道徳）と倫理の違いを考えることができる。モラルは，その共同体において採用されている，正しいとされる習慣や規範であり，それを個人が採用し身に付けるものである。またモラルを体現しているからといって，その個人を集団が護ってくれるわけではない。

　しばしば勘違いされているのは，倫理は「べからず集」を課し，成員の活動を監視し縛り，成員を不自由にするものだということである。実は倫理とはまったく逆に，それを遵守することで，成員の自由と創造性を保証してくれるものである。たとえば，大学や研究機関等での研究倫理審査を考えてみるとよい。提出した研究計画は，基本的人権を損なうものになっていないか，合理的であり人々の幸福に寄与する研究になっているかが，細やかにチェックされ，必要があれば修正を求められる。しかしそれは，研究をチェックし縛ることではなく，この審査のプロセスを通して承認された研究計画に対しては，倫理審査委員会を設置する集団・組織が責任をもってくれる，その範囲内であれば研究者を保護してくれるという，お墨付きをもらうことである。心理職の倫理も同じで，それを遵守することで対象者の基本的人権が護られ，心理職の社会的責務が果たされるのであれば，個々人の自由な活動が護られ，創造性を発揮できる空間が得られるということなのである。

2. 職業倫理としての臨床心理の倫理

（1）職業倫理（専門職倫理）

ここまでは倫理というものを，主にそれを掲げる共同体にとっての意味という側面から考えてきた。しかしさらに付け加えねばならない重要な事柄がある。それは，職業倫理（専門職倫理）（professional ethics）という観点である。臨床心理士（心理職）は「専門家（professional）」である。専門家は，その領域において専門的な知識と技能をもっている。その特別な知識と技能の用い方を誤ったり，悪用したりするならば，人々の幸福に寄与するどころか，人々を害することになる。したがって専門家は，自分の専門性が及ぼす影響について自覚的であり，専門的知識と技能がどのように用いられるべきかを，つねに倫理的課題として考慮しておかねばならない。これが一般に職業倫理と呼ばれるものである。

専門家と支援対象者は，契約にもとづく対等な関係ではあるのだが，その専門的職務の遂行においては，けっして対等ではない。そこには専門家のほうが知識と技能をもっており，被支援者はそのサービスを受ける側であるという非対称性がある。専門家は，このことを自覚し誠実に職務を遂行してこそ，支援対象者から信用と信頼，そして社会的な信認を得て維持することができる。逆に言えば，職業倫理が重視されない専門家は，そもそも社会的な信認を得ることができず，その専門家集団にとって不利益となるばかりか，その専門的サービスにアクセスすることを人々がためらうことで，対象者にとっても多大な不利益を与えてしまうのである。

職業倫理のもっとも初期のもので，かつもっとも基本的なものは，有名な「ヒポクラテスの誓い」である。これは「医学の祖」と称せられる古代ギリシアのヒポクラテスが医師が守るべき掟として神々に誓った宣誓文である。そこには，①専門的知識と技能は，その倫理を遵守することができる者にのみ伝授すること，②患者の利益を考え，けっして害を与える治療法を選択しないこと，③自らの限界をわきまえること，④私利私欲や自分の欲望のために患者を利用しないこと，⑤分け隔て無く公

正に，必要な人には治療を行うこと，⑥知り得た秘密は口外しないことなど，まさに現代の医療従事者の職業倫理の礎となることが示されている。

（2）臨床心理士の職業倫理の特殊性

さて，臨床心理士の職業倫理を考えたとき，そこには臨床心理士という専門職に固有の重要な点が付け加わる。それは，臨床心理士が，支援の個別性と一回性を重視しているということである。臨床心理士の専門性は，標準化された知識と技能を適用していくのではなく，それぞれの臨床場面すなわち個々の支援の文脈において，臨床心理学の知識にもとづきながら，創発的に支援を展開していくことであった。これこそが，心理臨床と呼ばれるものであった（『臨床心理学特論』を参照のこと）。そこでは，臨床心理士の主観や裁量が大きく影響することとなる。日本臨床心理士資格認定協会のホームページの「臨床心理士の職業倫理」では次のようなことが述べられている。

"心の専門家"である臨床心理士は，社会的責任を担う高度専門職業人であるため，当然そこには相応の専門的な資質や能力が求められますが，他の多くの専門家と違い，自分という直接的な人間関係と心を用いるため，臨床心理士という専門家自身の"人間的資質""倫理観"が大きく問われるのです（日本臨床心理士資格認定協会，2024）。

個々人のパーソナルな「人間的資質」や「倫理観」といったものは，一概にはどれが正しくてどれが誤っているとか，どれが優れていてどれが劣っているかとは言えないものである。またこうしたパーソナルなものを，職業的専門性の評価に持ち込んでしまうことは，ある意味で危険なことかもしれない。しかしながら，支援対象者の観点からすれば，その専門家の人柄や人間的資質，個人的倫理観などが，その専門家を信頼するかどうか，その専門性から受益することに感謝できるかどうかに，大きく影響していることは否めない。このことは，私たちが普段から行っている医者や教師についての評価や評判話を思い出せば，首肯せざるをえないであろう。「人間関係と心をつかって，心に働きかける」専門家

としての臨床心理士ならば，なおさらその点が問われることになろう。

　人間的資質をどのように磨くかというのは，難しいところであるが，いずれにしても臨床心理士の職業倫理には，職業倫理を超えた「人としての倫理」や「人間性」とでも言わざるをえない領域までが関わってくるのである。それが欠ければ，臨床心理士として即ち不適格と決めつけることは危険であるが，少なくとも，それらを磨き高めることは臨床家としてのトレーニングにおいて本質的に重要であろう。自己分析体験や教育分析体験などがその代表的なものである。また，人間や文化に関する見識を広めていくことも不可欠である。すなわち，臨床心理学という領域を超えて，人間に関するさまざまな学問や営みに触れ続けていくことが必要なのである。

3．臨床心理の倫理の実際

（1）実践的課題としての倫理

　臨床心理における倫理は複雑で多義的なテーマに関するものであり，倫理的葛藤がしばしば生じるような，正解のないものであることを第1節で述べた。また第2節では，人間的資質までもが関わってこざるをえないことを述べた。要するに倫理というものは，一概には科学的・合理的に判断ができるものではないのである。それは文脈依存的であり個別的であるゆえ，きわめて実践的な課題である。すなわち，ひとつひとつの現場の実践の具体的な場面において直面し，考えていかねばならないものなのである。

　臨床心理士の職能には汎用性があり，医療・保健，福祉，教育，司法・矯正など，その職域も多様である。それぞれの職域には，そこに深く関係する法律がある。倫理的課題は，それらの法律との関係においても考えねばならない。ときには，倫理的な要請や判断と，法的な適切性とのあいだに葛藤が生じることもある。このように倫理的判断には，関連法規との関連性も考慮しなければならないのである。

　公認心理師は公認心理師法という法律によって規定されている国家資格である。そこには法の定めにより，さまざまな義務がある。これに対

して臨床心理士は自律的な半公半民の資格であり，総務省の管轄する公益財団法人である日本臨床心理士資格認定協会が養成基準を設け資格を認定し，かつその質を維持している。現実的には，臨床心理士の8割以上は公認心理師資格を取得しているため，心理職の活動においても，この2つの資格の責務のあいだに葛藤が生じることがある（たとえば医師との関係など）。あるいは，臨床心理士や公認心理師ばかりでなく，精神保健福祉士や社会福祉などの国家資格や，他の民間資格をもっている場合も，同様である。

　放送大学で学び臨床心理士をめざす方は，すでに何らかの資格をもっていることが多いのではないであろうか。そのような場合，臨床心理士として対象者に支援を行っていくうえで，自分のかかわりのスタンスが難しくなることがある。たとえば，ある事例に対して臨床心理士として心理療法を続けていたが，これなら社会福祉士として介入したほうが手っ取り早いというような場面になったときにどうするか，という例である。自分が社会福祉士としての職能をもって対応したほうがいいのか，それとも自分はあくまでも臨床心理士に徹して，社会福祉士としての介入は他の誰かにリファーするのか，あるいは臨床心理士としての関わりを中心に置きながら，社会福祉士的なテイストで助言アドバイスをするのかなど，いろんなパターンが考えられる。そこではひとつひとつのケースの特徴やこれまでの心理療法の展開の経緯，さらにはそうした発想をもつに至っている自分の側の逆転移，職場の性質とそこでの自分の役割，利用可能な資源などなどの要因を考慮して判断しなければならない。こうなるとそれは，倫理判断であると同時に，臨床心理事例のケースマネジメントあるいは臨床心理学的判断そのものに等しくなる。また，臨床心理士であると同時に社会福祉士としての職能に依拠する場合は，後述する多重関係の問題ともかかわってくる。専門家として公正無私に熟考し最善を尽くした倫理判断をしたとしても，果たしてこれでよかったのだろうかというすっきりしない感じ，何か見落としていないだろうかという不安は，いつもついてまわるものである。逆にいえば，これでよかったと100％満足したり，完璧に倫理的判断をしたという自負があったと

したら，むしろ危険である。倫理的なテーマには，正解があるというより，最適解があるのみだと考えたほうがよいであろう。

　このように倫理の問題は複雑で100％の正解があるわけではないため，倫理綱領などの原則の意味するところやその根本の精神を理解し了解したならば，ひとつひとつの事例を通して考え学んでいくしかない。この点はまさに，心理臨床の事例研究と同じである。

（2）倫理の実際

　ここでは，心理臨床の実践において生じてくる代表的な職業倫理の事項について，順次述べてみたい。それらの事項は，複数のものが同時に生じてくることもあり，またそれぞれの事項のあいだでの二律背反（一方を立てれば，もう一方が立たない）や葛藤が生じることもある。

ａ．秘密保持の義務（守秘義務）

　臨床心理面接ばかりでなく，臨床心理行為においてもっとも基本的かつ重要な倫理事項は，秘密保持の義務（守秘義務）である。これは臨床心理士ばかりでなく，およそ対人支援の専門職全般で，重要な職業倫理であり，医師や薬剤師，弁護士などの専門職では，職業倫理を超え，次のように刑法によって定められている。

> 　刑法134条（秘密漏示）「医師，薬剤師，医薬品販売業者，助産師，弁護士，弁護人，公証人またはこれらの職にあった者が，正当な理由がないのに，その業務上取り扱ったことについて知り得た人の秘密を漏らしたときは，六月以下の懲役又は十万円以下の罰金に処する。」

　公認心理師でも，公認心理師法第41条（秘密保持義務）にて「公認心理師は，正当な理由がなく，その業務に関して知り得た人の秘密を漏らしてはならない。公認心理師でなくなった後においても，同様とする。」と，職業倫理を超えて法のレベルで定められている。

　このように，法によって定められている（違反すれば罰則がある）と

いうことからも判るように，秘密の保持はきわめて重要な義務であり，すでにヒポクラテスの誓いにもみられるものである。対人支援を行う専門家は，相談者（クライエント）の生活や健康状態，経済状態，あるいは思想信条や内面などの，きわめて個人的な情報を知ることになる。そうした知り得たプライバシーを口外するべきではないことは言うまでもないが，心理職のサービスを受ける場合，秘密が守られることが保証されていることで，クライエントは自由に自分のことを語ることができる。実際，秘密に関わることにこそ，その個人にとって重要な意味と価値をもつことも多いのである。守秘義務が職業倫理を超えて法によって規定されているということは，専門家がそれを守る義務の重さを示すばかりでなく，その専門家が公正に専門性を発揮し活動できるように護るという意味もある。たとえば，クライエントの関係者から不当に情報の開示を求められたり，開示圧力が加えられたりしたとき，職業倫理ばかりでなく法によってそれが禁じられているということにより，毅然と対応することができるであろう。

　しかしこの守秘義務が解除されることがある。すなわち，専門家は知り得た秘密を，他の専門家やクライエントの関係者に伝えることを考慮しなければならない，むしろ伝えなければならなくなるときがあるのである。まず，自傷他害の危険性が緊急にあるとき，すなわちクライエント自身や他者の命に危険が及ぶことが明確で差し迫っていると判断される場合は，セラピストは，それを未然に防ぐために秘密を開示しなければならない。特に他害の可能性を知らせることは，「警告義務」として，心理職をはじめとするメンタルヘルス領域全般において職業倫理原則となっている。つまり，守秘義務よりも生命の保護のほうが優先される倫理事項なのである。紙幅の関係で詳述はしないが，これに影響を与えたのが1976年にアメリカ・カリフォルニア州最高裁判所で下された，いわゆる「タラソフ判決」とよばれるものである。現在では心理面接開始の契約時に，自傷他害の危険性を知った場合には守秘義務解除がありうるということを伝えるのが一般的となっている。ただし，セラピストは無条件にそれらの秘密を開示してよいというわけではなく，その必要性

があることをクライエントに伝え，セラピストとしては絶対にクライエントを守りたいので，そのことを関係者と共有したい意思があることなどを伝え，しっかりと話し合うことが必要である。

　セラピストにクライエントが語ったことが他者と共有される2番目の事例としてよくあるのは，集団守秘の考え方をとるときである。たとえば，学校に勤務するスクール・カウンセラーが，生徒がカウンセリングで語ったことを校長や担任，養護教諭と共有したり，病院ではたらくカウンセラー（心理職）が患者の語ったことを医師や他の医療職と共有する場合などである。この場合，支援対象者には心理職だけでなく，多くの人々が協働して支援にあたっているため，守秘義務をもつそれぞれの専門職がチームとして，秘密を共有しようという考え方である。集団守秘の考え方は，多職種連携が強調される現在ではしばしば参照されているが，これも，何の基準や考えもなしに自動的に共有すればいいという類いのものではない。クライエントがその事柄を語った意味，自分との関係性，その情報を他の専門職と共有することでクライエントにどのような利益をもたらすことになるのか，また，その情報を知った他職種がどう受け止め，また他職種が守秘を通せるかどうか，という複数のことがらから見立てを行ったうえで判断されなければならない。

　秘密保持において難しいジレンマに，秘密保持義務と通告義務との葛藤がある。たとえば，虐待の事実あるいは虐待と疑わしい事象を知った場合は，私たちには通告の義務がある（児童福祉法第25条）。児童福祉法では，虐待発見の通告義務は，秘密保持義務に優先するものとして定められている。しかしながら，たとえば母親面接において，ようやくセラピストとの信頼関係が生まれてきて，子どもに虐待をしていることが打ち明けられ，母親が他には知らせないでくれと言っている場合にどうするかは難しいところである。通告しないという選択肢はないが，何よりも子どもの安全と命が優先されるべきであること，通告によってむしろ母親を支援する体制ができあがっていくことなどを丁寧に説明していくような手続きは，必要であろう。また，公的機関で働いている公務員は，規制薬物の乱用の事実を知った場合はその告発義務がある。しかし

ながら一方で，心理職や医師などには守秘義務がある。したがって，公的機関に勤務する心理職や医師には職業倫理上の葛藤が生じる。この場合，単に告発するだけではなく，何がもっともその対象者の更生や治療に寄与するのかといった観点から，対象者への関わり方を見立てる必要がある。

b．多重関係

多重関係というのは，クライエントと当該の専門職とそのサービスの享受者という関係以外の関係（私的関係や他の役割関係）をもつことであり，実際の心理臨床実践上，しばしば生じてくる問題である。専門職は公正無私に私利私欲なく，その専門性を発揮しなければならない。そこに他の関係性が入ってくると，その公正無私の原則が発揮でなくなったりする危険性がある。

多重関係の中でも，私利私欲を満たすために，被支援者と私的関係（たとえば性的関係など）をもったりすると，それは専門家と被支援者という非対称的な関係を不当に利用したことになるので，厳しく禁止されている。また，他の私的関係であっても，専門性の行使に私情が交じってしまうと，適切な判断ができなかったり，技能を発揮できなかったりするという不利益が生じることもある。そして何より，被支援者にとっては，専門職である相手との関係が複雑になることで，不安を感じたり混乱したりしてしまうこともある。

先述したように支援者が複数の専門職資格をもっているとき，どの立ち位置から支援を行うのかということも，多重関係の問題となりうる。心理職の活動場面における多重関係としては，たとえば児童福祉施設で，子どもの生活場面の担当とセラピーの両方を担当しなければならないとき，あるいは精神科医療機関で，デイケアのスタッフとしてかかわっている利用者に，個人心理療法も担当しなければならない場合などがある。さらには，自分のスーパーバイザーが自分の参加する研修会の講師であったり，教育分析とスーパービジョンを同じ臨床家に受けていたりする場合など，多重関係が生じるケースは案外多い。

私利私欲を満たすために相手を利用するのは論外であるが，限られた人的資源や，機関や施設の中で自分が求められる役割を遂行するうえで何が最適であるのかを考慮すると，多重関係は全てが良くないとは一概に言えない面もある。重要なのは，それがほんとうに対象者の利益となりうるのかどうか，自分の側にやましい気持ちやなおざりな気持ちがないかどうか，自分がどんな逆転移をもっているか，対象者がどのように感じしているか，心理的負担や不利益をもたらすことはないかなどを，問いかけることである。ちなみにアメリカ心理学会（APA）の倫理基準では，多重関係をもつことが搾取的になったり客観性を失ったり，対象者を害することになったりしないと考えられる場合は，多重関係は倫理違反にはならないとしている（APA. 2024）。しかしながら，多重関係のリスクについては，十分に吟味しておくことに越したことはない。

c．インフォームド・コンセント

専門家としての関わりを行うことは，契約関係にもとづいている。どのようなことを行うのか，どのような効果が期待できるのか，どのようなリスクやコストがあるのかということを支援対象者にあらかじめ知らせ，支援を行うことに関して自由意志にもとづき選択してもらうことが，インフォームド・コンセントである。被支援者の権利の尊重と保護のために，不可欠の手続きとなっている。

心理面接をどのような枠組みで行うかについては，「臨床心理面接特論Ⅰ」の第1章において「リミットセッティング」「治療構造」ということで既に述べたが，そうした事項を説明して契約を結ぶことが，心理面接のインフォームド・コンセントの基本となる。また，心理検査を行う場合，インフォームド・コンセントが重要となる。というのも心理検査では，パーソナリティや知能等に関して，詳細に個人情報が取得され，しかもそれらの情報は，テスターばかりでなく対象者にかかわる支援者の間で共有されることが多いからである。検査結果がどのように扱われるのか，それがクライエントにとってどんな利益があるかなどについて，事前の説明が必要である。

心理面接の契約では医療的介入と異なって，事細かにリスク等を説明して多くの箇所にサインを求めることはないが，それでもまずは，支援の枠組みや同意事項についてはしっかりと説明をしたうえで契約関係を結ぶことは心がけておきたい。というのも心理面接過程の重要な変化の局面では，心理面接の枠を揺らしたり，枠を越えようとしたりする動きが生じることが多いからである。そのようなとき，明確な治療構造の契約があれば，セラピストとクライエントとが立ち止まって，しっかりと話し合うことができるきっかけを提供してくれるからである。

支援対象者が未成年の場合や幼児の場合には，親権者や代諾者からの同意を得ることはもちろんであるが，対象者が可能なかぎり理解できる説明を心がけて，本人の意思を表明できるようにすることは重要である。また，心理臨床の実践場面では，本人や他者の命を緊急に護るために，本人からの明確な同意なしに面接を開始しなければならないこともある。そのような場合であっても，本人の主体的な判断や自己決定をできる限り尊重したいという態度と精神を持ち続けることこそが，インフォームド・コンセントの本質である。これと逆の事態が，形式主義的なインフォームド・コンセントである。そもそも専門職と支援対象者との関係性には非対称性があることに付け込んで，対象者がその適否を判断できないような専門的な事項を並べ立てて説明し「同意」をとるということが，専門家の自己防御のためになされることがないようにしたい。

d. 倫理の遵守

最後に職業倫理として，専門職どうしの相互の倫理遵守の義務について触れておきたい。本章の最初で述べたように，専門職の倫理とは，その専門職共同体が共に掲げ守りぬいていく理念である。したがって，もし同僚が職業倫理にもとる行為を行っていることを目撃したり，知ったりした場合は，注意する義務がある。たとえば誰かが，面接記録を机上に放置していたり，公共の場所でクライエントに関する雑談をしていたりという場面に出くわした場合は，私たちはその人たちに注意喚起する義務がある。また，心理検査の用紙をたとえ検査結果が書いていないも

のであっても，人に見えるような形で持ち歩いていたり，面接や検査に関する情報や臨床心理の専門業務にかかわる事項を不用意にインターネット上で発信してしまったりすることなどは，初心者がおこしやすい過ちである。またセラピストがクライエントと性的関係をもっているなど重大な倫理違反があることを知った場合は，本人に注意喚起をすることはもちろんであるが，それでも改められない場合は，職能団体の倫理委員会などに通告しなければならない。

　倫理違反はひとつひとつはたとえ小さなものであっても，それが積み重なると専門家集団の社会的信頼が失われることにつながりかねない。また，小さな倫理違反に無頓着である場合，大きな倫理違反を犯してしまう危険性も高いという。人間は不完全であり，自分ではそれとは知らず自覚しないうちに，何らかの倫理に抵触することを行っている場合もある。倫理のテーマは決して人ごとではなく，誰にでも，そして自分自身にも関わってくることである。誤りやすい不完全な人間が，専門家としての務めを果たすために，倫理の基準があり，またそのために相互遵守の義務がある。

　倫理は，複雑で個々の事例について考えていかねばならない実践的な課題である。本章には盛り込みきれなかったテーマ（たとえば「自己研鑽」「他の専門職との関係」「公開」など）もある。心理臨床の倫理については，金沢（2006），上田（2022）のような良書があるので，それらを読みつつ，自分ごととして考え続けていただきたい。

研究課題

1．一般社団法人日本臨床心理士会の「一般社団法人日本臨床心理士会倫理綱領」，一般社団法人日本心理臨床学会の「倫理綱領」，アメリカ心理学会（APA）の「Ethical Principles of Psychologists and Code of Conduct」，その他の心理職の職能団体や学会の倫理基準を読んで比較検討してみよう。その際，とくに秘密保持と多重関係について，ど

のような考えが示されているかを確認してみよう。

2. あなたが臨床心理学を専門に学んでいることを知った親戚から,「実は自分の友人（母親）の息子が引きこもっているので，一度母親の話をきいてやってほしい。なんなら，どこか良い相談機関を紹介してあげてほしい」と言われた。この場合，そこには専門職としてどんな倫理的なテーマがあるか，そしてあなただったらどのようにするか，また，なぜそのようにしようと判断するのか，について考えてみよう。

引用文献

APA (American Psychological Association) (2024). Ethical Principles of Psychologists and Code of Conduct. (Retrieved April 30, 2024, https://www.apa.org/ethics/code)

金沢吉展 (2006). 臨床心理学の倫理をまなぶ 東京大学出版会

中村雄二郎 (1992). 臨床の知とは何か 岩波書店

日本心理臨床学会 (2024). 倫理基準 Retrieved from https://www.ajcp.info/pdf/rules/0502_rules.pdf (2024 年 4 月 30 日)

日本臨床心理士会 (2024). 一般社団法人日本臨床心理士会倫理綱領 Retrieved from https://www.jsccp.jp/about/pdf/sta_5_rinrikoryo0904.pdf (2024 年 4 月 30 日)

日本臨床心理士資格認定協会 (2024). 臨床心理士倫理綱領 Retrieved from http://fjcbcp.or.jp/wp/wp-content/uploads/2014/03/rinrikoryo_2021.pdf (2024 年 4 月 30 日)

上田琢哉 (2022). カウンセリングを倫理的に考える―迷い，決断することの理論と実践 岩崎学術出版社

Weber, M. (1904-1905). *Die protestantische Ethik und der Geist des Kapitalismus.* Archiv für Sozialwissenschaften und Sozialpolitik, Bd. XX und XXI. マックス・ウェーバー著 梶山力・安藤英治訳 (1994). プロテスタンティズムの倫理と資本主義の精神. 未來社

15 | 事例検討とスーパービジョン

大山　泰宏

《**本章の目標＆ポイント**》　心理面接の力量を向上させていくためには，一生を通じての研修が必要になってくる。そのためには，事例検討とスーパービジョンの経験は不可欠のものである。本章では，それらの心理面接のトレーニングにおける意義と役割について論じる。
《**キーワード**》　継続研修，事例検討，スーパービジョン

1. 継続研修の必要性

（1）心理職と継続研修

　どんな専門職であれ，その職務従事の期間を通じて知識と技術を研鑽し続けていくことは，大切な職業倫理のひとつである。それぞれの分野では，研究や臨床にもとづく知見が日々積み重ねられ，新たに習得すべき知識や技術が生まれ続けている。しかも，ときにはそれまで常識だとされていた技術や知見が，まったく覆ってしまうこともある。たとえば，医学の分野で以前ならば，傷の治療は，かさぶたを作って乾燥した状態を保っておくことが基本だと言われていた。しかし今では，傷口は乾かさず潤いを保っておく湿潤療法といわれるものが，標準的となっている。臨床心理学でも，一昔前は，災害時の支援においては，被災の記憶や感情体験を系統的に語ってもらう心理的デブリーフィングと呼ばれる方法が必要だとされていた。しかしながら今では，この有効性は否定されるばかりか，むしろ有害だとされ，サイコロジカルファーストエイドとして被災者の側の意思やコンテクストを重視し，長期的な展望のもと，ゆったりと寄り添っていくことが推奨されている。このように，支援者は，自分がトレーニングを受けたときに学んだことばかりでなく，不断に新

たな知識と技能を更新させていかなければ，専門職としては成り立たない。

　これに加え，心理面接は心理職とクライエントとの人間関係のうえに展開されるものであるのならば，心理職個人のあり方が大きく影響する。たとえば，心理職になりたての若手の頃であれば，思春期・青年期の子どもたちからは，お兄さん・お姉さん的な人として位置づけられ，実際にセラピストの側の役割もそれがベースとなろう。しかしやがて，お父さん・お母さん的な大人として位置づけられるようになる。セラピストの側がお兄さん・お姉さんの位置に留まろうとしても無理である。そして何十年か後には，セラピストの役割はおじいさん・おばあさん的な役割となるであろう。セラピストはこうしたライフサイクル上の変化に対応して，自分のあり方，振る舞い方，自己概念を変えていかねばならない。自分自身にとってのこうした根本的な位相からの変化は，セラピストにとって常に新しい経験であり，そのライフサイクルに応じた心理臨床的なかかわり方を，学び続けていかねばならないのである。専門職どうしの関係の中でも，ライフサイクルに応じた立ち位置の変化がある。若手や初心の頃は，先輩から教えられ支えられる側であるだろう。しかしやがて，後輩を教え支える側になっていく。育てられる側から育てる側に移行するときも，やはり新しい自身のあり方を学んでいかねばならない。

　ほかにも専門職が学びつづけなければならない理由は，いくつも挙げることができる。臨床心理士では，5年ごとの資格更新制度によって，一定水準以上の研修を受けなければ資格更新の申請ができないことが，その継続的な研修を保証するものとなっている。公認心理師においては資格更新の制度はないが，公認心理師法第43条において資質向上の義務が定められている。

（2）実践自体がもつ研修としての意義

　ではどのように研修を続けていけばよいのだろうか。まずは現場での実践経験を積み重ねていくということ自体が，何よりも研修そのもので

ある。セラピストは「クライエントが教えてくれた」「クライエントが育ててくれた」と口を揃えていうが，これはけっして誇張ではない。心理面接の困難な過程をともに乗り越えていくとき，変容し成長していくのは，クライエントばかりでなく，セラピストもまた然りである。そしてそのときの経験と記憶が，その後の事例担当の支えや参照枠となりうる。

　心理面接にしろ心理査定にしろ，事例を担当し始めたばかりのときは，とにかくがむしゃらで，まったく経験が積み重なっていくような感じがしないことも多い。「マジックナンバー7」（ミラーの法則）として知られているように，人間は7±2の数の情報を同時に保持できる。筆者自身も体験したことであるが，自分の担当の事例数が7±2までは，ひとつひとつの事例を詳細に覚えて個別に把握している。しかし，個別性がきわだってバラバラに思える。経験事例数が10ぐらいまでは，マジックナンバーの性質から，個別に情報処理をしてしまおうとする（なので，その頃が一番苦しい）。しかし，それを超えると，私たちはひとつひとつの事例を別個に留めておくことはできないので，自然と共通性を抽出し，カテゴリー化していく認知的動きが生じてくる。そのときこそまさに，「事例の読み」がなんとなくできるようになっている自分に気づくであろう。そして20ぐらいの経験事例数となってくると，自分なりの見立てがある程度できるようになってくる。

　1週間に担当する事例数でも同じである。1週間に5事例ぐらいの担当なら，ひとつひとつのケースを丁寧に個別的に行うことができる。しかし10事例ぐらいになってくると，多様な事例に翻弄されるような感じがして，主観的にはとても苦しい。しかし週の担当が15事例をすぎるようになると，事例の共通性が自然と見えてきて，ひとつの事例での経験を他の事例に活かすことができるようになるため，実際はケースを行う時間が増えているのに，実感としては苦しさは低減され，整ったような感覚をもつ。ちなみに20事例以上の担当となると，筆者の主観的な感覚としては，自分という主体が消えるような感じであった。自分はクライエントたちのつなぎ目であり，「私」という場を通して，あるクライエントの体験と別のクライエントの体験とが結びつき，「私」を通

してクライエントがお互いにセラピーをしているような，不思議な感触であった。(その後に大学教員となってしまった筆者には，残念ながら，30事例ぐらいではどんな体験となるのかは未知の世界である)。

　週にある程度の数の事例をこなしていく体験は，ケースに向かうときの無駄な力が抜けていくといううえでも重要なことである。ちょうど水泳において，とにかく長距離を泳ぎ続ける経験をすることで，無駄な力が抜けていくようなものである。筆者の恩師は，数多くの事例をこなすうえでのコツについて，次の2つのことを教えてくれた。ひとつは，だいたいいつも7割ぐらいの力でケースに臨むということである。10割だとこちらの身がもたず，多くのケースはこなせない。しかも，こちらが頑張りすぎていると，クライエントのほうの自由度がなくなってしまう。いつも7割ぐらいがちょうどよく，しかしいざというときに10割の力を出せるのが，セラピストだというのである。そして，多くのケースをこなすうえでのもうひとつのコツは，ケースとケースとの合間では，ケースにまったく関係のない別のことをするべしというのである（私の恩師は，ちょっとした合間に楽器を演奏されていた）。そのことで，前のケースの余波を引きずらずにリセットして，次のケースに心柔らかに臨むことができるというのである。「ケースに沈潜するという深い井戸をひとつ掘ったならば，それとは別の井戸を掘っておくのがよい」とも言われていたことを思い出す。

（3）実践経験を「知」にしていくために

　実践を積み重ねていけば，おのずと知見も豊かになり技術も向上していくが，それだけではトレーニングとして絶対的に足りない。後に述べるように事例検討（ケースカンファレンス）での発表と参加，そしてスーパービジョンを受けることは必須である。それらの意義については後節で述べるので，ここではその前提となる「ケース記録を書く」ということについて述べたい。面接等の業務内容について客観的に記録し保管しておくことは，インフォームド・コンセントにかかわる心理職の倫理のひとつであるが，その教育的な意義も大きい。

記録を書くことは，自分の営みを自身で対象化する作業である。心理面接のトレーニングを開始したばかりのとき，記録を書くのは，なかなか大変である。何が重要な情報で何がそうでもないのか，自分では区別がつかず，事柄を適切に要約したり概念化したりすることも難しいので，冗長な記録となってしまう。1つのセッションの記録を書くのに5〜6時間はかかってしまうであろう。しかしながら，トレーニングの初期では，どれだけ時間がかかっても要約したり省略したりせずに，詳細に記録を書く経験を積むことは重要である。初めから要約しようとすると，どうしても自分の見方のクセや偏りが出てしまい，ほんとうは重要な事象でも見落としてしまったり，手前勝手に解釈したりしてしまうからである。出来事に対してフラットに自分を開いて，すべてのことを均等に記そうとすることで，そうした偏りが少なくなっていく。ちょうど絵画教育において，最初は鉛筆や木炭で詳細なデッサンを練習していくのと同じである。できるだけ詳しく見たままに描こうとする体験を通して，自分のモノの見方のクセが意識され正されていく。そのうえでこそ，ほんとうの意味でその人の個性を発揮した絵が描けるようになる。個性というのは，個を削ぎ落とすような訓練を行っても，なおかつ残るものの中にこそ，その真価はあろう。

　なお筆者は，記録はできるだけ手書きで書くことを薦めている。手書きには訓練上のメリットが多くある。まず，ワープロ書きでは，どうしても「まとまった文章にする」という構えが生じてしまう。セッション中に生じたことを脈絡化し物語化してしまうのである。しかしながら本来は，セッション中に生じたことは多義的であり，こちらがすぐに物語化することができるような類いのものではない。この点，手書きであれば，無理にまとまりをつけてしまうことなく，紙上に自由連想的に断片的な文章やメモを配置することもできる。手書きの2つめのメリットは，自分のその事例に対する無意識的な捉え方を知る手がかりが得られるということである。筆跡には，そのときの身体感覚が反映され，それはケースから身体が感じとっている豊かなノンバーバル情報を伝えてくれる。また，ワープロによる文章作成では，「そういえばこういうことがあっ

た」と途中で思い出したことは，それまでの文章の途中に，挿入機能を使って溶け込ませてしまうが，手書きならば，後で付け足した部分はひとつのまとまりとして残すことができる。そのため，ある時点に至るまでそのことを思い出せなかったという情報が残り，そのことを手がかりに，自分がそのケースをどのように捉え脈絡化しようとしていたのか，思い出せなかった部分には自分の心のどんな働きの作用があったのかなどを検討する手がかりを得ることができるのである。手書きの3つめのメリットは，事例発表用のレジュメを作成するときに，記録を読んで自分でもう一度語り直すというプロセスを入れることができることである。ワープロの場合はどうしても，膨大なテキストを削っていくことになってしまい，文章を言い換えたり要約したりするという語り直しの作業が生じにくい。部分を削ったレジュメは，詳細な写真の部分部分を削ったようなもので，全体としてのまとまりに欠け，手書き記録から再構成されたレジュメのほうが，はるかに分かりやすいものに仕上がる。

　経験事例数が多くなり，レジュメを詳細に書くトレーニングを続け，事例発表の機会をもち，スーパービジョンを受けていくと，自然と簡潔で適切な記録が書けるようになる。それはまさに，見立ての力がついていくことと比例している。では，簡潔で適切な記録とはどのようなものであろうか。筆者が訓練生に伝えているのは，「俳句や似顔絵をイメージしなさい」ということである。俳句はある局面を切り取った短い言葉と主題に，多くの情報が凝縮さている。直接表現されていなくとも，ひとつひとつの言葉のニュアンスから，背後にある景色や詠み手の感情なども含めた全体像が伝わってくる。いっぽう似顔絵は，きわめて単純で少ない線で，その人の特徴を見事に表している。ときにはデフォルメされているが，描かれた人を前にしたときに，特徴を捉えるものとして視線が誘われるような，そうしたムーブメントを形にしたデフォルメである。単に写真のように詳細なものではなく，こちらの関わりや動きを伴う，適切な主観も含めたものこそが，「リアル」に現象を伝えてくれるのである。以前，犯罪捜査のために「モンタージュ写真」というものが用いられていた。髪型，目，鼻，口，輪郭など，人の顔の特徴をつくる

部分的要素を組み合わせて，容疑者のリアルな合成写真を作り出すものであるが，実は「似顔絵」のほうが通報による検挙率が高いという。似顔絵のほうが特徴を伝えやすく，見たときのイメージが広がりやすく，記憶にも残りやすいのだという。

ケース記録が主観的なものであり，客観的事実そのままとは言いがたいため，それでもって果たして適切な事例検討やスーパービジョンが受けられるのかと，誠実に気にする訓練生もいる。できるかぎり客観的に記そうとすることは大切ではあるが，事例検討やスーパービジョンでは，ケース記録から書き手の主観，すなわちケースへの関わり方が伝わってくるので，それを検討の対象とすることができる。

2．事例検討の実際

（1）事例検討の意義

多くの事象が交錯している「臨床」の現場では，事例検討（ケースカンファレンス）は不可欠である。たとえば医療機関では，ひとりの患者さんに多くのコメディカル職がかかわっているが，それぞれの専門性からの関わりや見立てがあり，それらは一致したり，ときには相反したりすることもある。したがって，ケースカンファレンスを行い関係者が相互に意見を交換しあうことで，解決の方法を見いだし，方針を決定することにつながる。教育領域や福祉領域で，それぞれの支援の専門職が集まってなされるケース会議も同じである。

事例検討は，こうした日常の業務を進めていくための意義があるだけではなく，心理面接のトレーニングとしても，きわめて重要である。事例検討の意義は，自分の担当ケースをそこで検討してもらうことと，他の人のケースの検討の場に参加することの，両方に存在する。

自分の担当ケースを発表すると，他の人の意見や読みをきくことで，自分では気づかなかった観点や理解の仕方を知ることができる。また，事例の発表の準備のために記録をまとめ直す作業の中でも，それを他者へ向けて語るという作業の中でも，気づかされることが多い。また，適切に運営される事例検討会では，仲間が建設的な意見を言ってくれるこ

とで，支えられている感覚をもつことができるであろう。

　他の人が発表する事例検討会に参加する意義も，はかりしれない。い
くら自分が多くのケースを担当したとしても，ひとりが担当できる事例
数はごく限られている。他のセラピストが事例検討会で発表したケース
を聞くことで，ひとりの個人の経験をはるかにこえて，事例にアクセス
することができるのである。発表者の事例への関わり方から学ぶことは
多く，また，仲間のコメントからも，触発され学ぶことができる。

　医学では，いわゆる症例報告（ケースレポート）というものがある。
そこでは，珍しい事例や特殊事例，治療が功を奏した事例などが報告さ
れ，他の事例にも応用できる知識を得ることが期待される。あるいは，
法律の分野における判例なども，その事例を知ることが，実践を支える
知として役立つ。臨床心理学における事例検討にもそうした意義がたし
かにあるが，これに加えて，自分がその事例をどう見立てるか，どう考
えるか，自分ならどう関わるかといった，自分の「読み」について振り
返り吟味していくことが大切である。

（2）　事例検討の方法

　事例検討には，いくつかの方法がある。そのことを簡単に整理してみ
たい。

a．ケースメソッド法

　私たちが事例検討と聞いて標準的にイメージするのは，いわゆるケー
スメソッド法である。事例の概要とともに経過を時系列で提示する，現
在もっとも普及している方法である。これはハーバード大学での法学教
育やビジネススクールでの教育のために発案されたもので，ハーバード
方式と呼ばれることもある。この方法では，事例についての詳細な情報
をもとに精密に検討を行うことができるというメリットがある。また，
時系列で提示されるので，因果関係が追いやすい。

　この方法では，事例提供者のナラティヴが示されることにはなるが，
参加者は豊富な情報から代替となるナラティヴを導きだし，それらを交

錯させるところから，新たな発見や気づきが生まれる。また，参加者の中に熟練者がいた場合，その事例の解釈の仕方，情報のつなぎ方などの「読み」から学ぶことも多い。この方式のデメリットとしては，事例提供者の準備に時間がかかることだとされる。とはいえこれは一概にはデメリットともいえず，それだけ丁寧に事例に向き合うことができる機会だとも言える。

　ケースメソッド方式では，その運営方法については様々な工夫が入り込む余地があり，実際にいろんなバリエーションがある。インテーク面接か初回面接までを提示し，そこでいったん事実関係に関する質問と応答を行い，その後は事例の最後まで提示してディスカッションを行うという方法が古典的であるが，詳細な資料を配布してそれを読み上げるような方式にするのか，ごく簡単な資料のみを配布し発表者はそれをもとに語っていくのか，まったく配布資料は用意しないかなどの方法がある。また，最後まで一気に読み上げるのではなく，事例の経過をいくつかの時期に分けて，その時期ごとにディスカッションを行うような方法もあれば，随時，気になるところでストップしてディスカッションする方法もある。いずれにもメリットとデメリットがあるが，最後まで事例を読み通す方式では，経過を知ったうえでの後付け的な解釈となってしまうことも多い。あいだあいだでディスカッションをはさんで，それぞれの参加者がまさに事例の渦中で解釈したり予測したりするほうが，見立ての力につながるので推奨したい。

b．インシデント・プロセス法

　ケースメソッド方式が，提供者のナラティヴにもとづき事例全体を俯瞰する方法であるのに対して，参加者それぞれの意味構成や解釈のプロセスを重視しつつ，問題解決にフォーカスする方法として，インシデント・プロセス法（incident process）（Pigors, P. & Pigors, F., 1961）がある。この方法は，ケースの中の特定の印象的な出来事（インシデント）を事例提供者が提示し，参加者は順にその出来事の背後にある事実や情報に関して事例提供者に質問していき，問題の特定と解決法を構想し，

それについて検討しあう方法である。この方法のメリットとしては、参加者のそれぞれが、インシデントを理解し解決するために、どのようなことを知ろうとするのか、どのような介入の方法を構想するのかという、事例への関わり方が明確に浮かび上がってくることである。実際の臨床においても、私たちは事例を見立てるために仮説を立て、それに必要な情報を収集しているので、インシデント・プロセス法は、実践の場面で専門職が行っていることに近い。また、事例提供者はとくに配布資料を用意する必要はなく、事例検討の時間も1時間程度の短時間であるため、手軽に行うことができる。結論が出ないことや、まとまりのないまま終わってしまうこともあるが、自ら仮説を構成していくことを積極的に行って参加することで、短時間で大きな成果の得られる方法である。

c．PCAGIP（ピカジップ）

　日本で考案され、しばしば用いられている方法にPCAGIP（ピカジップ）がある。これはロジャーズ派の村山正治らによって開発された事例検討の方法である（村山・中田，2012）。PCAGIPのPCAは、ロジャーズのPerson Centered Approachのことであり、GはGroup、IPはIncident Processであるが、このネーミングからもわかるように、ロジャーズのエンカウンター・グループと同じく、安心感のある場での、ひとりひとりの創造性の発揮とその交流を通して、事例提供者の自己実現への動きを引き出そうとするインシデントプロセス法である。通常、事例提供者、ファシリテーター、記録者2人、メンバー8人程度で構成される。インシデントプロセス法と同じく、事例提供者は、事例を提供した目的、困っていること、どうしたいかに関して簡単に述べて、参加者は、事例について提供者に順番に質問していき、質問者と事例提供者のやりとりを記録者がホワイトボードに記録し視覚化していく。2〜3巡したところで、ファシリテーターはそれまでの状況を整理する。その後は、自由に質問と応答、コメントなどを行っていくのであるが、やりとりが視覚的に整理されていることがひとつの参照枠と心理的な護りとなり、深く

多様なやりとりが展開される。やがて，事例提供者と事例の状況についての全体像（ピカ支援ネット図）が出てくることが多く，それをファシリテーターはメンバーに伝え，みんなで共有しながら，事例提供者の体験も含め感想を述べ合うのである。

　ファシリテーターは事例提供者も含め参加者の誰もが安心して発言できるような雰囲気を，つくりあげる必要があり，そのことでメンバーがもっている知恵が自然に浮かびあがり解決の糸口へのヒントが生まれるのである。この方法ではプロセスが重視され，たとえ結論は出なくとも，事例提供や参加者の事例への見方の多様性と柔軟性が高まることが期待される。

　事例検討のいずれの方法においても，事例検討会が意義有るものとなるためには，いくつか気をつけるべきことがある。まず重要なのは，単に受動的に他の人の意見を聞くだけでなく，自分も発言をすることである。人は頭の中では，あいまいに並列的にいろんなことを考えている。聞くだけの立場では，本当はぼんやりとしか考えていないのに，最初から分かっていたようなつもりになってしまうこともある。言葉にして他者の前に提示し，それを吟味しあっていくことを忘れてはならない。参加者が平等に発言できるためには，その場の設定が重要になる。大人数の事例検討会では，コメンテイターが外部から招かれ，その「先生」の名人芸的なコメントと発表者のやりとりから学ぶことは，確かに多い。しかし，参加者の発言はどうしても一部の人に限られてしまう。10人程度までの人数で行われる検討会であれば，皆が発言の機会をもつことができる。

　次に大切なのは，発言するときには何が正解で何がまちがっているという決めつけや，事例提供者や他のメンバーへの批判をけっして行ってはならないということである。批判的意見が重なると，場が固まってしまい，皆が自由に発言をすることができなくなる。事例がそのようになっているというのは，それに至る様々な要因の必然性があり，「こうするべきだ」「なぜそうしなかったのか」というコメントは，まったく建設

的でない。クライエントに対して，セラピストが「あなたはこうするべきだった」と決して言わないのと同じである。今ここで提示されているあり方に至る必然性を考慮しながら，共に考えていく姿勢が事例検討にも求められるのである。

3. スーパービジョン

(1) スーパービジョンの専門性

　心理面接のトレーニングにおいて，自身の技能を発展させるために，そしてクライエントの安全を保証するために，スーパービジョン（supervision）を受けることは不可欠である。よく参照される Procter（1986）の整理では，スーパービジョンには，3つの機能があると考えられている。1つめは，マネージメント機能（formative supervision）である。まだ資格を得ていない訓練生は専門職ではないので，その業務を行うには指導監督のもとで行わなければならない。また資格を得たとしても，自分が働く領域の仕組みや諸機関の中での位置づけなど，経験によってこそ得られる知識があるため，クライエントに適切なサービスを提供するためには，それらについて熟知している人から支えてもらう必要があるというのである。2つめは，教育的機能（normative supervision）である。自分の行った心理面接を第3者と共有し指導を受けることによって，面接の仕方や考え方，態度などを学んでいくのである。3つめは，サポート機能（restorative supervision）である。心理面接は正解のない探索的過程であるが，スーパーバイザーはそれを導いたり同行したりしてくれる存在として，心理的に支えたり，あるいはその過程の証人となってくれるのである。

　心理臨床の経験を積んでいくと，次第にスーパービジョンを受ける側から提供する側へと移行していくが，たとえ十分な経験者となっても，スーパービジョンを受けることが推奨されている。既に述べたように，心理臨床家は一生を通じてのトレーニングが必要であるばかりでなく，事例にはどうしても自分ではみえない盲点が存在してしまうので，第三者の意見をきくということは大切である。さらには，自分の弱さや欠点

に自覚的であり続ける必要があるからである。

　経験年数が増えていけば，スーパービジョンがひとりでにできるようになるというわけではない。スーパービジョンは，心理面接，心理査定，地域援助と同じく，心理臨床のひとつの専門業務であり，それ相応の理論，態度，技能を学んでいく必要がある。本書はこれから心理面接を学ぶ人のための科目であるので，スーパービジョンを提供する側になるためのトレーニングについては割愛し，あくまでもそれを受ける側の事柄について示していきたい。

（2）スーパービジョンの多様性

　スーパービジョンに関しては，さまざまな考え方や方法があり，また学派によってもそれらは異なってくる。

　まず大きく分けて，個人スーパービジョンとグループスーパービジョンという2つの形態がある。個人スーパービジョンは，ひとりのスーパーバイザーにひとりのスーパーバイジーがついて行う方法である。グループスーパービジョンは，ひとりのスーパーバイザーのもと複数のスーパーバイジーがついて，順番にケースを出し合って指導を受け，グループで学んでいく方法である。これは事例検討に近いが，事例検討は支援方法や問題解決，クライエントの見立てや事例経過の解釈などを中心に行うのに対して，グループスーパービジョンは，セラピストの感じ方や見立てや関わり方にフォーカスし，セラピスト自身の成長と学びを重視したプロセスを，スーパーバイザーが感じ取りながら，グループの力を支えに行っていくのである。

　さて，スーパービジョンを受けるとき，ひとりのスーパーバイザーのみからみっちり指導を受ける場合もあれば，同時に複数のスーパーバイザーについて指導を受ける場合もある。何かの芸事や工芸技術を学ぶとき，かつては師匠のもとに弟子入りし，生活を共にしながら，単なる技能だけでなく，師匠の生き方や考え方に触れ，まさにその背中から学んでいくということを行っていた。それを通してこそ伝達され学ぶことができるものがあるのは確かである。心理臨床の世界でも，さすがに生活

を共にすることはないにしても，ひとりの「臨床家」に弟子入りをするかのようにみっちりと指導してもらってこそ学べる本質があるとする立場もある。すなわち「心理臨床家」としての人格も含めた全体的な成長を重視する考え方である。これに対して，スーパービジョンは専門職の業務の質保証をするために行うものだと考える場合，複数のスーパーバイザーにつくことが推奨される。それぞれの臨床家は，すべての職域に精通しているわけではないので，自分が面接を行っている領域や心理面接の種類（言語面接か遊戯療法かなど）に精通している心理臨床家にみてもらうべきであるという考えである。どちらの考え方がよいとか正しいとかは一概には言えないが，自分が今めざしたいトレーニングはどのようなものかを意識したうえで，この2つの方向性を参照しつつ考えてみるとよい。

　また当然ながら，訓練生のときはスーパービジョンは自分より経験年数の長いベテランに受けることになる。しかし自分が経験年数が長くなってくると，自分より経験年数が長い人からのみ受けるというのは現実的でなく，また適切ではない。自分より経験年数は少ない人であってもスーパービジョンを受け，第三者として自分の心理臨床実践の営みに立ち会ってもらうことは，とても勉強になる。

　スーパービジョンを受けるときには，どのような姿勢や方法で臨めばいいのかは，スーパーバイザーが教えてくれるが，その方法が唯一のものではなく，様々な方法があることも知っておくとよいであろう。事例検討にいろんなやり方があるのと同じく，詳細な事例記録のレジュメを用意し事例を報告し，コメントをもらう方法，レジュメは用意するにしても，そのコピーは渡さずその場で読み上げる方法，その場でメモをもとにしながら面接を想起して語る方法など様々である。

　では，スーパーバイザーをどのように探せばいいのか。臨床心理士養成を行っている大学院では，先輩たちがこれまで依頼してきたスーパーバイザーとのつながりという財産があり，その伝手でお願いすることもある。あるいは，自分の大学院を修了した先輩にお願いしたりすることもある。あるいは，学会でのコメントをきいたり事例紀要のコメントを

読んだりして，この先生にお願いしたいという直感にもとづき，お願いすることもある。友人づてにその先生の連絡先をおしえてもらったり，ときには所属先にお手紙を書くこともあるかもしれない。また各都道府県の臨床心理士会や公認心理師協会で，スーパーバイザーのリストを用意しているところもある。さらには，学会や個人的・公的な研究会などで，グループスーパービジョンの機会を提供しているところもあるので，探してみるとよいであろう。

　スーパービジョンを受けるということは，ある意味で自分がクライエント体験をすることでもある。定期的にスーパーバイザーのもとに通って，自分の心理面接の営みに寄り添って支えてくれることを体験し，ときには辛い思いをしながらもそれを乗り越えていくという体験こそが，何よりも心理面接を行う上での力となろう。

🎸 研究課題

1．自分が参加したことのある事例検討が，さらに充実したものになるためには，どのようなことを工夫できるか，またそのために自分はどのように貢献できるかについて，考えてみよう。
2．まったく初心のときにスーパービジョンを受けないで面接をすることに，どんなリスクがあるのかを想像してみることで，スーパービジョンの必要性を確認してみよう。

引用文献

村山正治・中田行重（編著）（2012）．新しい事例検討法　PCAGIP 入門―パーソン・センタード・アプローチの視点から　創元社

Pigors, P. & Pigors, F. (1961). *Case Method in Human Relations : The Pigors Incident Process of Case Study.* McGraw Hill.（ポール・ピゴーズ，フェイス・ピゴーズ（著）菅祝四郎（訳）（1981）．インシデント・プロセス事例研究法：管理者のケースマインドを育てる法　産業能率大学出版部）

Proctor, B. (1986). Supervision : A co-operative exercise in accountability. In A. Marken & M. Payne (Eds.), *Enabling and Ensuring Supervision in Practice*. University of Chicago Press.

索引

●配列は五十音順。＊は人名を示す。

●あ　行

アイヒホルン＊　165
アウトリーチ　13, 66
アセスメント　70, 147
熱い認知　19
安全委員会方式　163
いじめ　122
委託者　54
居場所　222, 225
医療法　79
インシデント・プロセス法　263
インターディシプリナリモデル　15
インテーク面接　69, 147, 214
インフォームド・コンセント　11, 251
ウィネマン＊　165
エートス＊　241
エドモンソン＊　20
援助者としての保護者　27, 33
親機能（家庭機能）　27
親子（母子）並行面接　125, 127
親子並行面接　29, 116
親の関係性　39
親の課題　26, 43
親面接　26
オルタナティブスクール　234
終わりのある相談　130
終わりのない相談　130, 131
終わりの見えない治療　99
温存後生殖補助医療　101
オンディマンド法　142

●か　行

解離　140
解離性障害　169

学生支援の3階層モデル　137
学生中心の大学へ　137
葛藤マネジメント能力　19
がん医療　84
がん・緩和ケア　84
眼球運動による脱感作と再処理法（EMDR）
　169
環境療法　164
がん・生殖医療　101
がん生殖医療専門心理士　107
間接支援　46
緩和ケアチーム　81
北山修＊　222
基底的想定グループ　17
希望格差社会　144
虐待対応ダイヤル　163
キャリア　181
キャリア・カウンセリング　182
教育相談　114, 121, 124
教育相談活動　117
教育相談機関　125
教育の一環としての学生相談　136
矯正心理学　196
協働（collaboration）　10, 49
協働コンサルテーション　46
切れ目のない支援　98
グループスーパービジョン　267
グループダイナミクス（集団力学）理論　16
経営者　54
警告義務　248
芸術療法　142
継続面接　218
継続面接における危機　219
ケース記録　258

ケースメソッド法　262

幻想的な期待　210

厚生補導（Student Personnel Services：
　SPS）　135

行動療法　142

校内連携　13

公認心理師法　256

合理的配慮　149

国際疾病分類第11回改訂版（ICD-11）　166

告発義務　249

固執と葛藤　19

（個人）情報の自主規制　14

個人スーパービジョン　267

個人的居場所　235

こども家庭庁　225

子どもにやさしい空間　229

子どもの虐待ホットライン　163

子どもの権利擁護　164

子どもの時間的展望　168

子どもの貧困対策に関する法律　13

子どもの問題　26

コミュニティ　14

コミュニティ・アプローチ　65

コンサルタント　46

コンサルティ　46

コンサルテーション　74, 114

コンサルテーション・リエゾン（Consulta-
　tion Liaison）　11, 82

●さ　行

サイコロジカルファーストエイド　255

再犯防止　202

産業心理学　174

自己概念と経験の不一致　146

自殺未遂者　144

支持的なアプローチ　142

自傷他害　248

私設心理相談　206, 207

「じっくりと待つ」姿勢　85

私的性質　206, 207

私的な欲望　210

児童虐待　13, 157

児童虐待の防止等に関する法律　158

児童自立支援施設　158

児童心理治療施設　158

児童相談所　114

児童福祉法　160

児童養護施設　158

自分がない　222

自閉症スペクトラム症（ASD）　150

司法　191

司法心理学　192

司法面接　198

司法臨床　191

シャイン*　174

社会的アイデンティティ　175

社会的居場所　235

社会的養護　157

社会のDX　140

就学相談　114, 128, 129

終結　218, 220

集団守秘　249

集団守秘義務　139

重要な他者　233

守秘義務　83, 139

守秘義務の解除　248

巡回相談　114

障害を理由とする差別の解消の推進に関す
　る法律　149

情緒的境界　167

焦点の共創　46

情動的交流　36

初回面接　147

職業倫理（専門職倫理）　243

事例検討（ケースカンファレンス） 261
身体的虐待 159
心的外傷後ストレス症（Post-traumatic stress disorder：PTSD） 166
心理アセスメント 71
心理学的なテーマ 216
心理検査 71
心理的安全性 19
心理的居場所感 233
心理的虐待 159
心理的な不適応 146
心理面接において期待される作法 217
診療報酬制度 66
心理療法的マネジメント 206, 218
スーパービジョン 266
スクールソーシャルワーカー 13
スクールロイヤー 13
ストレス関連症群 166
生殖心理カウンセラー 99
生殖補助医療（assisted reproductive technology：ART） 97
精神科リエゾンチーム 81
精神保健医療福祉の改革ビジョン 63
精神保健福祉法 65
性的虐待 159
生徒指導 118
生物―心理―社会モデル 70
世界保健機関（WHO） 10
セラピストの立ち位置 32
専門家 243
総合病院 79
相談申込 211
ソーシャルスキルトレーニング（SST） 150
組織心理学 174

●た　行
多重関係 250
多職種協働 10
多職種チーム 86
多職種連携 10, 249
他職種連携コンピテンシー 23
チーミング 20
チーム医療 10, 64
チーム医療の推進について 10
チーム学校 13
チームティーチング（TT） 13
チームでの情報共有 83
チームの多様性 22
チームワークのモデル 15
治療契約 215
治療構造 219
通告義務 249
冷たい認知 19
デイケア 65
定式化 218
デブリーフィング 255
同一セラピスト親子並行面接 40
動機づけ面接 196
登校拒否 12
当事者としての保護者 27, 33
特別支援教育 123
苫米地レポート 137
トラウマインフォームドケア 169
トラウマフォーカスト認知行動療法（TF-CBT） 169
トランスディシプリナリモデル 16

●な　行
難病支援チーム 91
入院医療中心から地域生活中心へ 63
乳児院 158
乳児家庭全戸訪問事業 13

認知行動療法　142
認知症ケアチーム　81
妊孕性温存　101
妊孕性温存療法　101
妊孕性喪失　107
ネグレクト　159
ネットワーク型の情報共有モデル　18
則定百合子*　233

．．

●は　行
パーソナル・リカバリー　76
場所　224
パターナリズム　10
働く　174
発達課題　43
発達障碍　143
発達障碍の過剰診断（Overdiagnosis）　150
発達的課題　43
母親面接　27, 28
ハラスメント　177
犯罪心理学　192
ピアサポート　185
非違行為　144
ひきこもり　157
非公認の悲嘆　107
ヒポクラテスの誓い　243
秘密保持の義務（守秘義務）　247
廣井亮一*　191
廣中レポート　137
複雑性心的外傷後ストレス症（Complex post-traumatic stress disorder：CPTSD）　166
藤岡淳子*　191
父性的な性質　27
不適切な養育（maltreatment）　159
不登校　122
不妊　96

不妊カウンセリング　99
フリースクール　234
ブリーフセラピー　142
プレコンセプションケア（Preconception care）　98
プロジェクト・アリストテレス　19
ベテルハイム*　165
包括的支援　16
保護機能　44
保護者対応　143
保護者の心情　37
保護者面接　26
母性的な性質　27

．．

●ま　行
マックス・ウェーバー*　241
マネジメント　214
マルチタスク　141
マルチディシプリナリモデル　15
村山正治*　264
メディエーター　92
メンタルヘルス　182
モラル（道徳）　242

．．

●や　行
ヤングケアラー　13
遊戯療法（プレイセラピー）　125
有料　206, 209
ユニセフ　229
養育環境　29
養育体験　29
予診　69

．．

●ら　行
ライフストーリーワーク　168
リアリティ　235
リーダーシップ　177

リエゾン精神医療　11
リマインダー　169
臨床心理士倫理綱領　238
臨床心理的地域援助　46
倫理　238
倫理遵守の義務　252
倫理的葛藤　241
倫理的判断　245
レドル*　165
連携　10
連携をめぐる葛藤　14

●わ　行
ワーク・エンゲージメント　175
ワークグループ　17

ワークモチベーション　175, 176

●英　字
ALS（筋萎縮性側索硬化症）　93
AYA 世代　86, 100
AYA 世代がん患者　86
AYA 世代支援チーム　87
DSM-5　150
DSO 症状　166
Ethical Principles of Psychologists and Code of Conduct　253
Interproffesional Education（IPE）　23
Interproffesional Work（IPW）　23
PCAGIP（ピカジップ）　264
Z 世代　140

分担執筆者紹介

（執筆の章順）

波田野　茂幸（はたの・しげゆき）　・執筆章→第2・7章

1967年	新潟県に生まれる
1993年	早稲田大学大学院人間科学研究科健康科学専攻修士課程修了（人間科学）
2007年	国際医療福祉大学大学院医療福祉学研究科臨床心理学専攻准教授を経て
現　在	放送大学准教授，臨床心理士，公認心理師
専　攻	臨床心理学，児童思春期臨床，教育相談臨床
主な著書	『介護現場のストレスマネジメント　組織のラインケアによるスタッフへの支援』（分担執筆）第一法規 『心理カウンセリング序説― 心理学的支援法―』（分担執筆）放送大学教育振興会 『インクルーシブ教育システム時代の就学相談・転学相談　一人一人に応じた学びの実現を目指して』（分担執筆）ジアース教育新社 『臨床心理学特論〔新訂〕』（分担執筆）放送大学教育振興会 『心理と教育へのいざない〔新訂〕』（分担執筆）放送大学教育振興会

丸山　広人（まるやま・ひろと）　・執筆章→第3章

1972年	石川県に生まれる
2002年	東京大学大学院教育学研究科博士課程修了
2003年	東京大学大学院教育学研究科助手
2005年	茨城大学教育学部助教授
現　在	放送大学教授，博士（教育学），臨床心理士，公認心理師
専　攻	臨床心理学，教育心理学
主な著書	『教育心理学特論』（共編著）放送大学教育振興会 『臨床心理学特論』（分担執筆）放送大学教育振興会 『臨床心理地域援助特論』（分担執筆）放送大学教育振興会 『教育現場のケアと支援』（単著）大月書店 『学校で役立つ臨床心理学』（編著）角川学芸出版 『いじめ・いじめられる青少年の心』（分担執筆）北大路書房

高梨　利恵子（たかなし・りえこ） ・執筆章→第4章

東京都に生まれる
2000年　早稲田大学文学研究科修士課程心理学専攻修了
2016年　千葉大学大学院医学薬学府博士課程認知行動生理学教室修了　博士（医学）
現　在　放送大学教養学部准教授，臨床心理士，公認心理師
専　攻　臨床心理学
主な論文・著書
　　　　Takanashi, R., Yoshinaga, N., Oshiro, K., Matsuki, S., Tanaka, M., Ibuki, H., … Shimizu, E. (2020). Patients' perspectives on imagery rescripting for aversive memories in social anxiety disorder. *Behavioural and Cognitive Psychotherapy,48*(2), 229-242. doi: 10.1017/S1352465819000493
　　　　『行動医学テキスト　第2版』日本行動医学会編（分担執筆）中外医学社
　　　　『集団認知行動療法マニュアル』中島美鈴・奥村康之編，関東集団認知行動療法研究会著（分担執筆）星和書店ほか

小林　真理子（こばやし・まりこ） ・執筆章→第5・6章

香川県に生まれる
1986年　上智大学文学部心理学科卒業
2018年　東京医科歯科大学大学院医歯学総合研究科心療・緩和医療学分野博士課程修了
2011年　放送大学准教授，2019年放送大学教授を経て
現　在　聖心女子大学教授，放送大学客員教授，博士（医学），臨床心理士，公認心理師
専　攻　臨床心理学，児童臨床，がん緩和ケア
主な著書　『がんとエイズの心理臨床』（共著）創元社
　　　　『心理臨床実践―身体科医療を中心とした心理職のためのガイドブック―』（共著）誠信書房
　　　　『保健医療心理学特論』（編著）放送大学教育振興会
　　　　『臨床心理面接特論Ⅰ』（共編著）放送大学教育振興会
　　　　『臨床心理面接特論Ⅱ』（共著）放送大学教育振興会
　　　　『心理臨床と身体の病』（編著）放送大学教育振興会
　　　　『乳幼児・児童の心理臨床』（共編著）放送大学教育振興会
　　　　『臨床心理学概論』（共著）放送大学教育振興会

佐藤　仁美（さとう・ひとみ）
・執筆章→第 10・11・13 章

1967 年	静岡県に生まれる
1989 年	日本大学文理学部心理学科卒業
1991 年	日本大学大学院文学研究科心理学専攻博士前期課程修了
現　在	放送大学准教授，臨床心理士，芸術療法士，公認心理師
専　攻	臨床心理学
主な著書	『イメージの力』（編著）放送大学教育振興会
	『色を探究する』（共編著）放送大学教育振興会
	『色と形を探究する』（共編著）放送大学教育振興会
	『音を追究する』（共編著）放送大学教育振興会
	『心理と教育へのいざない』（共編著）放送大学教育振興会

橋本　朋広（はしもと・ともひろ）
・執筆章→第 12 章

1970 年	福島県に生まれる
2000 年	大阪大学大学院人間科学研究科（博士後期課程）教育学専攻修了
2000 年	大阪大学大学院人間科学研究科助手
2002 年	京都ノートルダム女子大学人間文化学部生涯発達心理学科専任講師
2005 年	大阪府立大学人間社会学部助教授
2017 年	大阪府立大学大学院人間社会システム科学研究科教授
現　在	放送大学教授，博士（人間科学），臨床心理士，公認心理師
専　攻	臨床心理学，心理療法，心理アセスメント
主な著書	『心の教育とカウンセリング』（共著）八千代出版
	『風土臨床』（分担執筆）コスモス・ライブラリー
	『心理療法の彼岸』（分担執筆）コスモス・ライブラリー
	『心理療法と祈り』（分担執筆）コスモス・ライブラリー
	『心理カウンセリング序説』（分担執筆）放送大学教育振興会
	『臨床心理学特論』（共編著）放送大学教育振興会
	『イメージの力』（分担執筆）放送大学教育振興会

編著者紹介

村松　健司（むらまつ・けんじ）
・執筆章→第 1・8・9 章

1966 年	長野県生まれ
1989 年	信州大学教育学部教育学科卒業
1992 年	千葉大学大学院教育学研究科修士課程修了　博士（教育学）
現　在	放送大学教授，臨床心理士，公認心理師
専　攻	臨床心理学，福祉心理学
主な著書	『遊びからみえる子どものこころ』（分担執筆）日本本評論社
	『遊戯療法：様々な領域の事例から学ぶ』（分担執筆）ミネルヴァ書房
	『施設で雑らす子どもの学校教育支援ネットワーク「施設―学校」連挑・協働による困難を抱えた子どもとの関係づくりと教育保障』（単著）福村出版
	『心理学的支援法』（分担執筆）遠見書房
	『福祉心理学』（共編著）放送大学教育振興会
	「児童養護施設入所児の保育所利用等の二重利用について」（共著）放送大学研究年報第 42 号

大山　泰宏（おおやま・やすひろ）
・執筆章→第 14・15 章

1965 年	宮崎県に生まれる
1997 年	京都大学大学院教育学研究科博士課程研究指導認定，京都大学高等教育教授システム開発センター助手
1999 年	京都大学高等教育研究開発推進センター准教授
2008 年	京都大学大学院教育学研究科准教授
現　在	放送大学教授，博士（教育学），臨床心理士
	2025 年 4 月より学習院大学文学部教授
専　攻	心理臨床学
主な著書	『心理療法と因果的思考』（共著）岩波書店
	『セラピストは夢をどうとらえるか―五人の夢分析家による同一事例の解釈』（共著）誠信書房
	『日常性の心理療法』（単著）日本評論社
	『生徒指導・進路指導（教職教養講座　第 10 巻）』（編著）協同出版

放送大学大学院教材　8950776-1-2511（ラジオ）

新訂　臨床心理面接特論Ⅱ
―心理臨床の実際―

発　行　　2025 年 3 月 20 日　第 1 刷
編著者　　村松健司・大山泰宏
発行所　　一般財団法人　放送大学教育振興会
　　　　　〒 105-0001　東京都港区虎ノ門 1-14-1　郵政福祉琴平ビル
　　　　　電話　03（3502）2750

市販用は放送大学大学院教材と同じ内容です。定価はカバーに表示してあります。
落丁本・乱丁本はお取り替えいたします。

Printed in Japan　ISBN978-4-595-14212-3　C1311